Brigitte
Diät

Susanne Gerlach
Anna Ort-Gottwald
Anne Petersen

Brigitte

Das Programm, das in mein Leben passt

Diät

Brigitte Buch
im
Diana Verlag

Inhalt Manche Leute behaupten, dass man beim Abnehmen vor allem eins verliert: die gute Laune. Wirklich bedauernswert, diese Menschen – sie kennen die BRIGITTE-Diät nicht. Täglich köstlich essen, Bewegung, die Spaß macht, die besten Tipps und neuesten Infos zum erfolgreichen Abnehmen – ein Rundumpaket, das in Ihren Alltag passt und Sie Schritt für Schritt ans Ziel bringt. Freuen Sie sich drauf!

Bewegung
Runter vom Sofa!

Zurück zum Genuss

»Liebe Brigitte, ich muss dringend abnehmen! Als Ärztin habe ich einen Full-Time-Job und keine Zeit, aufwendig einzukaufen und zu kochen. Was rätst Du mir?« *Andrea J.*

»Liebe Redaktion, ich arbeite halbtags und muss täglich für eine große Familie kochen. Die mögen am liebsten deftige Sachen. Ich habe mehrmals versucht, Diät zu machen, bin aber kläglich gescheitert. Was kann ich bloß tun?« *Britta K.-W.*

Zwei von vielen Mails und Briefen an die Redaktion der Zeitschrift BRIGITTE. Sie zeigen vor allem eins: Der gute Wille allein reicht zum Abnehmen bei Weitem nicht. Das Vorhaben scheitert allzu oft an alltäglichen Pflichten und Zwängen, an Gewohnheiten oder Routine. Wie bloß lässt sich das Gewicht endlich dauerhaft in den Griff kriegen? Ohne Krampf, Verzicht und schlechte Laune? Die Lösung: eine Diät, die Sie nicht einzwängt wie ein Korsett. Die Ihnen so viel Zeit und Freiraum lässt, wie Sie brauchen.
Kurz: **eine Diät, die in Ihr Leben passt.**

Was steckt dahinter?

Frauen haben heute viele Rollen zu erfüllen, Stichwort Multitasking. Da ist der Beruf, der Partner, die Familie. Gegessen wird dann häufig nebenbei oder schnell mal zwischendurch, mit den Gedanken schon wieder bei der nächsten Baustelle. Spätabends oder am Wochenende wird Versäumtes nachgeholt: ein schönes Essen, guter Wein, endlich ist Zeit zum Genießen. Wunderbar! Nur: Gleich sind zwei Pfund mehr drauf. Klarer Fall, da läuft was schief. **Gut essen und genießen sollten Sie nämlich jeden Tag:** morgens, mittags, abends und bei Bedarf auch noch zwischendurch. Damit Sie bei Laune bleiben und gar nicht erst Heißhunger oder Frust aufkommt. Genuss ist der Schlüssel zur guten Figur. Nur wer genießt, nicht wahllos etwas hinunterschlingt oder Mahlzeiten ausfallen lässt und anschließend viel zu viel isst, wird überflüssige Pfunde leichter

los, kann sein Gewicht auf Dauer halten. Das belegen alle seriösen Studien. Schön und gut, werden Sie jetzt denken, aber ich kann keinen Koch einstellen, der mir alles mundgerecht serviert. Ist auch nicht nötig. Die neue BRIGITTE-Diät macht es Ihnen leicht, passt sich Ihren Wünschen und Bedürfnissen an.

Erfolgsmodell BRIGITTE-Diät

Was genau ist die BRIGITTE-Diät?

Sie ist eine der gesündesten Möglichkeiten, abzunehmen und das Gewicht zu halten. Die Basis sind Rezepte und Vorschläge für schnelle Mahlzeiten. Da kommen auch Koch-Ungeübte klar. Denn Sie entscheiden, ob das Essen in 15 Minuten fertig sein soll. Oder noch fixer ... Ob Sie einen sättigenden Snack fürs Büro brauchen oder handfeste Tipps für das Dinner im Restaurant. All das hat der BRIGITTE-Diät einen guten Ruf eingebracht, auch bei Ernährungsfachleuten und Ärzten. Bei Diät-Tests bekommt sie regelmäßig gute und sehr gute Noten. Auch weil sie stets auf dem neuesten Stand ist.

Lauter gute Neuigkeiten

Wir optimieren ständig das Konzept der BRIGITTE-Diät. Damit Sie es noch leichter haben, Pfunde auf gesunde Weise loszuwerden oder Ihr Gewicht zu halten. Hier die jüngsten Veränderungen:

Mehr auf dem Teller. Lag die Grenze dessen, was wir täglich empfohlen haben, viele Jahre bei 1000 Kilokalorien pro Tag, sind es neuerdings 1200. Warum? Weil man heute weiß, wie wichtig Bewegung beim Abnehmen ist. Wer sich regelmäßig bewegt, braucht mehr. Und wer viel Sport macht, sollte noch mehr essen: 1400 Kilokalorien.

Gesundes Fastfood. Keine Lust zum Kochen? Zwölf BRIGITTE-Diät-Gerichte gibt es tiefgekühlt zu kaufen. Diese warmen Mahlzeiten sind hochwertig und bequem. Mehr dazu auf Seite 44.

Maßgeschneidertes Programm: Außer den Tiefkühl-Gerichten machen auch Familienrezepte und Blitzrezepte für Kochmuffel die Diät besonders

alltagstauglich (siehe Rezeptteil ab Seite 80). Und wenn Sie nicht allein abnehmen möchten oder einen Coach brauchen: Die BRIGITTE-Diät bietet gemeinsam mit der Barmer Gruppenkurse an (Infos unter www.barmer.de). Weitere Möglichkeit: via online abnehmen, mit dem BRIGITTE-Diät-Coach (www.brigitte-diaet-coach.de)

Fahrplan ohne Diät. Damit Sie sich nach der Diät problemlos zurechtfinden, zum Beispiel im Restaurant oder im Urlaub, haben wir eine Ernährungspyramide entwickelt (Seite 163). Sie zeigt auf einen Blick, wovon Sie viel und wovon Sie lieber weniger essen sollten. Sie berücksichtigt aktuelle Erkenntnisse zu Kohlenhydraten (Brot, Nudeln etc.) und Fett – Erkenntnisse, die natürlich auch in den Rezepten umgesetzt sind.

Und das gilt immer noch

Das Grundprinzip: mit weniger Kalorien und viel Genuss satt werden. Die drei Garanten dafür:

Die ausgewogene Mischung. Die BRIGITTE-Diät ist nach wie vor eine fettreduzierte Mischkost. Keine Verbote, alles ist erlaubt – Hauptsache, die Menge stimmt.

Der praktische Baukasten. Aus Rubriken wie »Morgens«, »Mittags« oder »Abends« stellen Sie Ihre individuellen Tagespläne zusammen. Jedes Gericht funktioniert auch für sich allein. Falls Sie keine komplette Diät machen möchten, können Sie zum Beispiel nur die Mittagsmahlzeiten in Ihren Speiseplan aufnehmen oder die Rezepte für leichte Abendessen.

Die besten Zutaten. In den BRIGITTE-Heften erscheint die Diät mehrmals im Jahr. Und ist immer am jeweiligen Saisonangebot ausgerichtet. Denn nur reif geerntet stellen Obst und Gemüse unsere Geschmacksnerven voll zufrieden, und das ist ganz entscheidend beim Abnehmen (Mehr zu »Saisonrezepten« auf Seite 44).

Wer sollte abnehmen, und was können Sie mit der BRIGITTE-Diät erreichen?

Klarer Fall: Ein paar Kilos zu viel auf der Waage gefährden nicht die Gesundheit. Dass man sie gern loswerden möchte, ist eine andere Sache. Wo beginnt Übergewicht, und ab wann wird es gefährlich? Die WHO (World Health Organization) hat es klar definiert: Leicht übergewichtig ist man bei einem Body-Mass-Index (BMI) zwischen 25 und 30; bis 40 besteht deutliches und darüber hinaus starkes Übergewicht, man spricht auch von Adipositas (Fettsucht).

Die Formel, um Ihren BMI auszurechnen:

$$\text{BMI} = \frac{\text{Gewicht in kg}}{(\text{Körpergröße in Metern})^2}$$

Ab BMI 30 raten Ärzte zum Abnehmen, unter 30 nur, wenn infolge des Übergewichts Beschwerden oder Erkrankungen bestehen. Allerdings ist der BMI nur eine grobe Richtlinie. Bei sehr großen oder muskulösen Menschen fällt er zu hoch aus. Deshalb ist der Taillenumfang eine wichtige Ergänzung. **Weil es vor allem darauf ankommt, wo das Fett sitzt.** Menschen mit einem dicken Bauch – die sogenannte Apfelform – speichern Fett im Bauchraum, je mehr, desto gefährlicher für Herz und Kreislauf.

Über 80 cm Taillenumfang bei Frauen (Männer > 94 cm) bedeutet: Das Risiko für Stoffwechselstörungen und andere Beschwerden (Bluthochdruck, Gelenkprobleme, Kurzatmigkeit) ist leicht erhöht; deutlich erhöht ist es, wenn bei Frauen die Taille mehr als 88 cm misst (Männer > 102 cm). Gesundheitlich völlig unbedenklich ist dagegen die so genannte Birnenform: die frauentypische Fettverteilung, bei der sich das Fett an Po, Hüften und Oberschenkeln sammelt. Dennoch stört es viele Frauen, und sie möchten am liebsten nur da abnehmen. Geht aber leider nicht. Was geht: Mit den köstlichen BRIGITTE-Rezepten Fett verlieren, mit Sport Muskeln aufbauen, die das Fett ersetzen und das Gewebe festigen. Eine Fettmess-Waage (vor und nach der Diät messen) zeigt den Unterschied.

7 Kilo in 7 Tagen?

Sollte Ihnen das mit der BRIGITTE-Diät gelingen, haben Sie etwas falsch gemacht. Und kriegen die Quittung dafür: Sie nehmen in Null Komma nichts wieder zu. Hungerkuren bringen Sie nicht weiter. Bleiben Sie in der Spur, nehmen Sie langsam, aber sicher ab, ein Pfund pro Woche ist realistisch.

Und dann kann's auch schon los gehen

Ein wichtiger Baustein für Ihr individuelles Programm: Zum Diätstart sollten Sie Ihr Essverhalten auf den Prüfstand bringen. Mit unserem Psychotest »Was macht mich dick?« (ab Seite 14) entlarven Sie Ihre persönlichen Essfallen. Warum futtern Sie in manchen Situationen mehr als nötig? Aus Gewohnheit, Stress oder Langeweile? Warum können Sie Süßem einfach nicht widerstehen? Mit dem Test finden Sie es heraus. Er liefert Ihnen auch gleich die passende Strategie, um sich aus den Essfallen zu befreien bzw. gar nicht erst hineinzutappen.

Im Anschluss an den Test dann eine kurze Gebrauchsanweisung für die Diät und Antworten auf die wichtigsten Fragen zum Abnehmen (ab Seite 43). Und weil es gut tut, mal zu wissen, wie es anderen beim Diät halten so geht, haben wir kurze Chats im Buch verteilt: Drei Frauen tauschen sich aus, unterstützen und motivieren sich. Gefunden haben sie sich übrigens auf **www.brigitte.de/foren**. Schauen Sie mal rein!

Das Wichtigste zum Schluss

Bewegung ist das halbe Leben. Und die halbe Diät. Sie nehmen leichter ab und halten Ihr Gewicht dann mühelos. Außerdem macht Bewegung zufriedener, das weisen viele Studien nach. Schon ein flotter Spaziergang sorgt für gute Laune. Kommen Sie in Schwung! Kleine Veränderungen im Alltag machen den Unterschied. Und wenn Sie Lust auf mehr haben, dann empfehlen wir Ihnen das Fatburn-Programm (mehr zu Bewegung und Programm ab Seite 170).

Bitte beachten Sie:

- Auch wenn Sie Vorerkrankungen wie Bluthochdruck, Diabetes Typ II oder Schilddrüsenprobleme haben, können Sie mit der BRIGITTE-Diät abnehmen und Ihre gesundheitliche Situation verbessern. Aber bitte informieren Sie vorher Ihre Ärztin oder Ihren Arzt.
- Schwangere und Stillende sollten keine Diät machen.
- Für übergewichtige Kinder bieten Ärzte und Kurkliniken kindgerechte Ernährungs- und Bewegungsprogramme an.

»Warum ist Leichtwerden so schwer?«

Bei einer Diät dranbleiben, ist nicht immer einfach. Unterstützung gibt's ganz unkompliziert zum Beispiel im Internet. Im Diät-Forum auf www.brigitte.de treffen sich Frauen, um sich auszutauschen und gegenseitig zu motivieren. So wie Julia, Katharina und Sonja. Viermal in diesem Buch können Sie lesen, wie es ihnen beim Kampf gegen zu viele Pfunde ergeht.

Sa, 15. April, 22:33	**Betreff: Diät-Duell**
Julia	Kennt jemand diese Spiegelkabinette auf dem Jahrmarkt, die die Körperkonturen verzerren und verschwimmen lassen wie Öl in einer Wasserpfütze? So sehe ich aus. Bin 35 Jahre alt, 1,66 Meter groß und wiege 84 Kilo. Könnte heulen, wenn ich an mir runterschaue. Vor meinen zwei Schwangerschaften habe ich 69 gewogen – wenn sich mein Körpergewicht auch nur annähernd wieder in diese Richtung bewegen würde, wäre ich schon zufrieden. Also: Wer macht mit beim Diät-Duell? Viele Grüße, Julia
So, 16. April, 10:33	**Betreff: Meine persönlichen 6 Kilo zu viel**
Katharina	Hallo, Julia! Bin dabei! Bisher hatte ich nie Probleme mit meinem Gewicht, aber jetzt gerate ich irgendwie langsam aus der Form. Bin 29 Jahre alt, Buchhändlerin, 1,72 Meter groß und fühle mich mit 74 Kilo einfach unwohl. Als wöchentlichen Wiegetag schlage ich Freitag vor. Gruß, Katharina
So, 16. April, 11:10	**Betreff: Habe ich richtig gelesen?**
Julia	Ach nee, Katharina, du willst mein Mitleid? Du bist sechs Zentimeter größer und zehn Kilo leichter als ich! Gib mir dein Gewicht, und man wird mich in diesem Forum nie wiedersehen. Im Ernst: Freitag ist okay und du kannst gern mitmachen. Es ist bitter, aber eigentlich gibt es für mich ja keine bessere Motivation als jemanden wie dich. Julia
Mo, 17. April, 18:36	**Betreff: Kann ich noch mitmachen?**
Sonja	Hallo! Habe gerade bei euch reingelesen und würde mich gern anschließen. Kurz meine Daten: Marketingleiterin, 49 Jahre, 1,68 Meter, 71 ziemlich schlecht verteilte Kilo – will heißen: absolute Pyramidenfigur. Sonja
Mo, 17. April, 20:13	**Betreff: Ägyptische Schönheit?**
Katharina	Sonja, schmale Schultern, breites Becken? Katharina

Di, 18. April, 16:16 **Sonja**	**Betreff: Produktionsfehler!** Genau! Manchmal fühl ich mich, als hätte man bei mir zwei falsche Körperhälften zusammengeschraubt. Das rote Kleid (Gr. 42), das ich letzte Woche anprobiert habe, machte mir zwar ein Dekolleté wie bei Sophia Loren – schade nur, dass ich es beim besten Willen nicht über die Hüften gekriegt habe. Sonja
Di, 18. April, 21:55 **Katharina**	**Betreff: Grüße aus Entenhausen** Sonja, du nimmst immer zuerst an den Oberarmen und am Bauch ab? Ich komme eher nach Daisy Duck: gepolsterter Oberbau auf Stelzen. Katharina
Di, 18. April, 23:01 **Sonja**	**Betreff: Hoffnungsloser Fall?** Habe in den letzten Jahren von der Blutgruppen- bis zur Mayo-Diät so ziemlich alles ausprobiert, aber nie durchgehalten ... Sonja
Mi, 19. April, 8:55 **Julia**	**Betreff: Pommes mit Mayo?** Was ist denn die Mayo-Diät? Gibt es die auch mit Ketchup? Julia
Mi, 19. April, 10:03 **Sonja**	**Betreff: Peinlich!** Puuh, erinnere mich nicht daran. War irgend so was Neues aus einer Mayo-Klinik in den USA, da habe ich echt 25 Eier die Woche verspeist. Sonja
Mi, 19. April, 11:00 **Julia**	**Betreff: Alles eine Frage der Diziplin?** Guten Morgen! Meine Problemzone liegt eher im Kopf. Wenn ich wieder eine ungezügelte Phase habe, hilft auch kein fettes Bikini-Foto von mir an der Kühlschranktür ... Julia
Mi, 19. April, 22:55 **Sonja**	**Betreff: Die Wahrheit** Ihr Lieben, Gewichtsverlust und Genussverzicht gehören eben doch zusammen. Frage mich, ob ich nicht einfach wieder mit dem Rauchen anfange ... Sonja
Mi, 19. April, 23:51 **Katharina**	**Betreff: Gegenvorschlag** Auf keinen Fall, Sonja! Dann schmeißen wir dich hier sofort raus. Du musst eben mehr darüber nachdenken, was du isst und wie du kochst. Katharina
Do, 20. April, 22:55 **Sonja**	**Betreff: Neue Figur = neues Leben?** ... wenn ich mal koche. Bin oft die ganze Woche unterwegs. Wollte eigentlich nicht mein ganzes Leben umkrempeln, sondern nur 6 Kilo abnehmen. Bin gespannt auf den ersten Wiegetag. Bis morgen, gute Nacht. Sonja

Was macht mich dick?

Warum klappt es mit dem Abnehmen nicht? Weil es eine Menge Saboteure gibt. Ungünstige Essgewohnheiten etwa, Frust oder Stress. Der Test ab Seite 16 deckt Essfallen auf und liefert die besten Strategien dagegen.

»Den ganzen Tag habe ich mich toll im Griff, doch abends kann ich mich beim Essen nicht bremsen.«
»Bei mir muss schnell was auf dem Tisch stehen, wenn ich nach Hause komme. Ich habe keine Zeit, für eine Diät aufwendig zu kochen und auch noch groß einzukaufen.«
»Seit ich 40 bin, habe ich Gewichtsprobleme.«
»Mein Mann findet es total ungemütlich, wenn ich abends nichts mehr essen will.«
Kommt Ihnen da irgendetwas bekannt vor?
Das ist trotzdem kein Grund, aufzugeben. An Ihrer Lebenssituation werden Sie vielleicht nicht viel ändern können – Sie haben Kinder zu versorgen, einen aufreibenden Job oder einen Partner, der Sie nicht unterstützt. Lassen Sie sich dennoch nicht entmutigen. Es gibt Möglichkeiten, die Balance zwischen Pflichten und Wünschen zu finden. Dieses Buch zeigt Ihnen, wie es geht. Wie Sie trotz Zeitmangel oder fehlender Unterstützung Ihr Gewicht dauerhaft in den Griff bekommen. Ganz wichtig: Setzen Sie sich keine unrealistischen Ziele und gehen Sie mit Geduld an die Sache, Schritt für Schritt, dann fällt es Ihnen leichter, sich zu motivieren. Kalkulieren Sie Stillstand und Rückschläge von vornherein ein. Die kommen sowieso, gehören dazu und bedeuten nicht, dass Sie »versagt« haben.
Der Test auf den folgenden Seiten liefert Ihnen das nötige Handwerkszeug, um Ihre persönlichen Essfallen zu entlarven und künftig zu vermeiden, hineinzutappen.

Der Test besteht aus sechs Teilen:

- **Verführbarkeit**
- **Essgewohnheiten**
- **Lebenssituation**
- **Stress**
- **Frust**
- **Lust**

Zu jedem Teil bekommen Sie eine individuelle Auswertung und persönliche Verhaltensstrategien. Und zum Schluss gibt's eine Gesamtauswertung.

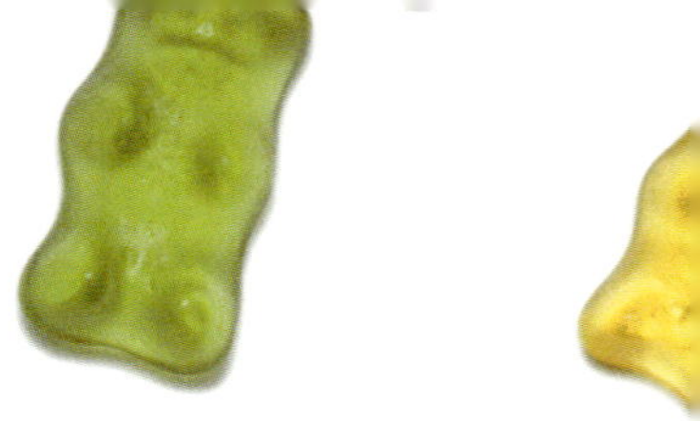

Teil 1

Wie verführbar sind Sie?

Verführung zum Essen lauert überall: eine Einladung zum Geburtstag, der Duft von Croissants beim Bäcker, der Kühlschrank. Die Frage ist nur, wie viel Widerstand Sie dem entgegensetzen können.

Kreuzen Sie jeweils an, was am ehesten auf Sie zutrifft. Ein Tipp für ehrliche Antworten: Wie haben Sie sich denn bisher in solchen Situationen verhalten?

Frage 1 Sie wissen ganz genau: Der Kerl ist nicht gut für Sie, unzuverlässig, treulos. Aber genau Ihr Typ und verdammt attraktiv. Sie …
- ☐ sagen sich: Ein Flirt schadet ja nicht. [✲]
- ☐ lassen lieber die Finger davon. [✹]

Frage 2 Beim Italiener. Sie blättern noch in der Speisekarte, am Nebentisch serviert der Kellner das Essen. Sieht echt gut aus, finden Sie und …
- ☐ schauen weiter in die Speisekarte. [✹]
- ☐ bestellen spontan das Gleiche. [✲]

Frage 3 Auf der letzten Teamsitzung haben Sie Protokoll geführt. »Sie haben das so hervorragend gemacht, übernehmen Sie es doch heute wieder«, lobt Ihr Chef. Sie …
- ☐ sagen geschmeichelt: »Okay, mach ich.« [✲]
- ☐ schlagen vor: »Jetzt ist mal jemand anders dran.« [✹]

Frage 4 Auf der Hochzeit Ihrer Freundin stehen Sie vor dem köstlichen Buffet und …
- ☐ picken sich Kalorienarmes raus. [✹]
- ☐ schlagen zu. Das gibt es schließlich nicht alle Tage! [✲]

Frage 5 Sie schmökern in einer Kochzeitschrift. Tolle Rezepte, bei den Fotos läuft Ihnen das Wasser im Mund zusammen. Davon angeregt …
- ☐ müssen Sie jetzt sofort irgendetwas Leckeres essen. [✲]
- ☐ nehmen Sie sich vor, das nachzukochen. [✹]

Frage 6 Sie hassen diese Arbeit, aber sie muss getan werden. Typisch für Sie ist …
- ☐ sich bis zum letzten Moment davor zu drücken. [✲]
- ☐ sie schnell hinter sich zu bringen. [✹]

Frage 7 Sie auf der Couch, ein spannender Film im Fernsehen, vor Ihnen eine Tüte voll mit Ihrer Lieblingsnascherei. Sie …
- ☐ lassen etwas übrig. [✹]
- ☐ futtern die Tüte leer. [✲]

Frage 8 Ist schon ziemlich spät, Sie möchten gehen. »Bleib doch noch ein bisschen«, bittet Ihre Freundin. Sie sagen:
- ☐ »Na gut, noch eine halbe Stunde.« [✲]
- ☐ »Nee du, ich muss wirklich los.« [✹]

Frage 9 Sie wollen sich im Coffeeshop nur einen Kaffee holen. Da sehen Sie diese oberleckeren Muffins. Sie …
- ☐ bestellen nur den Kaffee. [✹]
- ☐ sagen: »… und einen Muffin, bitte.« [✲]

Frage 10 Sie haben sich vorgenommen zu joggen. Ein Blick aus dem Fenster: Es ist grau, windig und kalt. Sie …

- ☐ ziehen sich warm an, und los geht's. [✹]
- ☐ sagen sich: Muss ja nicht unbedingt heute sein. [✲]

Frage 11 Auf dem Heimweg kommen Sie am Imbiss vorbei. Köstlicher Duft trifft Ihre Nase. Sie …

- ☐ nehmen sich etwas für zu Hause mit. [✲]
- ☐ atmen tief ein und gehen weiter. [✹]

Frage 12 Sie probieren im Schuhladen. Zugegeben, Sie brauchen diese Schuhe eigentlich nicht. Aber sie sehen super aus, und runtergesetzt sind sie auch …

- ☐ Seufz, die bleiben hier. [✹]
- ☐ Die müssen mit. [✲]

Auswertung

Geben Sie sich für [✷] null Punkte und für [✲] einen Punkt. Zählen Sie Ihre Punkte zusammen. Die Auflösung finden Sie unter Ihrer Punktzahl.

■ **0–4 Punkte: Disziplin pur**

Sie lassen sich nicht so leicht verführen, denn meistens sind Sie diszipliniert, und nichts kann Sie von Ihrem Weg abbringen. Das gilt auch fürs Essen. Bei so viel Standhaftigkeit dürfen Sie sich die eine oder andere Verführung durchaus erlauben.

▲ **5–8 Punkte: Hin- und hergerissen**

Mal sind Sie kaum zu verführen, dann wieder werden Sie beim kleinsten Reiz schwach. Der Grund: Ihre wechselnden Stimmungen beeinflussen Ihre Handlung – auch was das Essen betrifft. Mal bringt Sie pure Lust dazu, übermäßig hinzulangen, mal Anspannung und Stress. Wenn bei Ihnen vor allem Ihre Stimmung den Appetit auslöst, dann erfahren Sie in Teil 4, 5 und 6 des Tests unter »Stress«, »Frust« und »Lust« mehr dazu.

● **9–12 Punkte: Haben wollen**

Sie sind leicht verführbar. Genauer gesagt, verführen Sie sich meist selbst, Motto: »Einmal ist keinmal.« Da kommt natürlich einiges zusammen. Mit den richtigen Strategien und etwas Disziplin kommen Sie aus der Falle heraus.

Die besten Strategien

So wappnen Sie sich gegen Verführung

Je verführbarer Sie sind, desto mehr Spielregeln sollten Sie in Ihren Alltag einbauen. Besonders wenn Sie häufiger in Situationen kommen, in denen die Versuchung groß ist, zu viel oder zu kalorienreich zu essen.

Gelüste aussitzen

Im Kühlschrank lockt eine Mousse au Chocolat. Lassen Sie sie stehen. Wenn Sie »nur ein Löffelchen« davon naschen wollen, folgt nämlich noch eins und noch eins, und zack ist der Becher leer. Den Grund dafür hat möglicherweise ein Forscherteam der Pennsylvania State University entdeckt: Bei einer fettreichen Ernährung werden Sättigungssignale leichter »überhört«. Bei Übergewichtigen reagiert der Körper wenig sensibel auf Sättigungshormone. Außerdem: Wir neigen dazu, eine Tüte, einen Becher, eine Packung komplett leer zu essen. Deshalb sollten wir die Finger von kalorienreichen XXL-Angeboten lassen.

Eine andere Möglichkeit, mit der Situation umzugehen: Warten Sie zehn Minuten und entscheiden Sie dann, ob Sie die Mousse wirklich essen wollen. Die wissenschaftliche Erkenntnis dahinter: Kurz nach dem Auftauchen eines Gelüstes wird es meist schwächer. Sie können kulinarische Verführungen also tatsächlich aussitzen.

Zuerst genießen, dann bremsen

Sie haben sich zu übermäßigem Essen verführen lassen? Denken Sie bloß nicht »Nun ist doch alles egal« und essen Sie nicht einfach weiter. Bitte entspannen! Akzeptieren und genießen Sie das Essen und nehmen Sie sich vor, in den nächsten Tagen für Ausgleich zu sorgen (weniger Kalorien, mehr Bewegung). Das machen Menschen, die ihr Gewicht im Griff haben, auch nicht anders, weiß man aus Studien der University of Colorado. Waren mal ein paar Pfunde mehr drauf, probierten die Studienteilnehmer Verschiedenes aus, um zum Wunschgewicht zurückzukommen (mehr Sport, bewusster essen). Sie akzeptierten die Gewichtskontrolle quasi als permanenten Lernprozess.

Und übrigens: Ihr Körper arbeitet für Sie. Ein ungewohnt großes Nahrungsangebot veranlasst ihn, kurzfristig mehr Kalorien zu verbrennen. Wer allerdings dauerhaft immer zu viel isst – und sei es auch nur ein bisschen –, trickst diesen Mechanismus aus, dann wird Fett gespeichert.

Fettfallen umschiffen

Sie haben eine Essenseinladung, sind aber gerade auf Diät. Wenn Sie die Einladung annehmen möchten, halten Sie sich an ein paar Spielregeln. Im Restaurant wählen Sie gegrillte Fleisch- oder Fischgerichte mit Gemüse und möglichst ohne Sahnesoße – davon werden Sie gut satt, und Sie können leichter aufs Dessert verzichten. Ungünstig: vorweg Brot essen. Es enthält viele Kohlenhydrate, die die Insulinproduktion ankurbeln und die Fettverbrennung hemmen. Außerdem ist Brot ein schlechter Sattmacher, und wir essen dann doch mehr davon, als gut wäre.

Bei einem privaten Dinner beschränken Sie sich auf kleine Portionen, essen langsam und lassen auch etwas auf dem Teller zurück. Loben Sie die Gastgeberin schon nach dem ersten Bissen ausführlich, dann ist sie nicht enttäuscht, wenn Sie keinen Nachschlag nehmen.

Am Buffet meiden Sie Fettiges wie Blätterteighäppchen und Frittiertes. Verzichten Sie weitestgehend auf Brot. Greifen Sie zu allem »Bunten« – Salaten und Gemüsebeilagen bis hin zur Garnitur. Auch gut: Schinken (mit Melone), geräucherter oder eingelegter Fisch, Roastbeef und kleine Steaks. Kartoffel-, Fisch- und Gemüsesalate mit undefinierbaren Soßen lassen Sie besser links liegen. Beliebte warme Speisen bei Buffets sind Kartoffelgratins, Nudel-, Fleisch- und Fischgerichte in Sahnesoße – weil sie länger warm stehen können. Wenn Sie Appetit darauf haben, nehmen Sie eine kleine Portion. Tipp: Legen Sie sich die Speisen auf einen kleinen Teller und laufen Sie lieber öfter. Sie können dann jedes Mal überprüfen, ob es nicht doch schon reicht, und Sie bewegen sich auch gleich noch.
Sind Sie zu Kaffee und Kuchen eingeladen, wählen Sie Hefe-, Biskuit- oder Obstkuchen. Sahne-

schnitten, Cremetorten und Mürbeteiggebäck sind sehr fett. Essen Sie langsam, legen Sie die Gabel immer wieder beiseite. Solange Sie noch etwas auf dem Teller haben, riskieren Sie nicht so leicht, dass man Ihnen ein weiteres Stück anbietet und Sie dann nicht widerstehen können.

Standhaft bleiben

Was tun, wenn jemand Sie wortreich überreden will, doch noch etwas zu essen? Lassen Sie sich nicht auf eine Diskussion ein. Vielleicht kommen Sie gegen die Argumente des anderen gar nicht an. Sagen Sie stattdessen so oft, wie es nötig ist, den schlichten Satz: »Vielen Dank, ich möchte nicht«. Ohne weitere Erläuterung.

Ausnahmen machen

Eigentlich essen Sie abends gern einen frischen Salat oder etwas mageren Aufschnitt. Sie werden aber regelmäßig schwach, wenn Ihr Partner genüsslich seinen Käse mit Rotwein zelebriert. Auch die Partnerschaft kann dick machen. Gerade die Frauen. Das ergaben Studien der Unis Minnesota und Newcastle. Frauen (speziell frisch verheiratete) verzichten dem Partner zuliebe häufig auf ihre gesunden Essgewohnheiten und verzehren reichhaltigere Mahlzeiten. Das macht in den ersten zwei Jahren im Schnitt fünf Pfund plus aus, ermittelten die Forscher. Bleiben Sie flexibel. Erlauben Sie sich ab und zu einen Käse-Rotwein-Abend, Sie brauchen den Käse ja nicht fingerdick aufs Brot zu legen. Oder essen sie statt Brot eine Birne, Tomaten oder einen kleinen Salat dazu, dann werden Sie mit weniger Kalorien satt. Diese Kombination gefällt vielleicht auch Ihrem Partner. Studien zeigen: Männer macht die Partnerschaft durchaus offen für Grünzeug.

Teil 2

Welche Essgewohnheiten haben Sie?

Im Laufe der Zeit entwickeln wir persönliche Rituale und bestimmte Einstellungen zum Essen. Viele davon stammen noch aus dem Elternhaus und sind deshalb besonders fest verankert. Es lohnt sich, Gewohnheiten zu hinterfragen.

Kreuzen Sie an, was häufig auf Sie zutrifft.

- ☐ Wenn ich nach Hause komme, esse ich als Erstes etwas.
- ☐ Ich esse meinen Teller leer, auch wenn ich schon satt bin.
- ☐ Ich esse schnell mal Reste auf, z. B. Kuchenteig, Salatsoße, Pudding.
- ☐ Ich habe gern große Portionen auf dem Teller.
- ☐ Nachtisch gehört für mich zum richtigen Essen.
- ☐ Im Supermarkt kaufe ich oft mehr ein, als ich eigentlich wollte.
- ☐ Beim Essen lese ich gern oder sehe fern.
- ☐ Ich war als Kind und/oder in der Pubertät dick.
- ☐ In meinem Elternhaus wurde immer viel gegessen.
- ☐ Ich esse, was mein Partner oder die Kinder auf dem Teller übrig gelassen haben.
- ☐ Ich pflege Rituale wie nachmittags Kaffee trinken, das Sonntagsessen oder das abendliche Glas Rotwein.
- ☐ Ich koche, wie ich es von zu Hause gewohnt bin: kalorienreich mit Sahne und guter Butter.
- ☐ Direkt vor dem Schlafengehen esse ich noch etwas.

Auswertung

Für jede angekreuzte Aussage gibt es einen Punkt. Zählen Sie Ihre Punkte zusammen. Die Auflösung finden Sie unter Ihrer Punktzahl.

■ 0–4 Punkte: Gute Gewohnheiten

Sie wissen, was Sie essen, und achten auf Ihre Gesundheit. Vielleicht haben Sie sich mit viel Disziplin dazu erzogen. Vielleicht war es aber auch ein Lernprozess: Sie fühlen sich am wohlsten, wenn Sie die Balance zwischen bewusstem und lustvollem Essen halten. Ihr Plus: Sie sind flexibel. Auch wenn Sie Rituale rund ums Essen pflegen, bestehen Sie nicht zwanghaft darauf.

▲ 5–7 Punkte: Überflüssige Gewohnheiten

Bei Ihnen haben sich ein paar Gewohnheiten eingeschlichen, die Ihr Gewicht unnötig erhöhen können. Nehmen Sie Ihre Essgewohnheiten unter die Lupe: Auf welche können Sie auf keinen Fall verzichten? Und welche könnten Sie durch bessere, gesündere Gewohnheiten ersetzen?

● 8–13 Punkte: Feste Gewohnheiten

Ihnen fällt es schwer, auf lieb gewordene Gewohnheiten verzichten zu müssen. Dafür gibt es sogar einen guten Grund: Psychogenetiker haben festgestellt, dass angeboren ist, in welchem Maß wir offen für Veränderung sind. Am erfolgreichsten werden Sie etwas ändern können, wenn Sie vom Sinn für den Wechsel überzeugt sind. Einreden oder vorschreiben lassen Sie sich nichts.

Die besten Strategien

So legen Sie Gewohnheiten ab

Nicht alle Gewohnheiten sind schlecht. Aber: »Gewohnheiten sind erst wie dünne Fäden und später wie dicke Stahlseile«, heißt es. Wer sich kurzfristig eine ungünstige Gewohnheit zugelegt hat, kann leichter darauf verzichten als derjenige, der sich schon in einem regelrechten »Stahlkorsett« befindet. Aber auch dafür gibt es Lösungen.

Tauschen statt verzichten

Wer viele ungünstige Essgewohnheiten hat, wird die nicht alle von heute auf morgen ablegen können. Überlegen Sie, wogegen Sie eine austauschen könnten. Statt nach der Arbeit den Kühlschrank nach einem schnellen (kalorienreichen) Snack zu durchforsten, machen Sie sich einen Tee und entspannen Sie ein paar Minuten. Dann ist die erste Gier weg, und Sie können sich in Ruhe mit dem Abendbrot beschäftigen. Statt der ganzen Tafel Schokolade nach dem Abendessen legen Sie sich zwei, drei Stückchen bereit.

Andere Regeln einführen

Wenn Sie durch und durch ein Gewohnheitstier sind: Warum nicht ein paar neue, richtig gute Essgewohnheiten einführen? Zum Beispiel zum Mittagessen immer auch einen kleinen Salat mit rohem Gemüse essen und zum Abendbrot ein großes Stück Gemüse. Oder viermal am Tag nüchtern einen halben Liter Leitungswasser trinken. Das regt Ihren Stoffwechsel derart an, dass er ohne weiteres Zutun schon mal rund 100 Kilokalorien mehr verbrennt, haben Forscher an der Berliner Charité herausgefunden. Beginnen Sie mit der Umsetzung der neuen Gewohnheiten innerhalb der nächsten drei Tage. In der Lernpsychologie gilt: Wer etwas Neues lernen und fest verankern möchte, muss es innerhalb von 72 Stunden umsetzen bzw. wiederholen.

Gute Planung, kleine Portionen

Sie kaufen im Supermarkt immer zu viel ein. Vielleicht kommen Sie direkt von der Arbeit und sind hungrig. Essen Sie vorher Obst oder einen Joghurt, planen Sie das ein. Gehen Sie mit einer Liste einkaufen, und halten Sie sich konsequent daran. Hilfreich gegen Hungerattacken ist es grundsätzlich, regelmäßig am Tag zu essen und keine Mahlzeiten auszulassen.

Wenn es Ihnen öfter passiert, dass Sie sich beim Essen zu große Portionen aufladen, oder wenn Sie aus lauter Gewohnheit sonntagmorgens zwei Brötchen essen, die Sie manchmal nur mit Mühe schaffen: Fangen Sie »klein« an, lassen Sie sich auch in der Kantine eine kleine Portion geben. Erfahrungsgemäß sind Sie mit weniger satt, als Sie denken, und je älter Sie werden, umso weniger Kalorien brauchen Sie. Achten Sie auf die Signale Ihres Körpers. Hören Sie nicht erst auf zu essen, wenn Ihr Magen bereits drückt. Achten Sie außerdem auf die richtige Mischung. Ganz typisch: Erst haben Sie zu viel Soße und nehmen noch Reis nach, dann haben Sie zu viel Reis und nehmen noch Soße ...

Weniger Fernsehen

Abend für Abend vor der Glotze? Lieber nicht, denn Fernsehen macht Appetit. Wissenschaftler der Universität Erfurt fanden heraus: In rund zwei Drittel aller TV-Sendungen kocht, isst oder trinkt jemand – nicht nur in der Werbung. Ein Viertel der gezeigten Lebensmittel sind süße oder fette Snacks, rund 16 Prozent alkoholische Drinks. Zuschauer-Interviews dazu bestätigten: Die Bilder machen Appetit.

Routine durchbrechen

Um dauerhaft etwas zu ändern, ist es generell gut, sich nicht allein aufs Essen zu beschränken. Überlegen Sie: Wo kann ich noch Routine durchbrechen? Einen anderen Arbeitsweg nehmen, sich mal mit anderen Leuten verabreden und abends statt des süßen Betthupferls ein bis zwei (gesündere) Mandelkerne knabbern. Britische Wissenschaftler haben herausgefunden, dass Abwechslung zufriedener und selbstbewusster macht. Man wird offener für Neues, auch beim Kochen und genauso bei den Essgewohnheiten.

AEG

Teil 3

Wie sieht Ihre Lebenssituation aus?

Das Zusammenleben in Partnerschaft und Familie, die berufliche Situation oder die äußeren Bedingungen erlauben es uns oft nicht, so zu essen, wie wir möchten. Checken Sie, wie viel Spielraum Sie haben.

Kreuzen Sie an, was häufig auf Sie zutrifft.

- ☐ Ich koche regelmäßig für meine Familie.
- ☐ Mein Partner isst gern gut.
- ☐ Meine Kinder kommen zu unterschiedlichen Zeiten nach Hause.
- ☐ Ich arbeite überwiegend zu Hause.
- ☐ Ich bin oft zu Partys, Festen oder zum Essen bei Freunden eingeladen.
- ☐ Ich kaufe die meisten Lebensmittel auf Vorrat ein.
- ☐ Ich komme tagsüber gar nicht richtig zum Essen.
- ☐ Es ist immer ein Vorrat an Bier, Wein, Cola oder Limo im Haus.
- ☐ Ich habe kürzlich mit dem Rauchen aufgehört.
- ☐ Ich bin beruflich viel unterwegs oder auf Reisen.
- ☐ Ich esse tagsüber im Restaurant oder in der Kantine.
- ☐ Ich esse meine Hauptmahlzeit abends.
- ☐ Ich mache wenig Sport.
- ☐ Ich habe tagsüber die Möglichkeit, mir zu den Hauptmahlzeiten etwas zu essen zu besorgen.
- ☐ Ich bin über 40 Jahre alt.
- ☐ Seit dem ersten Kind habe ich fünf Kilo mehr drauf.

Auswertung

Für jede angekreuzte Aussage gibt es einen Punkt. Zählen Sie Ihre Punkte zusammen. Die Auflösung finden Sie unter Ihrer Punktzahl.

■ 0–4 Punkte: Günstige Situation

Offenbar leben Sie derzeit in einer Situation, in der Sie überwiegend frei entscheiden können, wann, wie und wo Sie essen möchten. Es dürfte deshalb kein Problem sein, Informationen über richtige Ernährung umzusetzen. Kehrseite der Medaille: Wenn Sie ungesund oder übermäßig essen, lässt sich das nicht auf die Umstände schieben.

▲ 5–9 Punkte: Verfängliche Situation

Sieht insgesamt nicht übel aus, aber ein paar Situationen gibt es schon, die für Sie zur Essfalle werden könnten. Wichtig ist, dass Sie die herausfinden: Hängen sie mit Ihrem Beruf zusammen? Liegt es daran, dass Ihr Partner oder Freunde Sie beeinflussen? Haben Sie zu wenig Zeit, sich um Ihre Ernährung zu kümmern? Wenn Sie die Schwachstellen kennen, können Sie vorsorgen.

● 10–16 Punkte: Kritische Situation

Sie haben es nicht leicht. Was das Essen betrifft, bringen die äußeren Bedingungen Sie immer wieder in Versuchung oder zwingen Sie, Kompromisse zu schließen. Dagegenzusteuern erfordert von Ihnen ein hohes Maß an Energie. Rechnen Sie dabei nicht unbedingt mit der Unterstützung Ihrer Umgebung, übernehmen Sie selbst die Verantwortung.

Die besten Strategien

So kriegen Sie Ihren Alltag in den Griff

Der Tag ist oft voll gepackt mit Pflichten. Zeit ist knapp, und wir essen bei der Arbeit nebenbei oder stundenlang gar nicht. Oder wir müssen für die Kinder kochen und essen jedes Mal mit. Aber: Auch unter schwierigen Bedingungen ist es möglich, sich ausgewogen zu ernähren.

Kassensturz machen

Sie achten auf Ihre Ernährung, sind aber viel auf Achse. Ihr Speiseplan? Einen Happen hier, einen dort, vielleicht mit den Kindern essen und abends mal ein ausgiebiges Dinner mit dem Partner. Ganz schön schwierig, sich vernünftig zu ernähren. Führen Sie eine Woche lang ein Essprotokoll. Es gibt kleine Computer für die Handtasche und Softwareprogramme im Internet, zum Beispiel den BRIGITTE-Diät-Coach über www.brigitte-diaet-coach.de, die Ihnen die Arbeit erleichtern. Schreiben Sie alles rein, jedes Gummibärchen, jeden Cappuccino. Auch den Grund, warum Sie etwas essen (»Hunger«, »lag grad rum«, »müde«). Schauen Sie mal, was da so an Kalorien zusammenkommt. Suchen Sie nach kalorienärmeren Alternativen. Versuchen Sie, wenigstens einmal am Tag in Ruhe eine richtige Mahlzeit zu genießen. Und verzichten Sie nicht aufs Frühstück. Sie neigen sonst dazu, die fehlenden Kalorien über den Tag mehr als auszugleichen. Außerdem müssen Sie morgens Ihre Kohlenhydratspeicher auffüllen, um leistungsfähig zu sein. Wer vormittags müde oder nicht fit ist, kompensiert das eventuell mit Süßigkeiten.

Satt werden – aber richtig

Keine Kantine, mittags nichts Warmes zu essen? Es gibt inzwischen in Supermärkten und auch in Fastfood-Ketten viele gesunde und fettarme Snacks. Oder Sie nehmen sich belegte Brote mit zur Arbeit. Sparen Sie nicht am Belag, sonst werden Sie nicht satt. Die alte Regel »dick Brot und dünn Belag« ist überholt. Denn nur wasserreiche Lebensmittel wie magerer Aufschnitt und vor allem Gemüse und Obst füllen den Magen schnell und machen mit wenig Kalorien satt. Brot enthält wenig Wasser, deshalb sollten Sie es höchstens fünf Millimeter dick schneiden.

Vorbereitet, aber auch spontan sein

Tagsüber haben Sie viel zu tun, denken kaum ans Essen. Nur abends können Sie sich kaum zügeln. Sie kommen ausgehungert nach Hause und greifen wahllos nach allem, was Sie auf die Schnelle kriegen können, Kekse, Schokolade, Pudding. Gut, wenn Sie jetzt Obst und »pflegeleichtes« Gemüse (Tomate, Salatgurke) im Haus haben, auch Joghurt oder ein hartes Ei stillen schnell und »gefahrlos« den ersten Hunger. Eventuell bereiten Sie morgens für den Feierabend einen Snack vor. Bleiben Sie dabei aber relaxed, machen Sie keinen Zwang draus. Flexible Kontrolle ist besser als rigide. Vielleicht bringen Sie sich auch mal ein paar Sushi zum Abendessen mit oder einen fertigen Salatmix.

Gesellig bleiben

Sie möchten abends eigentlich gar nichts oder höchstens eine Klitzekleinigkeit essen. Das Abendbrot ist aber der einzige Termin am Tag, an dem alle mal gemütlich zusammensitzen. Da wollen Sie nicht fehlen. Wählen Sie für sich ein leichtes Abendessen aus der BRIGITTE-Diät. Machen Sie sich eine Brühe und geben Sie eine ordentliche Portion Tiefkühl-Gemüse hinein. Oder essen Sie ganz normal Wurst und Käse, sorgen aber dafür, dass auch fettarme Sorten auf dem Tisch sind. Essen Sie Mixed Pickles, Tomaten, Salatgurke, Radieschen dazu. Je mehr Gemüse Sie essen, desto weniger Brot passt in den Magen, und Sie werden mit weniger Kalorien satt.
Sie sind häufiger auf Partys oder zum Essen eingeladen? Im ersten Teil des Tests, unter »Verführung«, finden Sie Tipps, wie Sie an Tisch oder Buffet das Beste für sich daraus machen.

Privatzone im Kühlschrank

Sie arbeiten zu Hause und schleichen ständig um den Kühlschrank herum. Versteht sich von selbst, dass da keine Dickmacher drin sein sollten. Falls Ihre Familie aber auf kalorienreiche Snacks besteht, sollten Sie klare Trennungen im Kühlschrank vornehmen – in Ihrem Bereich haben solche Verführer nichts zu suchen.

Frischluft tanken

Achten Sie auf geregelte Essenszeiten. Legen Sie fest, was Sie den Tag über essen wollen. Machen Sie regelmäßig eine Pause, vielleicht sogar an der frischen Luft. Licht und Sonne lassen den Serotoninspiegel steigen, und das bremst den Appetit. Sind Sie nämlich müde und ausgepowert, kommt leicht der Griff zum süßen Snack (siehe auch Teil 4: »Stress«). Falls Sie mittags genug Zeit haben: Gehen Sie in Ihr Fitness-Studio und bereiten Sie sich anschließend zu Hause ein schnelles Essen zu (zum Beispiel ein BRIGITTE-Diät-Fertiggericht von Frosta).

Leichtes aus der Tiefkühltruhe

Die Kinder kommen zu unterschiedlichen Zeiten nach Hause, und Sie wollen jedem etwas Warmes anbieten. Setzen Sie sich dazu, aber essen Sie nur einmal zu Mittag. Essen Sie nicht auf, was Ihre Kinder übrig lassen. Wenn Sie am Tag mehrmals kochen müssen: Greifen Sie zu Tiefgekühltem: Zur Gemüsepfanne kochen Sie ein paar Nudeln; in den Eintopf oder zum Auflauf geben Sie noch etwas Tiefkühl-Gemüse, zur TK-Pizza bereiten Sie einen frischen Salat. Auch den können Sie fertig kaufen, schnippeln nur noch ein paar Möhren, Radieschen und Tomaten hinein.

Unterstützung suchen

Verkünden Sie im Familien- und Freundeskreis, was Sie ab sofort ändern wollen. Je deutlicher und nachdrücklicher Sie das tun, desto mehr fühlen Sie sich verpflichtet, es auch durchzuhalten. Bitten Sie andere, Sie dabei zu unterstützen. Das gilt besonders für frisch gebackene Mütter. Von lästigen Schwangerschaftspfunden kommen Sie viel leichter runter, wenn Sie regelmäßig Sport machen. Manche junge Mütter essen aus Frust, weil sie sich zu Hause wie angebunden fühlen. Nehmen Sie Ihren Partner in die Pflicht. Schaffen Sie sich Freiräume für Sport, Entspannung oder Treffen mit Freundinnen. Vielleicht können Eltern, Schwiegereltern oder Freundinnen mal auf den Nachwuchs aufpassen. Und: Machen Sie sich vor allem von dem Gedanken frei, Sie seien eine Rabenmutter, wenn Sie mal egoistisch sind.

Rauchstopp: Geduld haben

Die schlechte Nachricht: Wer viel geraucht hat und damit aufhört, nimmt zu. Das Rauchen hemmt die Futterverwertung. Die gute Nachricht: Das ist nur vorübergehend und spielt sich wieder ein. Allerdings: Sie müssen dafür etwas tun, umso mehr, je älter Sie zum Zeitpunkt des Rauchstopps sind. Ganz oben auf der To-do-Liste: Sport. Joggen, Walken, Radfahren sind am effektivsten (siehe auch »Aktiv werden«, ab Seite 170). Ein super Fatburn-Programm fürs Wohnzimmer finden Sie außerdem ab Seite 176. Überprüfen Sie Ihr Essverhalten. Vielleicht essen oder naschen Sie jetzt mehr als vorher, ohne dass Ihnen das bewusst ist. Ein Ernährungstagebuch gibt Aufschluss. Falls Sie gar nicht klarkommen oder Unterstützung fehlt, tauschen Sie sich mit Leidensgenossinnen im Web aus, zum Beispiel in der Community unter www.brigitte.de/foren.

Schlank auch mit 50

Nein, die Wechseljahre machen nicht automatisch dick. Aber viele Frauen spüren ab etwa 40, dass der Körper sich verändert und auch das Abnehmen nicht mehr so leicht geht. Doch das liegt nicht an der hormonellen Situation, sondern daran, dass mit dem Älterwerden der Körper weniger Energie braucht und an Muskelmasse verliert. Wer trotzdem so isst wie bisher, lagert vor allem Fett ein. Und etwa ab der Lebensmitte zeigen sich die Extrapfunde immer deutlicher. Während der Wechseljahre verändert sich der Körper obendrein, es wird verstärkt Fett am Bauch gespeichert, und da fällt es mehr auf, als

wenn es sich gleichmäßig über Po und Hüften verteilt. Das beste Rezept dagegen: Bewegen Sie sich möglichst täglich bzw. fangen Sie spätestens jetzt mit Sport an. Am effektivsten sind Muskelaufbau- und Ausdauertraining, werden Sie möglichst drei- bis viermal die Woche aktiv. Es zählen aber auch die vielen kleinen Alltagsbewegungen. Und was Ihren Speiseplan betrifft: Achten Sie stärker auf Ihre Körpersignale: Haben Sie wirklich Hunger oder essen Sie aus alter Gewohnheit? Sind Sie nicht auch mit weniger satt, selbst wenn Sie bisher immer eine größere Portion gewohnt waren? Mehr dazu in diesem Test unter »Essgewohnheiten« und »Lust« (ab Seite 39). Weniger essen heißt keinesfalls verzichten. Essen Sie alles, aber in kleineren Portionen. Und: Wenn Ihr Körper jetzt weniger braucht, dann geben Sie ihm Ia-Qualität: Bio- und Naturprodukte, die nicht stark verarbeitet sind – für den vollen Genuss!

Teil 4

Essen Sie häufig gegen Ihren Stress an?

Bei Stress kriegen einige keinen Bissen runter. Andere versuchen, mit Essen Energie zu tanken oder sich für Anstrengung zu entschädigen. Überprüfen Sie, wie das bei Ihnen ist.

Kreuzen Sie alles an, was häufig auf Sie zutrifft.

- ☐ Abends bin ich oft erschöpft.
- ☐ Tagsüber komme ich kaum zum Essen.
- ☐ Ich bin eine Perfektionistin.
- ☐ Ich mache bei der Arbeit selten Pause.
- ☐ Ich habe ein Kind/Kinder unter fünf Jahren.
- ☐ Ich bin oft nervös.
- ☐ Für ein richtiges Frühstück fehlt mir häufig die Zeit.
- ☐ Ich reagiere schnell gereizt.
- ☐ Ich fühle mich häufig überfordert.
- ☐ Ich leide oft unter Erkältung, Kopfweh, Magenschmerzen oder Muskelverspannung.
- ☐ Zum Mittagsessen fehlt mir meist die Zeit.
- ☐ Ich gehe oft hungrig einkaufen.
- ☐ Ich habe einen anstrengenden Job.
- ☐ Abends habe ich oft Heißhunger und esse zu viel.
- ☐ Ich muss mich bei meiner Arbeit sehr konzentrieren.
- ☐ Wenn ich tagsüber Hunger bekomme, esse ich irgendetwas nebenbei, z. B. einen Schokoriegel oder ein Brötchen.

Auswertung

Für jede angekreuzte Aussage gibt es einen Punkt. Zählen Sie Ihre Punkte zusammen. Die Auflösung finden Sie unter Ihrer Punktzahl.

■ 0–5 Punkte: Alles easy

Auch Sie wissen an manchen Tagen nicht, wo Ihnen der Kopf steht. Aber insgesamt haben Sie alles gut im Griff und können jeden Tag entspannt angehen. Essen aus Stress? Kommt bei Ihnen so gut wie nie vor. Entweder sind Sie gut organisiert – oder Sie empfinden die Anstrengung überwiegend als anregend. Stress ist unvermeidbar, sagt der Medizinsoziologe Aaron Antonovsky, aber wenn wir ihn als sinnvoll erleben, dann macht er uns nicht krank. Und wir brauchen ihn nicht mit Essen zu kompensieren.

▲ 6–9 Punkte: Vorsicht vor Überforderung

Es lastet schon einiges auf Ihren Schultern. Zumindest sind Sie an einem Punkt angelangt, wo Sie aufpassen müssen. Knüppeln Sie sich nicht einfach durch. Untersuchungen haben ergeben, dass diejenigen, die regelmäßig kleine Pausen machen, letztlich schneller und effektiver arbeiten als diejenigen, die darauf verzichten. In diesen Pausen kann man sich Zeit fürs Essen nehmen und gerät nicht in Gefahr, vor lauter Stress wahllos zu futtern.

● 10–16 Punkte: Stressalarm!

Sie sind zur Zeit besonders belastet. Sicher gibt es Pflichten, vor denen Sie sich nicht drücken können, etwa in der Familie oder im Job. Aber gerade dann sollten Sie liebevoll mit sich umgehen, sonst sind Sie bald ausgebrannt. Und vor allem ständig in Gefahr, übers Essen zu kompensieren. Spüren Sie Ihre Stressquellen auf, und finden Sie andere Möglichkeiten, zu entspannen.

So macht Stress nicht dick

Ein Leben ohne Stress ist kaum möglich und wäre vielleicht auch langweilig. Doch gerade Frauen fangen bei Stress an zu essen. Je nach Situation gibt es verschiedene Auswege.

Naschen Sie gesund

Das Kind ist krank, der Termindruck groß. Sie zerreißen sich fast, um alles irgendwie auf die Reihe zu bekommen. Dabei sinkt Ihre Widerstandskraft. Jetzt greifen Sie nach allem, was Ihnen an Essbarem unterkommt. Denn Kauen beruhigt. Schon als Säuglinge und kleine Kinder lernen wir, dass Essen und das Nuckeln am Schnuller zufrieden machen. Wenn Sie jetzt lieber zu Chips und Schokolade greifen, geraten Sie in einen Teufelskreis: Ihr Blutzuckerspiegel steigt rasch an, das Dickmacherhormon Insulin kommt und schafft den Zucker in die Muskelzellen. Schon kriegen Sie wieder Appetit und essen wieder Chips. Dieser Mechanismus hemmt die Fettverbrennung. Den beruhigenden Kaumechanismus setzen Sie auch mit kalorienarmen Snacks wie Obst, Möhren, Kohlrabi in Gang. Schokolade, Pralinen oder Chips verbannen Sie am besten außer Reichweite. Zum Beispiel ganz oben, hinten im Schrank. Es kostet Sie Mühe, dranzukommen, und meist wird Ihnen der Aufwand zu groß sein. Das bestätigt eine Untersuchung der Cornell-University.

Nahrungsmittel gegen Stress

Wenn Sie häufig ausgepowert und gereizt sind, haben Sie schnell das Gefühl: Jetzt brauche ich richtig was zu essen. Nutzen Sie Ihre Mahlzeiten als Energiequelle! Richtiges Essen kann Ihnen Kraft geben. Bei Stress helfen vor allem Lebensmittel, die viel Vitamin B enthalten wie Bananen oder Leber. Erwiesen ist auch, dass basische Lebensmittel das Nervenkostüm stärken. Dazu gehören z. B. die meisten Salatsorten, Gemüse, Obst, Dinkelbrot, Getränke wie Milch, Kräutertee, Wasser ohne Kohlensäure. Essen Sie in Ruhe, das ist wie eine entspannende Verschnaufpause, und schützt Sie vor Heißhunger.

Bloß nicht hungern

Häufiges Hungern und einseitige, extreme Diäten sind alles andere als schlau. Kommt dann noch Stress dazu, gibt's beim Essen kein Halten mehr. Das haben US-Forscher im Tierversuch festgestellt. Ausgehungerte Tiere verdrückten unter Stress Megaportionen ihrer Lieblingsspeisen. Die Forscher vermuten, dass das bei Menschen ähnlich ist. Die Leckereien wirken dann wie eine Droge, und schon ein kleines Stück Schokolade, ein Löffel Mousse macht süchtig nach mehr.

Laufen Sie dem Stress davon

Gehen Sie nicht ans Limit. Bauen Sie sich innere Stoppschilder ein, und machen Sie zwischendurch mal Pause. Drehen Sie eine Runde um den Block. Machen Sie eine Kaffeepause. Nach Feierabend fahren Sie Fahrrad, gehen ins Fitness-Studio oder joggen. Strengen Sie sich dabei auch mal richtig an. Auspowern entspannt.
Aber auch aktive Entspannung wie autogenes Training, Yoga- oder Qigong-Übungen oder eine kurze Meditation helfen erwiesenermaßen, Stress zu bewältigen.

Teil 5

Essen Sie oft aus Frust?

Auch Frust kann dick machen. Essen soll uns trösten, wenn wir traurig sind, oder beschwichtigen, wenn wir wütend sind. Und bei Langeweile die Leere füllen.

Kreuzen Sie alles an, was häufig auf Sie zutrifft.

- ☐ Ich kann mich oft zu nichts aufraffen.
- ☐ Ich bekomme zu wenig Anerkennung.
- ☐ Ich schlucke meinen Ärger meist hinunter.
- ☐ Ich fühle mich oft einsam.
- ☐ Wenn ich mich langweile, esse ich häufig.
- ☐ Ich verliere mich gern in Tagträumen.
- ☐ Mir fällt es schwer, Nein zu sagen.
- ☐ Ich habe oft Schuldgefühle.
- ☐ Wenn es mir schlecht geht, esse ich mehr als sonst.
- ☐ Ich finde mich unattraktiv.
- ☐ Am Wochenende langweile ich mich oft.
- ☐ Ich bin mit meinem Leben unzufrieden.
- ☐ Ich tröste mich häufig mit Süßigkeiten.
- ☐ Ich fühle mich oft unverstanden.
- ☐ Ich leide an den Folgen einer Krise wie Trennung oder Kündigung.
- ☐ Ich habe im Leben viel Pech gehabt.

Auswertung

Für jede angekreuzte Aussage gibt es einen Punkt. Zählen Sie Ihre Punkte zusammen. Die Auflösung finden Sie unter Ihrer Punktzahl.

■ **0–4 Punkte: Kein Grund zur Klage**

Entweder sind Sie schon mit einem ausgeglichenen Naturell zur Welt gekommen – oder Sie haben hart dafür gearbeitet. Das Ergebnis ist jedenfalls das gleiche: Auch wenn es hier und da Krisen gibt, sind Sie mit sich und Ihrem Leben überwiegend im Einklang. Unzufriedenheit dürfte deshalb bei Ihnen selten die Ursache sein, zu viel zu essen.

▲ **5–9 Punkte: Mittlere Frustquote**

Eigentlich geht es Ihnen gut. Aber phasenweise sind Sie mit sich und der Welt unzufrieden. Und haben das Gefühl, dass Ihr Alltag sehr anstrengend ist. Die meisten Probleme sind hausgemacht und können deshalb von Ihnen gelöst werden. Sie sind immer Teil eines Systems: Wenn Sie sich ändern, ändern sich meist auch die äußeren Bedingungen.

● **10–16 Punkte: Höchste Zeit für Glück**

Ihr Frust mag ja durchaus berechtigt sein, aber das ist kein Grund, an ihm festzuhalten. Umdenken ist jederzeit möglich. Sie sind kein Opfer, das dem Essen willenlos ausgeliefert ist, sondern eine Frau, die ihr Leben selbst in die Hand nehmen kann. Dazu gehört auch, dass Sie sich passende Unterstützung suchen, von guten Freunden oder kompetenten Fachleuten.

Die besten Strategien

So vertreiben Sie Frust ohne Essen

Ob Dauerfrust oder nur gelegentliche Unzufriedenheit – es gibt bessere Möglichkeiten, als sich mit einer Schachtel Pralinen zu trösten.

Selbsterkenntnis ist der erste Schritt

Ihr Job langweilt Sie, Ihr Partner lässt immer alles rumliegen, oder Sie sind unzufrieden mit Ihrem Aussehen – wenn Sie tagaus, tagein gefrustet sind, machen Schoko-Orgien Sie nur noch unzufriedener. Denn Sie genießen nicht, sondern plagen sich mit Schuldgefühlen. Besser: Gehen Sie an die Ursachen heran. Überlegen Sie: Was ist mein Anteil an der Situation? Erlaube ich einem anderen Menschen, mich schlecht zu behandeln, oder traue ich mich nicht, Forderungen zu stellen? Was an meinem Aussehen stört mich und warum? Was auch immer Sie entdecken, der nächste Schritt besteht darin, in diesem Punkt an sich zu arbeiten. Holen Sie sich eventuell professionellen Rat.

Schokolade: Ein Ministück reicht

Warum greifen wir fast immer zu Schokolade, wenn wir down sind? Das wollten Forscher genauer wissen: Möbeln uns die stimulierenden Stoffe Koffein und Theobromin auf? Oder brauchen wir dann gerade das Nervenmineral Magnesium? Ist es schlicht die Energie aus Kohlenhydraten und Fett, die uns fehlt? Eine Studie mit Milchschokolade, weißer Schokolade, Kakaokapseln und Plazebo ergab: Nur echte Schokolade macht glücklich. Und schon fünf Gramm reichen, um die Stimmung sofort aufzubessern. Da in einem so kleinen Stück die Wirkstoffe kaum einen Effekt haben können, scheint es tatsächlich der Geschmack zu sein, der so zufrieden macht, schließen die Wissenschaftler. Frauen profitieren von den Glücksgefühlen übrigens noch mehr als Männer. Ihr höherer Östrogenspiegel verstärkt den Effekt des Botenstoffs Serotonin auf das Glückszentrum.

Fehlschläge einplanen

Sie haben sich schon öfter vorgenommen, Ihre Ernährung zu ändern, sind dann aber doch wieder schwach geworden und waren frustriert? Eine Studie der Uni Hamburg zur Motivationsforschung zeigt, dass man leichter zum Ziel kommt, wenn man Fehlschläge einplant und bereits im Vorfeld eine Lösung dafür erarbeitet – zum Beispiel: zum Ausgleich 20 Minuten joggen. Hilfreich ist ein Tagebuch. Notieren Sie, warum Sie sich doch wieder mit einer ganzen Tafel Schokolade getröstet oder Currywurst statt Gemüse gegessen haben. Überlegen Sie Strategien, wie Sie diese Essfallen beim nächsten Mal umgehen können. Tipps dazu liefert der Test.

Lassen Sie es raus!

Sie könnten manchmal platzen vor Frust und Wut. Doch schon als Kind haben Sie gelernt, sich zu beherrschen, nicht trotzig, wütend oder laut zu sein. Außerdem ist es nicht unbedingt ratsam, im Job oder gegenüber der Familie auszurasten. Doch heftige Gefühle wie Wut und Ärger lassen sich nicht einfach wegstecken. Damit sie nicht wie ein Vulkan ausbrechen, werden sie oft unbewusst mit Essen zugedeckt. Gesünder ist es, sich im stillen Kämmerchen ein Ventil zu suchen: Knien Sie sich vor Ihr Bett. Schlagen Sie mit beiden Fäusten auf die Matratze und schimpfen Sie laut. Danach können Sie dann den für Ihren Frust Verantwortlichen in aller Ruhe sagen, was Sie stört.
Weil Frust und Wut den Körper stressen, wirkt auch hier Bewegung Wunder. Sie baut Stresshormone ab und verbrennt Kalorien, Sie profitieren also gleich doppelt!

Kümmern Sie sich um andere

Wenn Sie häufig einsam sind oder sich langweilen: Werden Sie aktiv. Nehmen Sie sich rechtzeitig etwas vor, verbringen Sie mal einen Sonntag komplett im Fitness-Studio, mit dem vollen Wellness-Programm. Schließen Sie sich einer Laufgruppe an. Oder tun Sie etwas für andere. Überlegen Sie, wem Sie eine Freude machen können, vielleicht mit einem Anruf oder einer Mail. Wem können Sie ein kleines Geschenk machen oder Unterstützung geben? Wenn Sie sich um Ihre Mitmenschen kümmern, schüttet Ihr Gehirn Glückshormone aus. Gehirnforscher in den USA sprechen vom »helper's high«, einem Hochgefühl durch Zuwendung.

Teil 6

Essen aus purer Lust?

Essen kann mit Wohlgefühl gekoppelt sein, wenn wir es in Gesellschaft genießen oder es uns allein gemütlich machen. Nur gilt es auch hier, das richtige Maß zu finden.

Kreuzen Sie alles an, was häufig auf Sie zutrifft.

- ☐ Am liebsten esse ich in Gesellschaft
- ☐ Ich koche gern.
- ☐ Ich gehe oft in mein Lieblingsrestaurant.
- ☐ Ich decke mir den Tisch schön, auch wenn ich allein bin.
- ☐ Auf eine gute Mahlzeit freue ich mich richtig.
- ☐ Ich treffe mich oft mit Freunden zum Essen.
- ☐ Ich habe eine kleine Leidenschaft, z. B. eine bestimmte Schokolade.
- ☐ Ich mache es mir gern mit etwas Leckerem gemütlich.
- ☐ Ich lese gern Rezepte in Zeitschriften.
- ☐ Wenn mir etwas gelungen ist, belohne ich mich mit einer Leckerei.
- ☐ Wenn Besuch kommt, biete ich meist etwas zu essen an.
- ☐ Ich gehe oft aus.
- ☐ Ich bin eine Feinschmeckerin.
- ☐ Ich bin glücklich, wenn es meinen Lieben schmeckt.
- ☐ Als Kind wurde ich häufig mit Süßigkeiten belohnt.
- ☐ Mit meiner Familie und Freunden sitze ich oft in der Küche.
- ☐ Essen ist für mich eines der größten Vergnügen im Alltag.

Auswertung

Für jede angekreuzte Aussage gibt es einen Punkt. Zählen Sie Ihre Punkte zusammen. Die Auflösung finden Sie unter Ihrer Punktzahl.

■ **0–5 Punkte: Warum so streng?**

Was die Lust am Essen angeht, verhalten Sie sich fast puritanisch. Möglicherweise haben Sie das von zu Hause übernommen. Wenn Mahlzeiten früher wenig zelebriert wurden, fällt es später meist schwer, ihnen besonderen Reiz abzugewinnen. Für Ihre Figur ist das zwar kein Nachteil, aber für Ihr Wohlgefühl. Ein bisschen mehr Vergnügen beim Essen dürfen Sie gern entwickeln.

▲ **6–11 Punkte: Maßvoller Genuss**

Für Sie zählt Essen zu den angenehmen Dingen des Lebens. Dabei schätzen Sie eine stilvolle Umgebung ebenso wie Qualität bei der Zubereitung. Sie wissen: Immer nur auf die Portionsgröße oder den Kaloriengehalt zu achten macht wenig Spaß. Deshalb darf es in guter Gesellschaft dann gern auch mal ein bisschen mehr sein. Dagegen ist im Prinzip nichts einzuwenden – solange Sie das Zuviel bei der nächsten Mahlzeit oder am nächsten Tag wieder ausgleichen. Wenn Sie hier die Balance halten, sind Sie auf dem besten Weg.

● **12–17 Punkte: Zu viel des Guten**

Man kann fast neidisch werden, wie lustvoll Sie Geselligkeit und Essen miteinander verquicken. Der Wermutstropfen ist nur, dass das wahrscheinlich nicht ohne Folgen für die Figur bleibt. Es sei denn, Sie sorgen immer wieder für Ausgleich oder treiben viel Sport. Oder Sie halten es wie die Franzosen: Die genießen ihre Drei- bis Fünf-Gänge-Menüs – und sind trotzdem nicht zwangsläufig dick. Ihr Geheimnis: Sie essen nur kleine Portionen und lassen sich Zeit.

Die besten Strategien

So kommen Sie voll auf Ihren Genuss

Wo hört Genuss auf, wo fängt Völlerei an? Genießen mit Augenmaß – das ist der richtige Weg.

Genießen ohne Reue

Die Lust am Essen sollten Sie sich auf jeden Fall bewahren. Lernen Sie aber zu unterscheiden: Ist es Heißhunger, der Sie wahllos alles verschlingen lässt? Sind bestimmte Ereignisse bei Ihnen untrennbar mit Essen verbunden? Dann blättern Sie noch mal zurück in diesem Test. Eventuell liegen Ihre Essfallen eher im Bereich »Essgewohnheiten«, »Stress« oder »Frust«. Geht es Ihnen aber wirklich um den Genuss, dann ist Qualität und nicht Masse entscheidend, um das Geschmackserlebnis auszukosten. Für Sie ideal:

die Kochrezepte der BRIGITTE-Diät. Da stimmt alles, Genuss, Raffinesse – und satt werden Sie auch noch. Außerdem gibt es blitzschnelle Lösungen, wenn Sie mal wenig Zeit haben.

Schnüffeln Sie sich satt

Ein toller Trick, um nicht jedem Appetit nachzugeben: Düfte. Das haben US-Wissenschaftler um den Neurologen Dr. Alan Hirsch herausgefunden. Eine Studie mit 3200 Versuchspersonen ergab, dass der Geruch von grünen Äpfeln, Pfefferminz und Banane Heißhunger dämpft. Das können Sie selbst ausprobieren (außer Sie leiden an Asthma oder Migräne). Besorgen Sie sich ein Fläschchen mit natürlichem Aroma-Öl in einer der drei Duftnoten. Sobald Sie Appetit überkommt, zücken Sie Ihr Fläschchen und riechen daran – drei Atemzüge pro Nasenloch, empfiehlt Hirsch.

Entkoppeln Sie Genüsse

Beim Stadtbummel landen Sie regelmäßig im Coffeeshop, ins Kino nehmen Sie eine XXL-Tüte Popcorn mit, und den Feierabend verbringen Sie gern bei Ihrem Lieblingsitaliener. Sie haben gelernt, bestimmte Situationen mit Essen oder Trinken zu verbinden. Ganz ähnlich ist das mit der Zigarette nach dem Frühstück. Was man gelernt hat, kann man auch wieder verlernen, sagt die Verhaltenspsychologie. Überlegen Sie, was Sie am ehesten streichen können. Tröstlich: Der Verzicht fällt Ihnen nur am Anfang schwer, dann hat Ihr Gehirn umgelernt.

Laden Sie zu sich ein

Sie sind gesellig und sitzen gern mit anderen beim Essen zusammen. Sind Sie eingeladen, haben Sie keinen Einfluss darauf, wie fett oder kalorienreich das Essen ist. Bitten Sie deshalb so oft wie möglich selbst zu Tisch. Es gibt jede Menge Feinschmeckerrezepte, die ohne kalorienreiche Zutaten auskommen, preiswert und unkompliziert sind – auch in der BRIGITTE-Diät.

Test-Gesamtauswertung

Sie futtern gegen Ihren Stress an? Oder Ihr Alltag macht es Ihnen schwer, regelmäßig und nicht zu viel zu essen? In unserer Gesamtauswertung erfahren Sie, wo Sie ansetzen können, um aus Ihren persönlichen Essfallen herauszukommen.

Vor jeder Ihrer insgesamt sechs Auflösungen (Punktwerte) steht ein Symbol. Geben Sie sich

- **für ein Viereck 1 Punkt**
- **für ein Dreieck 2 Punkte,**
- **für einen Kreis 3 Punkte.**

Zählen Sie dann Ihre Punkte zusammen. Die Gesamtauflösung finden Sie unter Ihrer Punktzahl.

6 – 9 Punkte: Sie haben eine super Basis

Bewundernswert: Sie kommen locker mit Essfallen klar, über die viele Frauen stolpern. Ihre Voraussetzungen sind gut, Ihnen fällt es leicht, Ihr Gewicht zu halten. Sei es, dass Ihre Lebensumstände günstig sind, sei es, dass Ihnen Ihr Naturell hilft, mit schwierigen Situationen fertig zu werden. Natürlich sind auch Sie nicht völlig gegen süße und herzhafte Versuchungen gefeit, doch solange Sie ansonsten bewusst gesund essen, wirkt sich das kaum aus.

10 – 14 Punkte: Bleiben Sie aufmerksam

Sie können zufrieden sein: Was das Essen betrifft, schlagen Sie sich mit den täglichen Herausforderungen recht ordentlich. Doch es gibt einige Schwachpunkte, die Sie immer wieder in die Essfalle tappen lassen. Interessant für Sie ist, wo diese Schwachpunkte liegen: Haben Sie nur in bestimmten Situationen ungünstige Essgewohnheiten, z. B. immer dann, wenn Sie frustriert oder im Stress sind? Oder fällt es Ihnen phasenweise schwer, geregelt zu essen? Schauen Sie sich noch einmal an, was Sie im Detail angekreuzt haben und notieren Sie sich, worauf Sie besonders achten müssen, z. B. »Ich koche regelmäßig für meine Familie«, oder »Ich mache wenig Sport«. Genau an diesen Punkten lohnt es sich, gezielt zu arbeiten – je nach Bedarf mit dem passenden Psycho- oder Ernährungstipp.

15 – 18 Punkte: Ihr Wissen ist Macht

Erst einmal herzlichen Glückwunsch zu Ihrer Ehrlichkeit. Sie reden sich die Situation nicht einfach schön, sondern schauen den Tatsachen mutig ins Auge, auch in punkto Essgewohnheiten. Das ist die beste Voraussetzung, um etwas zu ändern. Immerhin wissen Sie jetzt, wo Ihre Knackpunkte liegen. Um die wirkungsvoll anzugehen, machen Sie sich – am besten schriftlich – ein To-do-Programm. Stellen Sie sich dazu für jeden Bereich die Vorschläge und Tipps zusammen, die Sie besonders ansprechen. Günstig: Heften Sie diese Liste an Ihre Pinnwand oder an den Kühlschrank. So motivieren Sie sich täglich. Ganz wichtig: Haben Sie Geduld, setzen Sie sich nicht unter Druck. Sie müssen ja nicht alles auf einmal machen. Schritt für Schritt geht auch, Hauptsache, Sie bleiben am Ball.

Besser essen, schlanker werden – Ihr individuelles Erfolgsprogramm

Unser Test hat Sie so richtig motiviert, etwas für sich zu tun? Prima. Dann kommen wir jetzt zum Genuss-Teil. 180 köstliche Gerichte erwarten Sie auf den folgenden Seiten. Kombiniert mit den Erkenntnissen aus dem Test wird daraus Ihr persönliches Programm zum schlanker werden. Was Sie dafür wissen müssen:

Was gibt's zu essen?

Suchen Sie sich aus den Rezepten heraus, was Ihnen schmeckt. Planen Sie für jeden Tag drei Hauptmahlzeiten und bis zu zwei Snacks ein. Achten Sie beim Kombinieren der Rezepte auf die Kalorien- und Fettangaben.
Pro Tag sollten Sie rund 1200 Kilokalorien und maximal 40 Gramm Fett zu sich nehmen. Wenn Sie viel Sport machen, nehmen Sie 1400 Kilokalorien zu sich.
Keine Zeit, Rezepte herauszusuchen? Blättern Sie mal auf Seite 160 ff. Dort finden Sie zwei Zwei-Wochen-Pläne, einer davon vegetarisch. Und dazu gibt's detaillierte Einkaufslisten.

Überblick:
Dank der Rubriken am Seitenrand finden Sie sich bei den Rezepten schnell zurecht

Durchblick:
Vegetarische Gerichte (ohne Fleisch oder Fisch) sind mit diesem Symbol gekennzeichnet

Rezepte nach Maß

Hauptmahlzeiten finden Sie unter den Marken »Morgens«, »Mittags«, »Abends«. Ist wenig Zeit, sollen andere mitessen oder sind Sie unterwegs, dann finden Sie passende Hauptgerichte auch unter den Marken »Blitzrezepte« (in 15 Minuten fertig), »Familie« (Rezepte mit vier Portionen) und »Salate« (zum Mitnehmen). Wer mittags nicht kochen möchte oder kann, isst abends warm. »Snacks« essen Sie zwischendurch oder hängen sie an die Hauptmahlzeiten ran.

Zeit sparen

Die meisten Rezepte sind für eine Portion berechnet, Salate und Suppen aber in der Regel für zwei – einmal zubereiten, zweimal essen. Desserts und Familien-Rezepte haben vier Portionen – damit Sie auch Gäste bewirten können. Bitte beachten: Bei 1-Portion-Rezepten immer kleine Töpfe und Pfannen nehmen, sonst kocht die Flüssigkeit zu schnell ein, und das Gericht wird trocken oder setzt an.

All inclusive

Die Beilagen, die bei einigen Rezepten angegeben werden, sind in der Fett- und Kalorienberechnung berücksichtigt.

Viel trinken

Grünes Licht für kalorienfreie Durstlöscher. Trinken Sie während ihrer Diät mindestens zwei Liter am Tag. Auch Kaffee, grüner oder schwarzer Tee in Maßen tragen zur Flüssigkeitsmenge bei.

À la Saison

Spargel oder Erdbeeren im Winter? Keine gute Idee. Die Gerichte für Ihre Diät sollten in die Jahreszeit passen. Denn nur reif geerntet schmecken Obst und Gemüse richtig gut und liefern ein Optimum an Nährstoffen. Im Register haben wir die Rezepte daher zusätzlich nach ihren Hauptzutaten geordnet (S.186 f). Wenn es also im Juni frischen Spargel gibt, dann finden Sie im Register schnell die passenden Gerichte.

Ohne Kochen

Superpraktisch, wenn wenig Zeit ist: BRIGITTE-Diät-Gerichte aus der Tiefkühltruhe. Köstliche Fertigmahlzeiten für ein oder zwei Portionen vom Tiefkühl-Anbieter Frosta. Da ist für jeden Geschmack etwas dabei: Klassiker wie die »Gulaschpfanne« oder »Nasi Goreng«, Exotisches wie »Wok Mango Curry« oder »Gemüse-Couscous«. Schmeckt wie frisch gekocht. Denn Frosta arbeitet nach einem »Reinheitsgebot«: keine Zusätze von Aromen, Geschmacksverstärkern, Farb- oder Konservierungsstoffen. Den Geschmack liefern allein die Zutaten. Das macht auch besser satt. Künstliche Aromen täuschen Inhalte vor, die fehlen. Die Folge: Man hat schnell wieder Appetit. Bei Erscheinen dieses Buches waren 12 Mahlzeiten von Frosta mit dem BRIGITTE-Diät-Label auf dem Markt. Sie bekommen die Produkte in vielen Supermärkten. Falls Sie nicht wissen wo, hilft der »Foodfinder« unter www.frosta.de bei der Suche. Oder Sie bestellen bei www.heine-delikatessen.de.

Wer abnimmt, hat Fragen

Eine Menge Tipps und Handwerkszeug hat Ihnen der Psychotest schon geliefert. Aber womöglich sind noch Fragen offen. Die folgenden tauchen immer wieder auf, werden unzulänglich oder widersprüchlich beantwortet. Hier ist der neueste Stand dazu.

Wie oft am Tag essen?

Da sind sich die Experten nicht einig. Das Argument der Drei-Mahlzeiten-Verfechter: Wer zwischen den Mahlzeiten längere Pausen lässt, hat bessere Chancen, Fett abzubauen. Stimmt. Außerdem berge häufiges Essen am Tag die Gefahr, zu viel zu essen. Mag sein. Das kann bei der BRIGITTE-Diät aber nicht passieren. Denn die Kalorienzahl pro Tag ist begrenzt. Dann wirken sich bis zu fünf Mahlzeiten über den Tag verteilt nämlich günstig auf den Stoffwechsel aus. Er läuft rund, und es kommt nicht zu Heißhungerattacken aufgrund starker Schwankungen im Blutzuckerspiegel. Und das sind ebenfalls gute Voraussetzungen, um Fett abzubauen. Unser Tipp: Zwingen Sie sich während der Diät zu nichts. Falls Sie kein Freund von Zwischenmahlzeiten sind, dann hängen Sie die Snacks an die Hauptgerichte ran. Wichtig ist nur, dass Sie nicht weniger als 1200 Kilokalorien am Tag essen.

Abends lieber fasten?

Das ist in der Regel nicht nötig. Denn entscheidend sind die über den ganzen Tag aufgenommenen Kalorien. Da die BRIGITTE-Diät eine kalorienreduzierte Kost ist, sollten Sie das Abendessen nicht weglassen. Etwas anderes ist es, wenn Sie keine Diät machen. Da kann es schon mal ratsam sein, abends kürzer zu treten. Zum Beispiel nach einem Mittagessen im XXL-Format. Das hält oft bis abends satt. Meldet sich der Appetit noch zu später Stunde, ist ein hartes Ei, etwas Rohkost oder ein kleines Stück Käse günstiger als kohlenhydratreiches Brot. Im Schlaf verbrennen wir Fett, und Kohlenhydrate zu später Stunde bremsen diesen Vorgang. Deshalb gilt: Nicht zu spät abends größere Mengen essen.

Low Carb statt Low Fat?

Neueste Daten von der Universität Göttingen sprechen eher für die fettarme Diät als für eine Ernährung, bei der Brot, Kartoffeln und Nudeln stark reduziert werden. In einer Zwei-Jahres-Studie wird derzeit untersucht, ob man mit einer kohlenhydratarmen Kost (Low Carb) besser abnimmt als mit einer fettarmen (Low Fat). Das erste Zwischenergebnis nach einem Jahr: kein Unterschied im Gewichtsverlust, aber mehr Studienabbrecher in der Low-Carb-Diätgruppe. Außerdem zeigte sich: Eine streng kohlenhydratarme Diät deckt nicht alle Nährstoffe ab. Dadurch steigt das Risiko für Herz-Kreislauf-Erkrankungen.

Schneller schlank dank Glyx?

Offenbar nein, so die neuesten Erkenntnisse. Der Glykämische Index (kurz: Glyx) bewertet Kohlenhydrate nach ihrem Einfluss auf den Blutzuckerspiegel. Glyx-Diäten empfehlen, Lebensmittel wie Möhren, Kartoffeln oder Obst zu meiden, weil sie den Blutzuckerspiegel angeblich stark steigen lassen, dadurch viel Insulin ins Blut komme, und Fett gespeichert werde. Eine Fünf-Jahres-Studie der Universität von South Carolina zeigte jedoch keinen Zusammenhang zwischen dem Glyx und den Blutzuckerwerten. Dennoch waren die Menschen, die eine Glyx-Diät machten, gesundheitlich besser drauf. Die Forscher führen das darauf zurück, dass bei der Glyx-Diät viele Lebensmittel mit hohem Ballaststoffanteil gegessen werden. Bekanntlich beugen die Nahrungsfasern Herzerkrankungen, Diabetes und Übergewicht vor.

Für viel entscheidender beim Abnehmen halten Wissenschaftler neuerdings die »Energiedichte« eines Lebensmittels. Sie gibt an, wie viele Kalorien das Lebensmittel pro Gramm liefert. Je wasserreicher Lebensmittel sind, desto günstiger: viel Gewicht, wenig Kalorien, denn Wasser hat bekanntlich keine Kalorien. Aber es füllt den Magen und löst das Sättigungssignal aus. Zum Vergleich: Gemüse und Obst bestehen zu 80 bis 90 Prozent aus Wasser. Sie sind wenig energiedicht, haben nur etwa 0,2 bzw. 0,5 Kalorien pro Gramm. Die Erkenntnisse zu Energiedichte und Sättigung sind bei den Rezepten in diesem Buch übrigens berücksichtigt worden.

Täglich auf die Waage?

Jahrelang war es Allgemeinkonsens: Lassen Sie sich nicht von täglichen Schwankungen auf der Waage verrückt machen, wiegen Sie sich nur einmal pro Woche. Doch eine neuere Studie der University of Minnesota mit 3000 Übergewichtigen zeigte: Wer täglich auf die Waage steigt, nimmt besser ab – und nicht so leicht wieder zu. Denn tägliche Kontrolle macht es einfacher, kleinen Gewichtszunahmen sofort zu begegnen. Zum Beispiel mit einer Extra-Runde beim Joggen. Schon eine frühere Untersuchung ergab, dass selbst bei schlanken Menschen das Gewicht nicht wie »in Stein gemeißelt« ist. Durch tägliches Wiegen kriegen sie kleine Ausreißer nach oben schnell wieder in den Griff.

Gewicht halten, aber wie?

Nach dem Abnehmen nicht wieder zunehmen – das erst macht den Erfolg einer Diät aus. Der beste Weg: satt werden mit wenig Kalorien und sich regelmäßig bewegen. Mit den Rezepten, der Ernährungspyramide (Seite 168) und dem Fitness-Programm (Seite 176 ff) sind Sie dafür gerüstet. Zusätzlich können Sie Ihren ungefähren Kalorienbedarf berechnen. Er setzt sich zusammen aus dem Grundumsatz und dem Leistungsumsatz.

Der Grundumsatz gibt an, wie viele Kalorien Sie in völliger Ruhe verbrennen. Er ist für Frauen geringer als für Männer, weil sie weniger Muskeln haben. Auch sinkt der Grundumsatz im Laufe des Lebens. Ganz klar: Wenn Sie Ihre Muskeln trainieren, erhöhen Sie Ihren Grundumsatz – und haben mehr Spielraum beim Essen.

Ihr täglicher Kalorienbedarf

Der Leistungsumsatz bemisst sich danach, wie aktiv Sie sind. Sitzen Sie den ganzen Tag? Laufen Sie viel rum, müssen Sie körperlich arbeiten? Treiben Sie Sport? Der Leistungsumsatz wird als PAL bezeichnet: »physical activity level«. Die PAL-Werte sind von Experten festgelegt worden und liegen zwischen 1,2 (für schwer kranke oder gebrechliche Menschen, die ausschließlich sitzen oder liegen) und 2,4 (Leistungssportler). Büroangestellte, die überwiegend sitzen, erreichen einen PAL-Wert von 1,4 bis 1,5, Hausfrauen und Verkäuferinnen etwa 1,8 bis 1,9. Wer sich außerhalb des Jobs intensiv bewegt (vier- bis fünfmal pro Woche 30 bis 60 Minuten Sport, Spaziergänge, Radfahrt zur Arbeit), darf weitere 0,3 Einheiten addieren. Die supersportliche Büroangestellte hätte dann einen PAL-Wert von etwa 1,8. Der so ermittelte PAL-Wert wird mit dem Grundumsatz multipliziert. Das Ergebnis gibt den ungefähren täglichen Kalorienbedarf an. Die Tabelle unten zeigt Beispiele für bewegungsarme und sportliche Menschen.

Geschlecht/Alter	Grundumsatz*	PAL-Wert 1,4	PAL-Wert 1,8
Frauen			
19 bis unter 25 Jahre	1390 kcal	1950 kcal	2500 kcal
25 bis unter 51 Jahre	1340 kcal	1900 kcal	2400 kcal
51 bis unter 65 Jahre	1270 kcal	1800 kcal	2300 kcal
65 und älter	1170 kcal	1600 kcal	2100 kcal
Männer			
19 bis unter 25 Jahre	1820 kcal	2500 kcal	3300 kcal
25 bis unter 51 Jahre	1740 kcal	2400 kcal	3100 kcal
51 bis unter 65 Jahre	1580 kcal	2200 kcal	2800 kcal
65 und älter	1410 kcal	2000 kcal	2500 kcal

* alle Werte sind Durchschnittswerte und gelten für einen BMI von 22 (Frauen) und 24 (Männer); Quelle: Referenzwerte für die Nährstoffzufuhr, 1. Auflage, Umschau/Braus, 2000)

»Mein Mann, der Spargeltarzan«

Wo ein Wille ist, ist auch ein Weg? Wenn nur nicht gerade jetzt in der Kantine österreichische Woche wäre, die Essenseinladungen reihenweise ins Haus flattern würden und der Ehegatte die neue kalorienarme Kost als Liebesentzug wertete. Einziger Trost: Andere haben die gleichen Probleme, im Internet-Forum kann man sich darüber bestens austauschen.

Fr, 21. April, 8.23	**Betreff: 500 Gramm – wer bietet mehr?**
Katharina	Guten Morgen! 73,5 Kilo, bin sehr zufrieden, habe ja erst vor vier Tagen bei 74 Kilo angefangen. Und wie sieht es bei euch aus? Katharina
Fr, 21. April, 10:11	**Betreff: Die Waage, meine beste Freundin**
Julia	Halleluja! Nur kein Neid! 1,2 Kilo. Bin jetzt bei 82,8 Kilo. Juchhuu! Julia
Sa, 22. April, 11:10	**Betreff: Man müsste Französin sein**
Sonja	Salut, habe den Wiegetag total vergessen. Sorry! Bin dann nächste Woche dabei – besser so, war nämlich gerade geschäftlich in Paris. Frage mich, wie die Französinnen bei dem leckeren Essen alle so schlank bleiben. Während unsereins mit zwei mickrigen Dinkelstangen zwischen den Fingern versucht, sich auf den Fernsehkrimi zu konzentrieren, schlemmen die im Kreise ihrer Lieben bis Mitternacht. Na ja, nächste Woche geht's für fünf Tage nach New York. Ihr seht, ich bin beruflich so eingespannt, dass es mir schwerfällt, regelmäßig gesund zu essen. Wenn ich im Büro bin, esse ich oft am Schreibtisch. Wenn ich doch in die Kantine gehe, haue ich immer total rein (gerade gab es Spezialitäten aus der Steiermark, gegen Hirschragout, Brathendln und solche Schmankerln wie Kaiserschmarren bin ich einfach wehrlos ...). Dann noch Geschäftsessen am Abend. Völlig irre, manchmal esse ich zweimal täglich warm und an anderen Tagen nur einen Schokoriegel vor dem Bildschirm. Sonja
Sa, 22. April, 18:53	**Betreff: Kaninchenfutter**
Katharina	Liebe Julia, liebe Sonja, früher habe ich mich gefragt, woher die Leute um Gottes willen die Zeit nehmen, morgens Rohkost zu schnippeln, die man dann später am Tag versonnen bei der Arbeit knabbert. Jetzt weiß ich es: Man steht einfach zehn Minuten früher auf. Deutlich besser als die Tüte Weingummi, die ich früher bei der Arbeit pro Tag locker weggenascht habe. Katharina

So, 23. April, 19:55
Julia

Betreff: Amerikanischer Angriff

Ihr Lieben, mein Mann ist heute mit unseren beiden Kindern zu McDonald's gegangen, weil es zu Hause ja jetzt immer nur »diese Magerkost« gibt. Ihr seht, meine Familie unterstützt mich wahnsinnig!!! Frage mich, wozu ich mir die Mühe mache und doppelte Portionen koche. Neben meinem Mann, dem Spargeltarzan, bin ich wirklich eine Walze. Demnächst kann er selbst für sich und die Kinder kochen. Viele Grüße, Julia

Mo, 24. April, 23:00
Katharina

Betreff: Buffet-Bekanntschaft

Hallo, tja, wenn Liebe durch den Magen geht, dann beginnt dein Mann wohl bald eine leidenschaftliche Affäre mit Ronald McDonald. Was kannst du dagegen tun? Nichts! Lass deine Familie doch ruhig mal Fastfood essen. Ich würde mich da nicht so aufregen. Man kann halt nicht sein ganzes Leben auf Diät setzen. Gestern, beim Geburtstag einer Kollegin, habe ich auch versucht, das Zimmer mit dem kalten Buffet zu meiden. Dann kam ich aber mit einem sehr interessanten Typen ins Gespräch – groß, dunkle Locken, Hornbrille –, und als der sich einen Nachschlag Tiramisu holen wollte, konnte ich schlecht von seiner Seite weichen. Den Rest des Abends haben wir dann vor dem Buffet verbracht. Jetzt habe ich zwar doch wieder ziemlich viel gegessen, aber dafür hat er meine Telefonnummer. Katharina

Di, 25. April, 14:05
Sonja

Betreff: If you can make it there ...

Good Morning, ernähre mich hier in New York hauptsächlich von Diet-Cokes, Ultra-Lowfat-Bagels, No-fat-Chips usw. Ich gebe zu, es schmeckt irgendwie alles etwas synthetisch, und wenn ich zurück in Deutschland bin, schwitze ich sicher statt Salz nur noch Süßstoff, und in meiner Adern sprudelt eine koffeinhaltige braune Flüssigkeit. Vermutlich werde ich ein bisschen ungesund und künstlich ausschauen, aber wer weiß, zwei Kilo weniger wären es mir wert.
So long, Sonja

Di, 25. April, 22:50
Katharina

Betreff: Aussetzer aus Liebe

Meine Damen, er hat angerufen! Und was hat er vorgeschlagen? Natürlich essen gehen!! Mittwochabend zu seinem Lieblingsitaliener. Tut mir leid, aber da muss ich dann definitiv mal einen Tag aussetzen. So weit seid ihr doch sicher längst in die Erotik des Essens eingeweiht: Zu einer Femme fatale passt einfach kein kleiner Salat. Freu mich schon auf Gnocchi mit Gorgonzolasoße – und bei einer schönen Flasche Rotwein werde ich ihm dann ganz tief in die Augen schauen. Katharina

Guten Morgen!

Zum Frühstück ein fruchtiges Müsli? Oder ein knuspriges Käsebrötchen? Einen erfrischenden Milchmix? Vielleicht jeden Tag etwas anderes. Und das Beste: Alles schmeckt auch abends oder zwischendurch.

Müsli mit Früchten

Das Rezept finden Sie auf der nächsten Seite.

Müsli mit Früchten (Foto Seite 51)

[1 Portion, ca. 405 kcal, 8 g Fett]

Zutaten: *2 EL kernige Haferflocken, ½ EL Kürbiskerne, ½ TL Roh-Rohrzucker, 1–2 EL Rosinen, 2 getrocknete Aprikosen, 1 TL Leinsamen; 100 g Naturjoghurt (0,1 % Fett), 1 Saftorange, 150 g Früchte der Saison (z. B. Pfirsiche, Birnen, Pflaumen)*

Haferflocken, gehackte Kürbiskerne und Zucker in einer Pfanne ohne Fett bei mittlerer Hitze unter Rühren knusprig rösten. Rosinen und Aprikosen fein hacken und mit Leinsamen und den Haferflocken vermischen. Joghurt und Orangensaft verrühren. Früchte abspülen, eventuell klein schneiden und mit Müsli und Joghurt anrichten.

Tipp: Bereiten Sie gleich mehrere Portionen Müsli (ohne frisches Obst und Joghurt) vor. Es hält sich gut verschlossen mindestens 10 Tage.

English Bircher Müsli (ohne Foto)

[1 Portion, ca. 450 kcal, 7 g Fett]

Zutaten: *1 Saftorange, 100 ml Milch (1,5 % Fett), 150 g Naturjoghurt (0,1 % Fett), 1 kleiner Apfel, 1 EL Rosinen, 1 TL gehackte Haselnüsse, 1 EL Sanddornsirup mit Roh-Rohrzucker (Reformhaus), 2 Stück Weetabix (Vollkornweizenkeks)*

Orange auspressen. Die Hälfte des Safts mit Milch und Joghurt verrühren. Den Apfel in Stifte hobeln. Apfel, Rosinen, Haselnüsse, Sirup und Weetabix in eine Schüssel geben und mit der Joghurt-Milch begießen. Restlichen Orangensaft dazu trinken.

Birnen-Aprikosen-Müsli (ohne Foto)

[1 Portion, ca. 390 kcal, 5 g Fett]

Zutaten: *1 Birne, 2 getrocknete Soft-Aprikosen, 1 EL Honig, 100 ml Apfelsaft, etwas Zitronensaft, 3 EL Haferflocken, ¼ l Molke, 1 TL Leinsamen*

Birnenachtel, klein geschnittene Aprikosen, Honig, Apfel- und Zitronensaft zugedeckt einmal aufkochen und 5 Minuten auf der ausgeschalteten Herdplatte stehen lassen. In einen Teller füllen, Haferflocken und etwas Molke zugeben. Leinsamen darüber streuen. Die restliche Molke zum Müsli trinken.

Tipp: Weiche Soft-Trockenfrüchte gibt es im Supermarkt, Reformhaus und Naturkosthandel.

Feinschmecker-Müsli (ohne Foto)

[1 Portion, ca. 450 kcal, 7 g Fett]

Zutaten: *1 TL Pinienkerne, 150 g Naturjoghurt (0,1 % Fett), 2 EL Milch (1,5 % Fett), 1 EL Birnendicksaft (Reformhaus), ½ Zitrone, 120 g Ananasfruchtfleisch, 50 g Haferfleks (z. B. von Kölln), 15 g getrocknete Cranberries (Reformhaus)*

Pinienkerne in einer Pfanne ohne Fett rösten. Joghurt, Milch, Dicksaft und Zitronensaft verrühren. Ananas schälen. Fruchtfleisch in mundgerechte Stücke schneiden. Joghurt, Ananas und Haferfleks in ein großes Glas geben und mit Pinienkernen und Cranberrys bestreuen.

Amaranth-Cranberry-Müsli

[14 Portionen, pro Port. ca. 320 kcal, 6 g Fett]

Zutaten:
100 g Amaranth (Inkaweizen; Reformhaus),
2 EL geschroteter Leinsamen,
60 g Sonnenblumenkerne,
250 g Vierkornflocken,
125 g getrocknete Cranberries,
40 g Roh-Rohrzucker,
3 EL Orangensaft,
2 EL Honig

Backofen auf 120 Grad, Umluft 100 Grad, Gas Stufe 1 vorheizen. Alle Zutaten mischen und auf ein mit Backpapier ausgelegtes Backblech geben. Etwa 40–45 Minuten backen. Pro Portion 2–3 EL (ca. 50 g) Müslimischung mit 3 EL Joghurt (1,5 % Fett) und 60 ml Milch (1,5 % Fett) mischen. 200 g Bio-Erdbeeren und 60 g Bio-Banane in Scheiben zugeben.

Käse-Frühstück

[1 Portion, ca. 440 kcal, 7 g Fett]

Zutaten: *1 Mehrkorn-Toastbrötchen, 2 EL körniger Frischkäse (0,8 % Fett), 1 Kiwi, 1 TL Ahornsirup, 1 EL Tomatenketchup, etwas Rauke, 20 g dänischer Höhlenkäse, Limburger oder Romadur (20 % Fett i. Tr.), Currypulver*

Die Brötchenhälften toasten. Die eine Hälfte mit Frischkäse und ein paar Kiwischeiben belegen und mit Sirup beträufeln. Die andere Hälfte mit Ketchup bestreichen, mit Rauke, Käse- und Kiwischeiben belegen und mit Currypulver bestreuen. Restliche Kiwi dazu anrichten.
Dazu: 200 ml Fruchtmolke

Paprikaschnitten mit Möhrensaft

[1 Portion, ca. 490 kcal, 8 g Fett]

Zutaten: *180–200 g Kichererbsen (Dose), 10 g Sesamsaat, ½ Zitrone, 30 g Magerquark, 2 TL kaltgepresstes Olivenöl, Kräutersalz, Pfeffer, ½ TL Kumin (Kreuzkümmel), 1 ½ Scheiben Roggenvollkornbrot (90 g), ½ rote Paprikaschote, etwas Schnittlauch; 1 kleine Banane, 150 ml Möhrensaft, ½ Saftorange*

Kichererbsen abspülen und abtropfen lassen. Mit Sesam, Zitronensaft, Quark und Öl pürieren und mit Salz, Pfeffer und Kumin würzen. Ganze Brotscheibe halbieren. Alle drei Hälften mit einer Portion Kichererbsenmus bestreichen, mit Paprikastreifen und Schnittlauch belegen. Bananenscheiben, Möhren- und Orangensaft pürieren und dazu trinken.
Tipp: Das Kichererbsenmus ist für drei Portionen gedacht. Es hält sich im Schraubglas verschlossen 3–4 Tage im Kühlschrank.

Brie-Mango-Panino

[1 Portion, ca. 330 kcal, 9 g Fett]

Zutaten: *1 Mehrkorn-Toastbrötchen, 2 TL Diabetiker-Aprikosenkonfitüre oder Tomatenketchup, 60 g Weichkäse leicht (12 g Fett), ¼ Mango, 50 g Salatgurke, mildes Currypulver*

Brötchenhälften mit Aprikosenkonfitüre oder Ketchup bestreichen. Mit Käse, Mango- und einigen Gurkenscheiben belegen und mit Curry bestreuen. Hälften zusammenklappen und mit restlicher Gurke anrichten.

Italienisches Frühstück (ohne Foto)

[1 Portion, ca. 315 kcal, 12 g Fett]

Zutaten: *1 Scheibe Roggenmischbrot (60 g), 75 g fettreduzierter Mozzarella-Käse (9 g Fett), 150 g Tomaten, grober bunter Pfeffer, 1 TL Olivenöl, 3–4 Basilikumstängel*

Brotscheiben toasten und mit Mozzarella- und Tomatenscheiben belegen. Pfeffern, mit Olivenöl beträufeln und mit Basilikumblättchen bestreuen.

Tipp: Mozzarella-Käse hat einen normalen Fettgehalt von 45 % Fett i. Tr., das sind ca. 21 g Fett in 100 g Käse. Mozzarella light mit 9 % Fett enthält nur 9 g Fett pro 100 g.
Dazu: 1 Tasse Espresso

Zweierlei Käse-Knäcke (ohne Foto)

[1 Portion, ca. 355 kcal, 10 g Fett]

Zutaten: *2 Scheiben Knäckebrot, 2 TL Frischkäse (4 % Fett), evtl. 2–3 Salatblätter, 60 g fettreduzierter Weichkäse (12 g Fett), ½ rote oder gelbe Paprikaschote, 1 TL Orangen-Senf-Soße oder Orangenmarmelade*

Knäckebrote mit Frischkäse bestreichen und mit Salatblättern und Käsescheiben belegen. Ein Knäckebrot mit Paprikaringen belegen, das andere mit Orangen-Senf-Soße bestreichen.
Dazu: 200 ml Tomatensaft

Bananenbrot mit Orangensaft (ohne Foto)

[1 Portion, ca. 470 kcal, 8 g Fett]

Zutaten: *1 EL Frischkäse (16 % Fett), 1 EL Magerquark, 1 TL Orangenmarmelade, 1 Scheibe Sonnenblumen-Vollkornbrot, 1 Banane, 1 EL Kresseblättchen, 2 Saftorangen, 1 EL Sanddornsirup mit Roh-Rohrzucker (Reformhaus), ½ TL Weizenkeimöl*

Frischkäse, Quark und Marmelade verrühren und auf das Vollkornbrot streichen. Mit Bananenscheiben belegen und mit Kresse bestreuen. Orangensaft, Sanddornsirup und Öl verrühren und dazu trinken.

Schinken-Rührei mit Möhrensaft

[1 Portion, ca. 295 kcal, 9 g Fett]

Zutaten: *1 große Tomate, 1 Ei (Größe M), 1 EL Milch (1,5 % Fett), Salz, Pfeffer, Öl zum Einfetten, 1 Scheibe Vollkorntoast, 1–2 EL Tomatenketchup, 30 g hauchdünner Schinkenaufschnitt, ½ TL Agavensirup, 1 Saftorange, 150 ml Möhrensaft*

Tomate vierteln und entkernen. Kerne fein hacken. Fruchtfleisch in Streifen schneiden. Ei, Milch, Tomatenkerne, Salz und Pfeffer verquirlen. Pfanne mit Öl einsprühen oder dünn einpinseln und erhitzen. Ei zugeben und ein Rührei braten. Toastbrot rösten, mit Ketchup bestreichen und mit Schinken, Rührei und Tomatenstreifen belegen. Pfeffern. Sirup, Orangen- und Möhrensaft verrühren und dazu trinken.

Französisches Frühstück

[1 Portion, ca. 275 kcal, 11 g Fett]

Zutaten: *1 gelbe Paprikaschote (200 g), 1 rote Zwiebel, 2 TL Olivenöl, 2 EL Tomatenketchup, 1 TL Kräuter der Provence, 2 EL milder Rotweinessig, 1–2 TL Honig, 1 Saftorange, 1 Ei (Größe M), 1 Scheibe Knäckebrot, 1 EL »Brunch mit Joghurt« (8 % Fett), 1 EL Orangenfruchtaufstrich*

Paprika und Zwiebel fein würfeln und in Olivenöl in einem kleinen Topf andünsten. Tomatenketchup, Kräutermischung, Essig, Honig und Orangensaft zugeben und 5–8 Minuten offen einkochen. Das Confit ist für 3 Portionen berechnet, deshalb eine Portion abnehmen, restliches Confit in ein Schraubglas füllen, verschließen und kalt stellen. Das Ei nach Geschmack hart oder weich kochen. Ei und Confit in ein Glas geben. Knäckebrot mit Brunch und Orangenfruchtaufstrich bestreichen.

Tipp: Das Paprikaconfit hält sich im Schraubglas etwa 6 Tage im Kühlschrank.

Frühstück mit Ei

[1 Portion, ca. 415 kcal, 9 g Fett]

Zutaten:
1 Ei (Größe M), 1 Scheibe Vollkornbrot (40 g), 3–4 EL Magerquark, Kräutersalz, 1 Tomate, 1 EL Schnittlauchröllchen, 1 Scheibe Knäckebrot, 2 TL Fruchtaufstrich mit Fruchtzucker, ½ Kiwi, 2–3 Saftorangen

Das Ei hart oder weich kochen. Vollkornbrot mit der Hälfte des Quarks bestreichen und mit Kräutersalz bestreuen. Tomatenscheiben drauflegen und mit Schnittlauchröllchen bestreuen. Knäckebrot mit restlichem Quark und Fruchtaufstrich bestreichen und mit Kiwischeiben belegen. Frisch gepressten Orangensaft dazu trinken.

Tipp: Eine große Auswahl an Fruchtaufstrichen mit Fruchtzucker gibt es im Reformhaus.

Salami-Sandwich

[1 Portion, ca. 370 kcal, 12 g Fett]

Zutaten: *2 Radieschen oder ¼ Apfel, 2 TL geriebener Meerrettich (Glas), 40 g Frischkäse (4 % Fett), Salz, Pfeffer, 2 Scheiben Vollkorntoast, ½ Hand voll Salatstreifen, 35 g fettreduzierte Salami (19 g Fett), 100 ml Ananas-Bananen-Saft*

Radieschen fein hacken, mit Meerrettich und Frischkäse verrühren, mit Salz und Pfeffer abschmecken. Toast damit bestreichen. Eine Brotscheibe mit Salat und Salami belegen und mit dem zweiten Toast bedecken. Leicht zusammendrücken, diagonal halbieren. Saft dazu trinken.
Tipp: Den Toast vor dem Belegen leicht rösten.

Wurst-Paprika-Brötchen (ohne Foto)

[1 Portion, ca. 295 kcal, 8 g Fett]

Zutaten: *1 TL scharfer Senf, 2 TL Salatcreme (16 % Fett), 1 Vollkorn-Roggenbrötchen, ½ gelbe Paprikaschote, 1 Gewürzgurke, 3 Scheiben Joghurt- oder Geflügelwurst, 1 Clementine*

Senf und Salatcreme verrühren, Brötchenhälften damit bestreichen und mit Paprikastreifen, Gurken- und Wurstscheiben belegen. Clementine dazu essen.

Schinken-Gurken-Sandwich (ohne Foto)

[1 Portion, ca. 335 kcal, 3 g Fett]

Zutaten: *2–3 EL körniger Frischkäse (0,8 % Fett), 1–2 TL Senf, 1 TL gehackte Kräuter, Kräutersalz, Pfeffer, 1 Scheibe Weizenvollkornbrot (60 g), 40 g Salatgurke, 30 g hauchdünner Grill- oder Farmerschinken, 250 g Kefir (1,5 % Fett), 2–3 EL TK-Beeren, 1 TL Ahornsirup*

Frischkäse, Senf und Kräuter verrühren. Mit Kräutersalz und Pfeffer pikant abschmecken. Brot rösten. Mit Frischkäse bestreichen und mit Gurken- und Schinkenscheiben belegen. Kefir, TK-Beeren und Ahornsirup pürieren und dazu trinken.

Griechisches Frühstück (ohne Foto)

[1 Portion, ca. 300 kcal, 8 g Fett]

Zutaten: *3 Aprikosen, 200 ml Kefir (1,5 % Fett), ½ TL Raps- oder Olivenöl, 2 TL flüssiger Honig, evtl. Thymianblättchen, 1 Scheibe Knäckebrot, 1 EL »Brunch mit Joghurt« (8 % Fett), 3–5 Haselnusskerne*

Aprikosen entsteinen. 4 Hälften klein schneiden, mit Kefir, Öl, 1 TL Honig und eventuell ein paar Thymianblättchen pürieren. Knäckebrot mit Brunch und restlichem Honig bestreichen und mit gehackten Nüssen und Thymianblättchen bestreuen. Mit restlichen Aprikosen anrichten.

Früchte-Bowl mit Flakes

[1 Portion, ca. 370 kcal, 5 g Fett]

Zutaten:

1 Clementine, 1 Kiwi,
50 g kernlose Weintrauben,
100 g frische Ananasstücke,
1 Saftorange,
150 ml Kefir (1,5 % Fett),
30 g ballaststoffreiche Cornflakes

Clementine und Kiwi schälen und in mundgerechte Stücke schneiden. Weintrauben heiß abspülen, Orange auspressen. Alle Früchte mit Orangensaft und Kefir mischen und mit den Cornflakes bestreuen.

Kräuter-Kefir
Joghurt-Drink
Avocado-Milchmix
Früchte-Kefir
Mandel-Ananas-
Smoothie

Kräuter-Kefir

[1 Portion, ca. 105 kcal, 1 g Fett]

Zutaten: *100 g Salatgurke, 2–3 EL gehackte Kräuter (Kresse, Dill, Zitronenminze, glatte Petersilie oder TK-Kräuter), 200 ml Kefir (1,5 % Fett), 1–2 Spritzer Angostura oder Worcestersoße, Kräutersalz*

Die Hälfte der Salatgurke in Stücke schneiden und mit Kräutern und Kefir pürieren. Mit Angostura und Kräutersalz abschmecken. Restliche Gurke dazu anrichten.

Früchte-Kefir

[1 Portion, ca. 155 kcal, 1 g Fett]

Zutaten: *200 g Früchte der Saison (z. B. Weintrauben, Heidelbeeren, Pfirsich, Kiwi), 100 ml Kefir (1,5 % Fett), 1 TL Agavensirup oder Honig*

Früchte klein schneiden. Kefir und Agavensirup verrühren und über die Früchte gießen.

Mandel-Ananas-Smoothie

[1 Portion, ca. 420 kcal, 7 g Fett]

Zutaten: *150 g frische Ananas, 1 Saftorange, 1 Banane, 2 TL Mandelcreme, 150 g Naturjoghurt (0,1 % Fett), 2 getrocknete Aprikosen, 1 TL Rosinen, ½ TL geröstete Sojakerne*

Ananasstücke, Orangensaft, Banane, Mandelcreme und Joghurt mit dem Schneidstab des Handrührers oder im Mixer pürieren. Mit Aprikosen, Rosinen und Sojakernen anrichten.
Tipp: Die Trockenfrüchte und Sojakerne sind mit 60 kcal und 1 g Fett jederzeit ein guter Snack.

Avocado-Milchmix

[1 Portion, ca. 305 kcal, 18 g Fett]

Zutaten: *½ Avocado, ¼ l Buttermilch, 1 Saftorange, 1–2 EL fein geschnittenes Basilikum (frisch oder TK), Salz, Cayennepfeffer*

Avocado-Fruchtfleisch, Buttermilch, Orangensaft und Basilikum pürieren. Mit Salz abschmecken und mit Cayennepfeffer bestreuen.
Dazu: 1 Aprikose
Tipp: Avocados sind mit einem Fettgehalt von 24 g/100 g Fruchtfleisch ziemlich fett, aber reich an ungesättigten Fettsäuren, Kalium, Vitamin E und B-Vitaminen und deshalb so gesund.

Joghurt-Drink

[1 Portion, ca. 365 kcal, 6 g Fett]

Zutaten: *1 kleine Banane, 150 g Mango, 100 g Joghurt (1,5 % Fett), 100 ml Milch (1,5 % Fett), 1 TL Roh-Rohrzucker, 1–2 Spritzer Zitronensaft; 1 Handvoll geröstete Sojakerne (ca. 10 g)*

Banane und Mango schälen und klein schneiden. Joghurt, Milch, Früchte und Zucker im Mixer oder mit dem Schneidstab pürieren. Den Drink mit Zitronensaft abschmecken. Die Sojakerne dazu knabbern.
Tipp: Wer es gern pikant mag, streut etwas Curry auf den Drink.

Wann ist endlich Mittag?

Die Gemüsespätzle warten schon. Und morgen gibt es ein ordentliches Stück Fleisch. Und übermorgen vielleicht Pasta …

Scharfe Gemüsespätzle
Das Rezept finden Sie auf der nächsten Seite.

Scharfe Gemüsespätzle (Foto S. 62/63)

[1 Portion, ca. 400 kcal, 11 g Fett]

Zutaten: *½ Chilischote, 1 Knoblauchzehe, 1–2 TL Kürbiskerne, 1 kleine rote Zwiebel, ½ rote Paprikaschote, 1 TL Olivenöl, 100 ml Gemüsebrühe, 2 TL Ajvar (Paprikapaste), 75 g Vollkornspätzle, Salz, 100 g Romanesco- oder Blumenkohlröschen, 1 EL geriebener Parmesankäse*

Chili (Küchenhandschuhe!) und Knoblauch fein hacken, mit grob gehackten Kürbiskernen, Zwiebelringen und Paprikastreifen in Öl andünsten. Brühe und Ajvar zugeben, das Gemüse etwa 3 Minuten offen garen. Nudeln nach Packungsanweisung in Salzwasser kochen. Kleine Kohlröschen die letzten 4–5 Minuten mitkochen. Abgießen, mit dem Paprikagemüse vermischen und pikant abschmecken. Mit Parmesankäse bestreuen.

Tipp: Restlichen Romanesco in Röschen teilen, blanchieren, kalt abspülen und portionsweise einfrieren.

Löffelmaße in Gramm

	EL	TL
Öl	12	4
Wasser, Milch, Sahne, Brühe	15	5
Quark, Frischkäse	20–25	10–15
Joghurt	15	10
Mehl, Speisestärke	10	3
Parmesankäse, gerieben	6–8	3–4
Zitronensaft	12	4
Ketchup, Chilisoße	15	5
Sojakerne, geröstet	6	2

Pochiertes Ei mit Spinat

[1 Portion, ca. 415 kcal, 16 g Fett]

Zutaten: *200 g Kartoffeln, 1 Zwiebel, 125 g TK-Blattspinat, 1 Knoblauchzehe, 200 ml Gemüsebrühe, 1 TL Olivenöl, 2 EL geriebener Parmesankäse, 2–3 EL Tomatenmark, 2 EL weißer Balsamessig, Salz, Pfeffer, Muskat, 1 Ei (Größe M)*

Kartoffeln und Zwiebel würfeln. Mit Spinat, zerdrücktem Knoblauch, Brühe und Öl etwa 10 Minuten bei kleiner Hitze zugedeckt garen. 100 ml Kochsud abgießen und mit Käse, Tomatenmark und 1 TL Essig in einem Topf erhitzen. Soße mit Salz und Pfeffer abschmecken. Gemüse mit Salz, Pfeffer und geriebenem Muskat abschmecken. ½ l Wasser und restlichen Essig aufkochen. Ei in einer Suppenkelle aufschlagen und ins Kochwasser gleiten lassen. Mit 2 Löffeln das Eiweiß um den Dotter ziehen. Nach 2–3 Minuten das Ei wenden und weitere 3 Minuten garen. Mit Spinatgemüse und Tomatensoße anrichten und mit etwas Pfeffer würzen.

Steinbeißer mit Bohnen

[1 Portion, ca. 470 kcal, 15 g Fett]

Zutaten: *1–2 Knoblauchzehen, 3 TL Olivenöl, ½ Bio-Zitrone, ½ TL gerebelter Oregano, 1 Steinbeißer-Karbonade à 170 g, 40 g Instant-Couscous, 150 g grüne Bohnen (frisch oder TK), Salz, 2 Lauchzwiebeln, Pfeffer*

Zerdrückten Knoblauch mit 1 TL Olivenöl, 1 EL Zitronensaft und Oregano verrühren und die Fischkarbonade damit bestreichen. Couscous mit 60 ml siedendem Wasser übergießen. Bohnen in Salzwasser bissfest garen. Fisch und halbierte Zwiebeln auf Alufolie legen und im Backofen unter dem vorgeheizten Grill oder in dem auf höchster Stufe vorgeheizten Backofen 6–8 Minuten grillen. Bohnen, feine Zitronenschalenstreifen und restliches Öl mischen und mit Couscous, Fisch und Zwiebeln anrichten. Kräftig pfeffern.

Tipp: Der Steinbeißer hat viele Namen, u. a. auch Katfisch oder Seewolf. In Frankreich heißt er Loup de Mer, in Italien Lupo di Mare.

China-Pfanne mit Ingwer

[1 Portion, ca. 255 kcal, 9 g Fett]

Zutaten: *20 g Ingwerknolle, 1 Knoblauchzehe, ½ Paprikaschote, 1 Chicorée, 100 g Beefsteakhack (Tatar), ½ TL Szechuanpfeffer, 2 EL Sojasoße, 1 EL Zitronensaft, 1 TL Chinagewürz, 3–4 EL Mandarinen (Dose) oder ½ Banane (60 g), Salz, 1 TL gehackte Pistazien*

Ingwer und Knoblauch fein hacken. Paprika und Chicorée klein schneiden. Hackfleisch mit Ingwer und Knoblauch in Wok oder Pfanne krümelig braun braten. Eventuell etwas Wasser beim Pfannenrühren zufügen. Paprika, Pfeffer und 2 EL heißes Wasser zugeben, weitere 4 Minuten braten. Sojasoße, Zitronensaft und China-Gewürz verrühren. Zugeben und einmal kurz aufkochen. Mandarinen und Chicorée untermischen, mit Salz würzen und mit Pistazien bestreuen.

Dazu: 1 kleine Portion Parboiled-Reis

Fischers Gemüsesuppe

[2 Portionen, pro Port. ca. 380 kcal, 14 g Fett]

Zutaten: *250 g festes Fischfilet (z. B. Lengfisch, Pangasius oder Zander), 2 Saftorangen, 20 g Ingwerknolle, 1 rote Zwiebel, 2 EL Parboiled-Reis, 1 ½ EL Rapsöl, 1 Paket TK-Suppengemüse (300 g), 400 ml Fischfond, 1 TL Kümmel, 3 EL »Cremefine zum Kochen« (15 % Fett), 1 EL TK-8-Kräuter, Salz, Pfeffer*

Fischfilet in große Würfel schneiden und mit Orangensaft beträufeln. Fein gehackten Ingwer, Zwiebelringe und Reis in Öl andünsten. Suppengemüse, Fischfond und Kümmel zugeben und alles 10–15 Minuten bei mittlerer Hitze zugedeckt kochen. Fisch mit Orangensaft und Cremefine zugeben und weitere 5 Minuten bei kleiner Hitze garen. Kräuter zufügen und mit Salz und Pfeffer abschmecken.

Gefülltes Schweinesteak

[1 Portion, ca. 460 kcal, 15 g Fett]

Zutaten: *2 Knoblauchzehen, 4 Petersilienstängel, ⅛ TL Anissamen, 1 TL Senf, Pfeffer, 2 Schweinesteaks à 50 g, 2 Kartoffeln (100 g), 2 Lauchzwiebeln, 200 ml Hühnerbouillon, 150 g Zuckerschoten oder TK-Erbsen, Salz, Weizenmehl zum Bestäuben, 2 TL Olivenöl, 2–3 EL alkoholfreier Weißwein (Reformhaus)*

Knoblauch und Petersilie fein hacken. Mit Anis, Senf und Pfeffer verrühren. Anispaste auf ein Steak streichen, das andere drauflegen und mit 2 Holzspießen fixieren. Kartoffel- und Lauchzwiebelstücke in der Brühe in einem kleinen Topf aufkochen. Halbierte Zuckerschoten zugeben und bei mittlerer Hitze etwa 3–4 Minuten zugedeckt garen. Steaks etwas salzen, pfeffern, mit etwas Mehl bestäuben und in Olivenöl von beiden Seiten knapp 2 Minuten braten. Auf einen Teller geben. Bratensatz mit Weißwein loskochen und über das Steak träufeln. Gemüse dazu anrichten.

Ingwer-Seelachs-Spieße

[1 Portion, ca. 505 kcal, 10 g Fett]

Zutaten:
20 g frische Ingwerknolle,
4 EL Traubensaft,
2 TL Zitronensaft,
2 EL Sojasoße,
1 EL Ahornsirup,
150 g Seelachsfilet,
120 g TK-Rosenkohl,
Öl für die Grillpfanne,
1 TL geröstetes Sesamöl

Ingwer fein hacken und mit Traubensaft, Zitronensaft, Sojasoße und Ahornsirup verrühren. Fischfilet in Würfel schneiden, auf 2 Holzspieße stecken und 10 Minuten in der Soße marinieren. Wasser in einem Dampftopf aufkochen. Rosenkohl im Dämpfeinsatz zugeben, einmal aufkochen und 4–5 Minuten garen. Fischspieße abtropfen, Marinade aufheben. Heiße Grillpfanne dünn mit Öl einpinseln und die Spieße bei mittlerer Hitze pro Seite 2 Minuten grillen. Rosenkohl, restliche Marinade und Sesamöl vermischen und mit den Fischspießen anrichten.

Dazu: 125 g vorgegarter Reis

Dorade mit Kapern

[1 Portion, ca. 425 kcal, 15 g Fett]

Zutaten: *Je 3–4 Petersilien- und Thymianstängel, 1 kleiner Rosmarinzweig, 150 g Tomaten, 2 Knoblauchzehen, ½ EL Olivenöl, 30 g Kapern, Meersalz, Pfeffer, 120 g Spitzpaprika, 1 küchenfertige Dorade à 250 g, ½ Zitrone, 100 ml alkoholfreier Weißwein (Reformhaus)*

Backofen auf 200 Grad, Umluft 180 Grad, Gas Stufe 4 vorheizen. Kräuter, Tomaten und Knoblauch fein hacken. Olivenöl und Kapern unterrühren, mit Salz und Pfeffer würzen. Paprika längs in Streifen schneiden. Fisch abspülen, trocken tupfen und innen etwas salzen und säuern. Paprika, Weißwein und Fisch in eine ofenfeste Form geben. Fisch mit Tomaten-Kapern-Soße bestreichen und im Backofen etwa 30–40 Minuten garen.

Dazu: 2 kleine Salzkartoffeln

Tipp: Orata ist der italienische Name für die Gold- oder Meerbrasse. Bei uns ist der Fisch unter dem französischen Namen Dorade bekannt.

Italienische Reispfanne

[1 Portion, ca. 325 kcal, ca. 11 g Fett]

Zutaten: *1 Zwiebel, 1 Knoblauchzehe, 3 getrocknete Tomaten, 2–3 EL Mineralwasser, 2 TL Sojasoße, 1 Paket vorgegarter Naturreis (125 g), Salz, Pfeffer, 60 g Cocktailtomaten, ½ Bund Rauke, etwas Basilikum, 50 g fettreduzierter Mozzarella-Käse (9 g Fett), 1 TL Olivenöl, ½ Limette*

Zwiebel, Knoblauch und getrocknete Tomaten fein hacken. Mit Mineralwasser und Sojasoße in einer heißen beschichteten Pfanne kurz anbraten. Reis zugeben und unter Rühren knusprig braten. Mit Salz und Pfeffer abschmecken. Mit halbierten Cocktailtomaten, gehackter Rauke, Basilikumstreifen und Käsewürfeln anrichten. Reis mit Öl und Limettensaft beträufeln.

Tipp: Natur- oder Vollkornreis enthält noch alle Vitamine und Mineralstoffe sowie den fett- und eiweißreichen Keimling. Alternativ für Fertigreis: Für 120 g gekochten Reis braucht man 40 g rohen Reis.

Rumpsteak mit Spinat

[1 Portion, ca. 434 kcal, 16 g Fett]

Zutaten:
200 g Tomaten, 1 Knoblauchzehe, 1 Zwiebel, 2 EL Balsamessig, 2 EL Tomatenketchup, 1–2 TL Sardellenpaste, Pfeffer, 2 TL Olivenöl, 1 Rumpsteak ohne Fettrand (150 g), Meersalz, Pfeffer, 30 g Kapernäpfel, 50 g Spinatblätter oder Blattsalat

Tomaten vierteln oder achteln und aushöhlen. Tomatenkerne, Knoblauch und Zwiebel fein hacken und mit Essig, Ketchup, Sardellenpaste und Pfeffer verrühren. Olivenöl in einer kleinen Pfanne erhitzen. Steak salzen, pfeffern und von beiden Seiten jeweils 2 Minuten braten. Herausnehmen und warm stellen. Vorbereitete Tomatensoße und 2–3 EL Wasser in die Pfanne geben und etwa 2 Minuten zugedeckt erhitzen. Tomatenstücke zufügen. Fleischstreifen, Soße und Kapernäpfel auf den Spinatblättern anrichten.

Hähnchen in Dampf (ohne Foto)

[1 Portion, ca. 415 kcal, 11 g Fett]

Zutaten: *2 TL Sojasoße, 1 TL Ahornsirup, Salz, Pfeffer, 150 g Hähnchenbrustfilet ohne Haut, 2 rote Zwiebeln, ¼ l Hühnerfond oder Brühe, ½ EL Olivenöl, 3–4 Thymianstängel, 60 g vorgegarte Weizenkörner (Ebly), 125 g TK-Blattspinat, etwas Zitronensaft*

Sojasoße, Ahornsirup, Salz und Pfeffer verrühren und das Hähnchenfleisch damit bestreichen. Zwiebelringe, Hühnerfond, Öl und Thymianblättchen im Dämpftopf aufkochen. Hähnchenfilet, Weizen und Spinat in den Dämpfeinsatz geben und über dem Zwiebelsud zugedeckt 8–10 Minuten garen. Zwiebelsoße etwas salzen. Weizen und Spinat mit Gewürzen und Zitronensaft vermischen und abschmecken. Hähnchen mit Zwiebelsoße, Spinat und Weizen anrichten.

Tagliatelle mit Basilikum (ohne Foto)

[1 Portion, ca. 365 kcal, 9 g Fett]

Zutaten: *80 g Hartweizen-Tagliatelle (dünne Bandnudeln), Salz, 1 Zwiebel, 200 ml Hühnerbrühe, 80 g TK-Erbsen, 50 g Champignons, 3 EL Kaffeesahne (4 % Fett), weißer Pfeffer, 50 g Eismeer-Garnelen, 3 TL geriebener Parmesankäse, ½ Bund Basilikum*

Nudeln nach Packungsanweisung in Salzwasser kochen. Fein gewürfelte Zwiebel in Brühe in einer Pfanne zugedeckt 2 Minuten garen. Erbsen und klein geschnittene Pilze zugeben und zugedeckt 3 Minuten kochen. Kaffeesahne zufügen und etwa 2–3 Minuten offen einkochen lassen. Die Soße mit Pfeffer würzen. Nudeln, Garnelen, Gemüsesoße, Parmesan und Basilikumstreifen vermischen und anrichten.

Wels auf Fenchel

[1 Portion, ca. 465 kcal, 15 g Fett]

Zutaten: *1 Fenchelknolle (100 g), 1 Möhre, 1 Kartoffel (100 g), ¼ l Möhrensaft, 1 TL Honig, ½ TL Fenchelsamen, 1–2 Lorbeerblätter, grober Pfeffer, 120 g Pangasiusfilet (vietnamesischer Wels), Salz, 1 Saftorange, 2 TL Naturjoghurt (0,1 % Fett), 1–2 TL Sherryessig, 1 EL gehackte Kräuter*

Fenchel putzen, Möhre und Kartoffel schälen und alles in gleich große Stücke schneiden. Möhrensaft, Honig und Gewürze aufkochen. Gemüse zugeben und 15 Minuten zugedeckt garen. Fisch salzen und mit Orangensaft beträufeln. Fisch und Saft zum Gemüse geben und weitere 4–5 Minuten garen. Fisch herausnehmen. Joghurt unter das Gemüse rühren und mit Salz, Pfeffer und Sherryessig abschmecken. Fischfilet mit Kräutern bestreuen und dazu anrichten.

Barbecue-Chicken

[1 Portion, ca. 485 kcal, 7 g Fett]

Zutaten: *1 TL weißer Balsamessig, 1–2 TL flüssiger Honig, 2 EL Tomatenketchup oder Steaksoße, 1/4 TL gehackter Rosmarin, grober Pfeffer, 1 Hähnchenschenkel (220 g), Salz, 2 rote Zwiebeln, 2 Kartoffeln (100 g), 100 g TK-Grüne Bohnen*

Essig, Honig, Tomatenketchup, Rosmarin und Pfeffer verrühren. Hähnchenschenkel abspülen, trocken tupfen, salzen und mit der Marinade bestreichen. Zwiebeln abziehen, Kartoffeln schälen. Beides vierteln oder achteln.
Zuerst TK-Bohnen, Kartoffeln und Zwiebeln, dann die Hähnchenschenkel in einen Bratbeutel geben. 2–3 EL Wasser zugießen. Bratbeutel verschließen, einschneiden und im vorgeheizten Backofen bei 180 Grad, Umluft 160 Grad, Gas Stufe 3 etwa 25–30 Minuten braten.

Reis-Hähnchen-Pfanne

[1 Portion, ca. 495 kcal, 14 g Fett]

Zutaten: *1 Knoblauchzehe, 1 Zwiebel, 150 ml Gemüsebrühe, 2 EL Sojasoße, 100 g Puten- oder Hähnchenbrustfilet, 2 EL TK-Erbsen, 50 g Porree, 100 g Spitz- oder Wirsingkohl, 2 TL Rapsöl, 1 Paket vorgegarter Basmati-Reis (125 g), 1 TL mildes Currypulver, Salz, Cayennepfeffer, 1/2 Limette, evtl. 1/4 TL Kokosflocken*

Knoblauch und Zwiebel fein hacken. Mit Brühe und Sojasoße aufkochen. Fleischwürfel und Erbsen zugeben und 6 Minuten bei kleiner Hitze zugedeckt garen. Porreeringe und Kohlstreifen in Öl unter Rühren andünsten. Reis und Curry unter das Gemüse rühren. Fleisch und Soße zufügen, mit Salz, Pfeffer und Limettensaft abschmecken und eventuell mit Kokosflocken bestreuen.

Schweinefilet mit Zuckerschoten

[1 Portion, ca. 410 kcal, 12 g Fett]

Zutaten: *4 EL Naturjoghurt (1,5 % Fett), 2 TL Meerrettich (Glas), ein paar Dillstängel, Salz, grober Pfeffer, 1 Prise Zucker, 1 rote Zwiebel, 75 g Zuckerschoten oder TK-Erbsen, 2 Pellkartoffeln (100 g), 2 TL Sesam- oder Olivenöl, 150 g Schweinefilet*

Joghurt, Meerrettich und gehackten Dill verrühren und mit Salz, Pfeffer und Zucker abschmecken. Kalt stellen. Zwiebel in feine Ringe schneiden. Zuckerschoten in siedendem Salzwasser 1–2 Minuten garen. Kalt abspülen. Kartoffeln pellen und halbieren. Eine heiße Grillpfanne einfetten. Schweinefilet salzen, pfeffern und mit Kartoffelhälften von jeder Seite etwa 2 Minuten braten. Mit Zuckerschoten, Dill-Joghurt und Zwiebelringen anrichten.

Tipp: Zwiebel in dicken Ringen mitbraten und eventuell mit 2 EL Wasser weich dünsten.

Putenfilet Melba

[1 Portion, ca. 420 kcal, 10 g Fett]

Zutaten: *100 g Putensteak, Salz, Pfeffer, 1 TL Senf, 30 g Grill- oder Farmerschinken, einige Thymianblättchen, 1 frischer Pfirsich oder ½ Mango, ½ rote Paprikaschote, 2 Lauchzwiebeln, ½ EL Olivenöl, 2 EL Brühe oder Wasser, 1 Saftorange, ½ Bund Rauke*

Putensteak flach klopfen. Salzen, pfeffern und mit Senf bestreichen. Mit Schinken und Thymian belegen, zusammenklappen und mit einem Holzspieß verschließen. Den Pfirsich halbieren, entsteinen und in Stücke schneiden. Paprika und Lauchzwiebeln klein schneiden. Das Fleisch in Öl auf einer Seite anbraten. Wenden, Pfirsichstücke, Gemüse und Brühe zugeben und zugedeckt 2–3 Minuten weitergaren. Mit Orangensaft beträufeln und auf der Rauke anrichten.

Dazu: 1 Portion gekochte Kritharaki (Reisnudeln; 30 g Rohgewicht)

Lammragout mit Dill

[1 Portion, ca. 450 kcal, 14 g Fett]

Zutaten:
150 g Lammrückenfilet, Meersalz, Edelsüß- und Rosenpaprika, Kumin, 1/2 Bio-Zitrone, 1 Zwiebel, 2–3 Möhren (200 g), 1/2 EL Olivenöl, 1/4 l klare Hühnerbouillon, 1 TL Tomatenmark, 30 g Kritharaki (Reisnudeln oder Gabelspaghetti), 2–3 EL gehackter Dill, 60 g Cocktailtomaten

Fleisch in grobe Würfel schneiden. In eine Marinade aus Meersalz, Gewürzen, abgeriebener Zitronenschale und -saft legen. Dicke Zwiebel- und Möhrenscheiben in Olivenöl andünsten. Heiße Bouillon, Tomatenmark, Nudeln, Fleischwürfel und Marinade zugeben und 10–15 Minuten zugedeckt garen. Dill hacken. Die Hälfte Dill und Tomaten zufügen und weitere 3–5 Minuten garen. Mit restlichem Dill bestreuen und eventuell mit Meersalz abschmecken.

Dazu: 2 EL Naturjoghurt (0,1 % Fett)

Putensaté mit Möhren

[1 Portion, ca. 365 kcal, 7 g Fett]

Zutaten: *150 g Putenbrustfilet, 3 EL süß-scharfe Chilisoße, 1 TL körniger Senf, 1 TL Rapsöl, 4 EL Naturjoghurt (0,1 % Fett), ½ Bund Schnittlauch, Salz, ½ Zitrone, 250 g Möhren, 1 Zwiebel, 100 ml Möhrensaft, 1 Prise Zucker*

Putenfleisch längs in breite Streifen schneiden. Mit 1 EL Chilisoße, Senf und Öl verrühren. Restliche Chilisoße, Joghurt und Schnittlauchröllchen verrühren, mit Salz und Zitronensaft abschmecken. Möhren klein schneiden. Zwiebelwürfel, Saft, Zucker und 1 Prise Salz aufkochen. Möhren zugeben, zugedeckt 10 Minuten dünsten. Fleischstreifen wellenförmig auf lange Holzspieße stecken. Unter dem vorgeheizten Grill auf Alufolie von jeder Seite 2–3 Minuten grillen. Spieße mit Möhren und Schnittlauch-Joghurt anrichten.
Dazu: 50 g vorgegarte Weizenkörner

Schellfisch mit Senfsoße

[1 Portion, ca. 460 kcal, 14 g Fett]

Zutaten: *100 g Salatgurke, Fett für die Form, 1 Schwanzstück vom Schellfisch (ca. 200 g), ½ Zitrone, Salz, 1 Tomate, 1 rote Zwiebel, 4 EL »Cremefine zum Kochen« (15 % Fett), 2 TL scharfer Senf, 1 EL körniger Senf, weißer Pfeffer, Zucker*

Salatgurke entkernen, in Scheiben schneiden und in eine gefettete ofenfeste Form geben. Fisch abspülen, trocken tupfen und darauf legen. An der Hautoberseite bis zur Gräte einschneiden. Haut etwas zurückklappen. Fisch mit Zitronensaft beträufeln und salzen. Tomate und Zwiebel fein hacken. Cremefine, beide Senfsorten und 2–3 EL Wasser verrühren und mit Salz, Pfeffer und 1 Prise Zucker abschmecken. Tomate, Zwiebel und Senfsoße auf den Fisch geben. Im vorgeheizten Backofen bei 200 Grad, Umluft 180 Grad, Gas Stufe 4 etwa 25 Minuten garen.
Dazu: 150 g Pellkartoffeln

Wurzel-Eier-Ragout

[1 Portion, ca. 345 kcal, 14 g Fett]

Zutaten: *1 Ei (Größe M), 350 g Schwarzwurzeln, Salz, 1–2 TL Zitronensaft, 1 Möhre (150 g), 150 g Kochkäse (1,5 % Fett), 2 EL »Cremefine zum Kochen« (15 % Fett), 1–2 EL fein gehackte Kräuter (frisch oder TK), Salz, weißer Pfeffer, Muskat*

Ei hart kochen. Schwarzwurzeln unter fließend kaltem Wasser schälen, in Stücke schneiden und sofort in schwach gesalzenes Zitronenwasser legen (mit Küchenhandschuhen arbeiten). Schwarzwurzeln aufkochen und 10 Minuten zugedeckt garen. Möhre in lange Stücke schneiden, zugeben und weitere 10 Minuten garen. 1 Tasse Gemüsesud in einen zweiten Topf gießen und mit Kochkäse, Cremefine und Kräutern bei mittlerer Hitze verrühren. Nicht kochen! Soße mit Salz, Pfeffer und frisch geriebener Muskatnuss abschmecken. Gemüse zugeben und mit dem halbierten Ei anrichten.

Tofu mit Chinakohl

[1 Portion, ca. 390 kcal, 12 g Fett]

Zutaten: *5 EL Gemüsebrühe, 2 EL Teriyaki-Soße, 2 EL Tomatenketchup, 1 TL Currypulver, 100 g Tofu, 50 g Shiitake-Pilze, 50 g Porree, 1 Knoblauchzehe, 15 g Ingwerknolle, 1 TL Rapsöl, 4–5 Chinakohlblätter*

Brühe, Teriyaki, Ketchup und Curry verrühren. Tofu in 1 cm große Würfel schneiden und mit der Marinade begießen. Pilzstiele abschneiden (sie werden zäh beim Garen). Pilze und Porree klein schneiden. Knoblauch und Ingwer fein hacken und in Öl im heißen Wok andünsten. Pilze, Porree und 2 EL heißes Wasser zugeben und unter Rühren etwa 3 Minuten braten. Tofu mit Marinade zugeben, einmal kurz aufkochen. Kohlstreifen unterheben und sofort anrichten.

Dazu: 100 g vorgegarte Weizenkörner

Tipp: Tofu kann bis zu 6 Monaten eingefroren werden. Beim Tiefkühlen verändert sich seine Konsistenz: Nach dem Auftauen ist Tofu großporiger und fester und nimmt Marinaden besonders gut auf.

Kräutercrêpes mit Tomaten

[1 Portion, ca. 370 kcal, 14 g Fett]

Zutaten:
5 EL Magerquark,
7 EL Mineralwasser, Salz,
1 Ei (Größe M),
30 g Weizenmehl
(Typ 1050), 75 g körniger
Frischkäse (0,8 % Fett),
1 TL Kürbiskerne,
Kräutersalz, Pfeffer,
Öl zum Braten,
½ Beet Kresse,
6–8 Cocktailtomaten

2 EL Quark, Mineralwasser, Salz und Ei verquirlen. Mehl unterrühren und 10 Minuten stehen lassen. Restlichen Quark, Frischkäse und gehackte Kerne verrühren und mit Gewürzen abschmecken. Eine beschichtete Pfanne mit Öl aussprühen (Öl-Pumpsprayer) oder dünn mit Öl einpinseln und aus dem Teig nacheinander 2 Pfannkuchen backen. Mit Käsecreme bestreichen, mit Kresse bestreuen und aufrollen. Cocktailtomaten im Ganzen in der Pfanne kurz anbraten und dazu anrichten.

Tipp: Den Pumpsprayer mit einer 1:7-Mischung aus Öl und Wasser füllen. Eignet sich besonders gut für beschichtete Pfannen und Formen.

Pasta Pesto Rosso

[1 Portion, ca. 445 kcal, 18 g Fett]

Zutaten: *25 g getrocknete Tomaten, ½ Paprikaschote, 1 Zucchini (120 g), 50 g Hartweizen-Muschelnudeln (Conchigliette), Salz, 100 g TK-Brokkoli, 1–2 Knoblauchzehen, 4 TL Olivenöl, 1 EL Tomatenmark, Rosmarin, Cayennepfeffer, ½ TL Zucker, Pfeffer, 50 g Cocktailtomaten*

Getrocknete Tomaten in feine Streifen, Paprika in Stücke, Zucchini in dicke Scheiben schneiden. Nudeln in siedendem Salzwasser 4 Minuten garen. Paprika, Zucchini und Brokkoli zugeben und weitere 4 Minuten garen. In einem kleinen Topf getrocknete Tomaten, zerdrückten Knoblauch, 100 ml Nudelwasser, Öl, Tomatenmark und Gewürze 5–8 Minuten bei mittlerer Hitze zugedeckt garen. Mit Salz und Pfeffer würzen und mit Nudeln, Gemüse und Tomatenhälften mischen. **Tipp:** Dieses Gericht gibt es auch als TK-Produkt »Frosta Pasta Pesto Rosso«.

Rotbarbe mit Zitronenöl

[1 Portion, ca. 500 kcal, 14 g Fett]

Zutaten: *1 rote Zwiebel, 1 Möhre, 1 Selleriestange, 3 TL Olivenöl, 60 g rote Linsen, 150 ml Gemüsebrühe, 1 TL Akazienhonig, 3–4 Thymianstängel, 1 kleine gelbe Zucchini, Salz, Pfeffer, 100 g Rotbarbenfilets (frisch oder TK), ½ TL Fenchelsamen, ½ Zitrone*

Zwiebel-, Möhren- und Selleriewürfel in 1 TL Olivenöl kurz andünsten. Linsen, Brühe, Honig und Thymianblättchen zugeben, aufkochen und bei kleiner Hitze 6 Minuten garen. Zucchinistreifen zugeben und weitere 2–4 Minuten garen. Mit Salz und Pfeffer abschmecken. Topf von der Kochplatte nehmen und zugedeckt stehen lassen. Fischfilets salzen, pfeffern und mit grob gehackten Fenchelsamen in restlichem Olivenöl auf der Hautseite 3–4 Minuten bei mittlerer Hitze garen. Herausnehmen und auf dem Linsengemüse anrichten. 1–2 EL Zitronensaft und abgeriebene Zitronenschale mit dem Bratensatz verrühren und über den Fisch träufeln.

Kartoffelpfanne mit Senfsoße

[1 Portion, ca. 335 kcal, 9 g Fett]

Zutaten: *250 g Pellkartoffeln, 1 rote Zwiebel, 100 g Möhren, 50 g Zucchini, 2 TL Öl, 3–4 EL Tomaten- oder Gemüsesaft, 100 ml Gemüsebrühe, 2–3 EL Magerquark, 1–2 TL Senf, ½ Bund Schnittlauch, Salz, Pfeffer, ½ Zitrone*

Kartoffeln pellen und halbieren. Zwiebel grob hacken. Möhre und Zucchini in Stücke schneiden. Zwiebeln und Gemüse in Öl von allen Seiten anbraten. Tomatensaft und 2 EL Brühe zugeben und offen 5 Minuten garen. Eventuell noch etwas Tomatensaft zugießen. Kartoffeln untermischen und erhitzen. Für die Senfsoße restliche Brühe aufkochen, vom Herd nehmen, Quark und Senf zugeben und cremig rühren. Schnittlauchröllchen unterheben und die Soße mit Salz, Pfeffer und Zitronensaft abschmecken. Gemüse mit Senfsoße anrichten.

Tipp: Die Senfsoße schmeckt auch gut mit Dill, Thymian, Estragon oder Basilikum (auch TK) statt Schnittlauch.

Weizen-Paprika-Pilaw

[1 Portion, ca. 410 kcal, 17 g Fett]

Zutaten: *2 Lauchzwiebeln, 120 g Spitzpaprika, ¼ l Gemüsebrühe, ½ TL Ras el Hanout oder andere orientalische Gewürzmischung, 2 EL Ajvar (Paprikapaste), 60 g vorgegarte Weizenkörner (Ebly), 1 EL Rosinen, Salz, 2 EL geschälte Mandelkerne, 2 TL Olivenöl, Cayennepfeffer, 3 EL Naturjoghurt (0,1 % Fett), 1 TL flüssiger Honig, ½ Bund Basilikum*

Das Weiße und das Grüne der Lauchzwiebeln getrennt klein schneiden, Paprika in Streifen schneiden. Brühe, Ras el Hanout und Ajvar aufkochen. Weizenkörner zugeben und ca. 5 Minuten zugedeckt garen. Paprika, weiße Lauchzwiebelstücke und Rosinen zugeben und weitere 5 Minuten garen. Pilaw mit Salz abschmecken. Grob gehackte Mandeln in Olivenöl goldgelb anrösten, mit Cayennepfeffer bestäuben und über den Pilaw streuen. Joghurt, Honig, restliches Zwiebelgrün und Basilikum pürieren und zum Pilaw anrichten.

Seelachs-Spinat-Gratin

[1 Portion, ca. 405 kcal, 14 g Fett]

Zutaten:
125 g TK-Blattspinat,
150 g Pellkartoffeln,
4 EL »Cremefine zum Kochen«
(15 % Fett), Salz, Pfeffer, Muskat,
1 Knoblauchzehe, 1 Zwiebel,
150 g Seelachsfilet, ½ Zitrone,
50 g Cocktailtomaten,
Rapsöl für die Form,
2 TL frisch geriebener Parmesankäse,
½ TL Semmelbrösel

Spinat auftauen. Kartoffeln pellen und zerdrücken. Mit 2 EL Cremefine, Salz, Pfeffer und etwas frisch geriebener Muskatnuss verkneten und zu einer Rolle formen. Knoblauch und Zwiebel hacken, mit Spinat und restlicher Cremefine verrühren, salzen und pfeffern. Fisch mit Zitronensaft würzen, salzen. Fisch, Kartoffelrolle, Spinat und Tomatenhälften in eine gefettete ofenfeste Form geben. Mit Käse und Semmelbröseln bestreuen. Im vorgeheizten Backofen bei 200 Grad, Umluft 180 Grad, Gas Stufe 4 etwa 25–30 Minuten backen.

Auf die Schnelle

Hunger? Da helfen keine warmen Worte. Aber diese Blitzgerichte, die sind in spätestens 15 Minuten fertig.

Steakburger mit Limetten-Aioli
Das Rezept finden Sie auf der nächsten Seite.

Steakburger mit Limetten-Aioli
(Foto Seite 80/81)

[1 Portion, ca. 380 kcal, 15 g Fett]

Zutaten: *120 g Rinderfilet (aus der Filetspitze geschnitten), 2 EL Salatcreme (16 % Fett), 1 EL Magerquark, 1–2 Knoblauchzehen, ½ Limette, 1 Mini-Salatgurke, 4–5 Radieschen, Kräutersalz, 1 Roggenbrötchen, 1 TL Olivenöl, Steakpfeffer*

Filet in fingerdicke Scheiben schneiden. Salatcreme, Quark, zerdrückten Knoblauch, Limettenschale und -saft verrühren. Gurke und Radieschen in feine Stifte schneiden und mit Kräutersalz abschmecken. Etwas Aioli und Gurkensalat auf beide Brötchenhälften geben. Filets in Olivenöl von beiden Seiten 60–80 Sekunden braten. Herausnehmen und auf die Brötchen legen. Mit Bratensud beträufeln, mit Steakpfeffer bestreuen und restliches Aioli darauf geben.
Tipp: Preiswerter wird es mit Hüftsteak vom Rind.

Caponata mit Mozzarella (ohne Foto)

[1 Portion, ca. 375 kcal, 14 g Fett]

Zutaten: *1 rote Zwiebel, ¼ l Tomatensaft, 1 EL Kapern, 1 EL Rosinen, 300 g TK-Italienische Gemüsemischung, Salz, Pfeffer, 1 Prise Zucker, 1–2 EL Rotweinessig, 50 g Mozzarellakäse (45 % Fett), 1 TL Pinienkerne, ein paar Basilikumblättchen*

Zwiebel klein schneiden. Tomatensaft, Zwiebel, Kapern und Rosinen verrühren und aufkochen. Gemüse zugeben und 5 Minuten bei mittlerer Hitze zugedeckt kochen. Caponata mit Gewürzen und Essig säuerlich abschmecken. Caponata und gepfefferte Mozzarellascheiben anrichten und mit Pinienkernen und Basilikumblättchen bestreuen.
Tipp: Schmeckt warm und kalt.

Marseiller Fischtopf

[2 Portionen, pro Port. ca. 430 kcal, 13 g Fett]

Zutaten: *½ l Gemüsebrühe, ¼ l alkoholfreier Weißwein oder Gemüsebrühe, 1 TL Kräuter der Provence, 1–2 Prisen gemahlener Anis, 2 EL Tomatenmark, 1 Dose Kichererbsen (280 g), 250 g TK-Fischfilet, 250 g TK-Italienisches Gemüse, Salz, 1 EL Salatcreme (9 % Fett), 2 EL Naturjoghurt (0,1 % Fett), 3 Knoblauchzehen, 1 EL Olivenöl, ¼ Zitrone, ein paar frische Kräuter*

Heiße Gemüsebrühe, Wein, Gewürze,Tomatenmark und Kichererbsen aufkochen und 4–5 Minuten bei mittlerer Hitze garen. Fisch, Gemüse und Salz zugeben und weitere 5–7 Minuten kochen. Salatcreme, Joghurt, zerdrückten Knoblauch und Olivenöl verrühren und mit Zitronensaft und Salz abschmecken. Suppe und Knoblauchcreme anrichten und mit Kräutern bestreuen.
Tipp: Alkoholfreie Weine bieten Weinaroma ohne Prozente und mit wenig Kalorien. Gibt's im Reformhaus oder in Internet-Weinshops.

Radicchio-Risotto

[1 Portion, ca. 400 kcal, 16 g Fett]

Zutaten:
1 Radicchio (100 g), 1 rote Zwiebel, 1 kleiner Rosmarinzweig, 30 g Parmaschinken, 1 TL Olivenöl, 50–80 ml alkoholfreier Rotwein oder Brühe, 2 Aprikosen oder 100 g Kürbis aus dem Glas, 1 Paket vorgegarter Naturreis (125 g), 2 EL »Brunch mit Joghurt« (8 % Fett), 1 EL geriebener Parmesankäse, Salz, Pfeffer

Radicchio in Streifen schneiden. Zwiebel, Rosmarinnadeln und Schinken fein hacken und in Olivenöl etwa 2 Minuten andünsten. Radicchio zugeben und weich werden lassen. Wein, Aprikosenhälften und Reis zugeben und zugedeckt 4 Minuten garen. Brunch und Käse unterrühren und mit Salz und Pfeffer abschmecken.

Zucchini-Couscous

[1 Portion, ca. 350 kcal, 12 g Fett]

Zutaten: *50 g fettreduzierter Schafkäse (9,5 % Fett), Zitronenschale, 1 TL Oregano, 1 TL Olivenöl, 250 ml Gemüsebrühe, 50 g Instant-Couscous, 60 g Papayastücke, 120 g Zucchini, Salz, Pfeffer, Zitronensaft, 1 TL geröstete Sesamsaat*

Schafkäse würfeln und mit etwas gehackter Zitronenschale, Oregano und Olivenöl marinieren. Gemüsebrühe aufkochen. Instant-Couscous zugeben und bei kleiner Hitze 5 Minuten ausquellen lassen. Mit Papayastücken, geraspelter Zucchini und dem Käse vermischen, mit Salz, Pfeffer und Zitronensaft abschmecken. Couscous anrichten und mit gerösteter Sesamsaat bestreuen.

Tipp: Die Zucchini sollte klein, frisch und knackig sein. Nur dann hat sie den typisch nussigen Geschmack.

Fusilli Trapanese

[1 Portion, ca. 460 kcal, 16 g Fett]

Zutaten: *80 g Hartweizen-Fusilli, Salz, 1 Fleischtomate (100 g), 2 Knoblauchzehen, ½ Bund Basilikum, 1 EL Olivenöl, grober Pfeffer, 5 grüne Oliven ohne Stein, 100 g Cocktailtomaten*

Nudeln nach Packungsangabe in Salzwasser garen. Fleischtomate, Knoblauch und Basilikum fein hacken, mit Olivenöl verrühren oder pürieren. Mit Salz und Pfeffer abschmecken. Fusilli abgießen, dabei 2 EL Nudelwasser auffangen. Nudeln, Nudelwasser, Tomatensoße, halbierte Oliven und Cocktailtomaten mischen und mit Basilikumblättchen anrichten.

Tipp: Damit das Nudelkochen schneller geht: heißes Wasser aus dem Wasserkocher nehmen und die kleine Nudelmenge in einem kleinen Topf kochen.

Spinat-Pizza

[1 Portion, ca. 495 kcal, 12 g Fett]

Zutaten: *1 runder Vollkorn-Pizzaboden (150 g; Naturkostladen), 3–4 EL Tomatenstückchen (frisch oder Tetrapak), Salz, Pfeffer, 1/2 TL Oregano, 100 g junger Spinat, 1 EL Orangensaft, 2 TL Zitronensaft, 1 EL Naturjoghurt (1,5 % Fett), 1–2 Prisen Zucker, 1 TL Olivenöl, 2 EL gehobelter Parmesan*

Backofen auf 220 Grad, Umluft 200 Grad, Gas Stufe 4 vorheizen. Pizzaboden mit Tomatenstücken belegen. Salzen, pfeffern und mit Oregano bestreuen. Etwa 8–10 Minuten im vorgeheizten Backofen backen. Spinat putzen. Orangensaft, Zitronensaft, Joghurt, Zucker, Olivenöl, Salz und Pfeffer verrühren und mit dem Spinat vermengen. Spinat auf die heiße Pizza geben und mit Parmesankäse bestreuen.

Capellini mit Minze-Hack

[1 Portion, ca. 490 kcal, 14 g Fett]

Zutaten: *60 g Hartweizen-Capellini, Salz, 100 g Beefsteakhack (Tatar), 1/4 TL Ras el Hanout oder andere orientalische Gewürzmischung, 1 Zwiebel, Salz, 2–3 EL alkoholfreier Rot- oder Weißwein oder Brühe, 50 g fettreduzierter Schafkäse (9,5 % Fett), 1 Minigurke (60 g), 2–3 Minzestängel, 1 TL Olivenöl, 1/4 TL Pulbiber (türkisches Paprika-Chili-Gewürz oder Rosenpaprika)*

Nudeln nach Packungsangabe in Salzwasser kochen. Hackfleisch, Gewürzmischung und Zwiebelwürfel etwa 4 Minuten in einer kleinen beschichteten Pfanne krümelig braun braten. Salzen. Wein zugießen und 2–4 Minuten einkochen lassen. Schafkäse und Gurke auf dem Gemüsehobel grob raspeln und mit gehackter Minze, Nudeln und Olivenöl unter das Hackfleisch mischen. Mit Pulbiber bestreuen und sofort anrichten.

Zuckerschoten-Frittata

[1 Portion, ca. 355 kcal, 14 g Fett]

Zutaten: *100 g Zuckerschoten, 1 EL fein gehackte Zwiebel, 2 EL Hühnerbouillon, 2 Eier (Größe M), 2 EL Milch (1,5 % Fett), 2 EL Kresseblättchen, 100 g reife Tomaten, 1 TL Tomatenketchup, 50 g gekochter Schinken oder Grillschinken*

Zuckerschoten in Stücke schneiden. Mit Zwiebel in einer kleinen beschichteten Pfanne in der Hühnerbrühe 3–5 Minuten zugedeckt dünsten. Deckel abnehmen. Eier, Milch und Kresse verquirlen und in die Pfanne gießen. Umrühren und etwa 5–7 Minuten bei kleiner Hitze garen. Abdecken und weitere 2–3 Minuten garen. Tomaten hacken, mit Tomatenketchup verrühren. Frittata mit Tomatensoße und Schinken anrichten.

Paprika-Couscous mit Garnelen

[1 Portion, ca. 390 kcal, 14 g Fett]

Zutaten: *1 Päckchen TK-Suppengrün (25 g), ½ TL grob gemörster Kumin (Kreuzkümmel), 150 g Spitzpaprika, 2 TL Olivenöl, 125 ml Gemüsebrühe, ½ TL Oregano, 50 g Instant-Couscous, 1 Fleischtomate, Salz, Pfeffer, 3 gekochte Tiefsee-Garnelen ohne Schale (60 g)*

TK-Suppengrün, Kumin und in Stücke geschnittene Spitzpaprika in Olivenöl andünsten. Gemüsebrühe und Oregano zugeben und aufkochen. Instant-Couscous unterrühren, zugedeckt 3 Minuten bei kleiner Hitze garen. Halbierte Fleischtomate zugeben, weitere 2 Minuten garen. Couscous mit Salz und Pfeffer abschmecken und mit Garnelen anrichten.

Spaghetti mit Kaviar

[1 Portion, ca. 445 kcal, 7 g Fett]

Zutaten:
90 g Vollkorn-Spaghetti, Salz, 100 g grüner Spargel, 1 Knoblauchzehe, 2 dünne Zitronenscheiben, 150 ml Hühnerbouillon, 2 EL »Cremefine zum Kochen« (15 % Fett), 1–2 El fein geschnittene Dillspitzen, Pfeffer, 50 g Forellen-Kaviar

Vollkorn-Spaghetti nach Packungsanweisung in Salzwasser kochen. Grünen Spargel in 2–3 cm lange Stücke schneiden und die letzten 3 Minuten mitgaren. Zerdrückte Knoblauchzehe, Zitronenscheiben und Hühnerbouillon etwa 2–3 Minuten bei starker Hitze auf die Hälfte einkochen. »Cremefine zum Kochen«, Dillspitzen, abgetropfte Nudeln und Spargel zugeben. Mit Salz und Pfeffer abschmecken und mit Forellen-Kaviar anrichten.

Geflügelleber-Toasties

[1 Portion, ca. 485 kcal, 12 g Fett]

Zutaten:

1 EL Magerquark,
Kräutersalz,
1 Handvoll Rauke,
1 kleiner Apfel,
1 Zwiebel,
100 g Geflügelleber,
1 TL Rapsöl,
½ TL gerebelter Majoran,
Salz, Pfeffer,
2 TL Orangen-Senf-Soße,
1 Vollkorn-Toastbrötchen (56 g)

Quark und Kräutersalz verrühren. Rauke grob hacken. Apfel in Stücke, Zwiebel in Ringe schneiden. Leber putzen, abspülen und trocken tupfen. In Öl anbraten. Majoran, Apfel und Zwiebel zugeben und weitere 3–4 Minuten unter Rühren und Schwenken braten. Salzen und pfeffern. 3–4 EL Wasser und Orangen-Senf-Soße unterrühren. Brötchen toasten, mit Quark bestreichen und mit Rauke bestreuen. Leber, Apfel und Zwiebel auf die Brothälften verteilen und mit der Bratensoße beträufeln.

Tipp: Original Tessiner Orangen-Senf-Soße im Glas gibt es im Lebensmittelhandel; ersatzweise: 2 TL Orangenmarmelade und 1 TL scharfer Senf.

Blitzrezepte

Putenfilet mit Oliven

[1 Portion, ca. 450 kcal, 15 g Fett]

Zutaten: *40 g Kritharaki (Reisnudeln), Salz, 40 g grüne Oliven, ½ Bio-Zitrone, 1 EL Basilikum, 150 g Bio-Putenbrustfilets, 2 TL Olivenöl, Meersalz, grober Pfeffer, 150 g Cocktailtomaten*

Kritharaki in Salzwasser kochen. Oliven hacken, mit etwas abgeriebener Bio-Zitronenschale und fein geschnittenem Basilikum vermengen. Putenbrustfilet in Olivenöl 2–3 Minuten braten. Mit Meersalz und grobem Pfeffer würzen, herausnehmen. Cocktailtomaten in die Pfanne geben und 1–2 Minuten unter Rühren braten. Herausnehmen. Bratensatz mit 2–3 EL Wasser oder Brühe lösen, Oliven unterrühren und über das Steak geben. Mit Reisnudeln und Tomaten anrichten.

Tipp: Reisnudeln gibt's im Supermarkt.

Seelachs mit Orangenporree

[1 Portion, ca. 365 kcal, 15 g Fett]

Zutaten: *150 g Seelachsfilet, ½ Zitrone, Salz, 1 Porreestange (200 g), ½ EL Rapsöl, 100 ml Orangensaft, 2–3 EL »Cremefine zum Kochen« (15 % Fett), 2 TL körniger Senf, 1 Prise Zucker, Cayennepfeffer, ein paar Dillstängel*

Seelachsfilet mit Zitronensaft beträufeln und salzen. Porreestange in 2 cm dicke Ringe schneiden. Fisch trocken tupfen. Eine heiße Pfanne mit Rapsöl bestreichen. Fisch und Porree etwa 4–5 Minuten bei mittlerer Hitze braten. Fisch herausnehmen, warm stellen. Orangensaft und »Cremefine zum Kochen« zugeben und aufkochen. Senf unterrühren. Mit Salz, Zucker und Cayennepfeffer abschmecken. Fisch mit Orangenporree anrichten und mit Dill bestreuen.

Shrimps-Maissuppe

[2 Portionen, pro Port. ca. 410 kcal, 13 g Fett]

Zutaten: *2 Kartoffeln (150 g), 250 g Zucchini, 4 EL Maiskörner (Glas oder Dose), 2 TL Olivenöl, 400 ml Fischfond oder Gemüsebrühe, 4 EL Kartoffelpüreeflocken, 4 EL »Cremefine zum Kochen« (15 % Fett), 100 g Eismeer-Garnelen, Salz, Cayennepfeffer, 1 Beet Kresse*

Kartoffeln fein würfeln. Zucchini in Scheiben schneiden. Beides mit Mais, Olivenöl und Fischfond etwa 5 Minuten bei kleiner Hitze zugedeckt kochen. Suppe kurz aufkochen und mit Kartoffelflocken binden. Cremefine und Garnelen zugeben. Mit Salz und Cayennepfeffer abschmecken. Suppe mit Kresse bestreuen.
Dazu: 2 Mini-Vollkornbrötchen (à 30 g)

Ziegenkäse-Toast

[1 Portion, ca. 450 kcal, 17 g Fett]

Zutaten: *1 Vollkorn-Toastbrötchen, 2 Tomaten (100 g), 50 g Ziegenweichkäse (45 % Fett i. Tr.), 1 Lauchzwiebel, ½ TL Olivenöl, 1 Apfel (100 g), 4 grüne Oliven, ein paar Kerbelstängel, 1 TL Wald- oder Tannenhonig, Pfeffer*

Brötchen toasten und mit Tomaten, Ziegenkäse und Zwiebelringen belegen. Käsebrot mit Öl beträufeln und unter dem vorgeheizten Grill 3–4 Minuten überbacken. ½ Apfel und Oliven fein würfeln und mit Kerbelblättchen auf den warmen Toast geben. Mit Honig und Pfeffer würzen. Restlichen Apfel dazu essen.

Fusilli Carina

[1 Portion, ca. 410 kcal, 12 g Fett]

Zutaten: *65 g Hartweizen-Fusilli oder andere Spiralnudeln, Salz, 1 Zucchini (100 g), 2 TL Pinienkerne, ½ EL Olivenöl, 80 g Cocktailtomaten, 3 EL Gemüsefond oder -brühe, ½ EL italienische Gewürzmischung, grober Pfeffer, 40 g hauchdünner roher Pfefferschinken, 1 EL frisch geriebener Parmesankäse*

Nudeln nach Packungsanweisung in Salzwasser kochen. Zucchini in dünne Scheiben schneiden und mit Pinienkernen in Öl etwa 3 Minuten unter Rühren braten. Tomaten, Gemüsefond und Würzmischung zugeben und weitere 2 Minuten garen. Gemüse salzen und pfeffern. Mit abgetropften Nudeln und Schinken vermischen und mit Käse bestreuen.

Tipp: Fertige Würzmischungen für verschiedene Nudelgerichte gibt es im Supermarkt.

Gnocchi mit Zucchini

[1 Portion, ca. 445 kcal, 15 g Fett]

Zutaten: *150 g Gnocchi aus dem Kühlregal, Salz, 1 Zwiebel, ½ TL Kräuter der Provence, 2 TL Olivenöl, 200 ml Gemüse- oder Tomatensaft, 120 g Zucchini, 30 g grüne Oliven ohne Stein, 1 EL geriebener Parmesankäse, Basilikumblättchen*

Gnocchi nach Packungsanweisung in Salzwasser garen. Zwiebel würfeln und mit Kräutermischung, Olivenöl und Gemüsesaft in einem kleinen Topf zugedeckt 6–8 Minuten bei mittlerer Hitze kochen. Zucchinistifte und halbierte Oliven in die Tomatensoße geben und zugedeckt 4 Minuten garen. Gnocchi abgießen, mit Zucchini-Tomaten-Soße anrichten und mit Käse und Basilikum bestreuen.

Tipp: Restliche Gnocchi in einem Tupper- oder anderen Kunststoffbehälter aufbewahren. Hält sich im Kühlschrank 3–4 Tage.

Zitronenhähnchen

[1 Portion, ca. 445 kcal, 12 g Fett]

Zutaten:
150 g Hähnchenbrustfilet ohne Haut, Salz, Pfeffer, Kumin, 2 Zwiebeln, 1 Knoblauchzehe, 1 TL Olivenöl, ½ Zitrone, 100 ml klare Hühnerbouillon, 1 große Tomate, 5 geschälte Mandelkerne, 3–4 Petersilienstängel

Hähnchenbrust längs halbieren und mit Salz, Pfeffer und Kumin einreiben. Zwiebeln vierteln. Knoblauch grob hacken. Das Fleisch in Öl von beiden Seiten in einer kleinen Pfanne anbraten. Zwiebeln, Knoblauch, 1 Zitronenscheibe, 2 EL Zitronensaft und Hühnerbouillon zugeben und zugedeckt 3–4 Minuten bei mittlerer Hitze garen. Tomatenhälften und grob gehackte Mandeln zugeben und weitere 2–3 Minuten garen. Mit grob gehackter Petersilie bestreuen und anrichten.

Süßsaure Pilzpfanne

[1 Portion, ca. 415 kcal, 14 g Fett]

Zutaten: *3 EL Apfelsaft, 2 EL süße Chilisoße, 2–3 EL Weißweinessig, ½ TL Speisestärke, 150 g Austernpilze oder Champignons, 90 g Tomaten, 1 Knoblauchzehe, 3 TL Rapsöl, Salz, Pfeffer, 100 g vorgegarter Reis, 1 Möhre, ½ Zitrone, 1 EL Schnittlauchröllchen*

Apfelsaft, Chilisoße, Essig und Speisestärke verrühren. Pilze putzen, große Exemplare halbieren. Tomaten halbieren oder in Scheiben schneiden. Pilze und zerdrückten Knoblauch in Öl andünsten. Tomaten und Soße zugeben und zugedeckt einmal aufkochen. Mit Salz und Pfeffer abschmecken. Reis nach Packungsanweisung erhitzen. Fein geraspelte Möhre und Zitronensaft unterrühren, mit Salz abschmecken. Pilzpfanne mit Schnittlauch bestreuen und mit Möhrenreis anrichten.

Tipp: Statt roher Möhre grob geraspelte Möhre 2–3 Minuten im Salzwasser blanchieren und abgetropft unter den Reis mischen.

Gegrillte Pute mit Asia-Salat

[1 Portion, ca. 425 kcal, 9 g Fett]

Zutaten: *1 Mini-Salatgurke, Salz, 1 TL geröstetes Sesamöl oder Rapsöl, 1 TL Apfelessig, 100 g Joghurt (0,1 % Fett), 2 EL süße Chilisoße, ½ Mango (125 g), 1 rote Zwiebel, 150 g Putensteak, Fett für den Grill, bunter Pfeffer, 2–3 Chicoréeblätter*

Kontaktgrill anheizen. Gurkenscheiben salzen und 5 Minuten stehen lassen. Öl, Essig, Joghurt, Chilisoße und Salz verrühren. Gurken abspülen und trocken tupfen. Mit Mangostücken, dünnen Zwiebelringen und 2 EL Joghurtsoße vermischen. Putensteak im Kontaktgrill oder einer leicht gefetteten Grillpfanne von jeder Seite 2 Minuten braten. Herausnehmen, salzen und mit grob zerstoßenem Pfeffer bestreuen. Mit Salat, Chicorée und restlicher Joghurtsoße anrichten.

Dazu: 1 Scheibe Vollkorntoast

Kasseler mit Kürbis

[1 Portion, ca. 450 kcal, 15 g Fett]

Zutaten: *3 Lauchzwiebeln, 2–3 EL Mineralwasser, 120 g Kasselerkotelett ohne Knochen, 1 TL Olivenöl, 1 Fleischtomate, gerebelter Oregano, Edelsüß-Paprika, 3 EL süßsaurer Kürbis und 2–3 EL Kürbiswasser (Glas), 180 g weiße Bohnen in Tomatensoße (Glas oder Dose)*

Lauchzwiebeln in 2 cm lange Stücke schneiden. Eine beschichtete Pfanne erhitzen. Mineralwasser zugeben, Kotelett in die Pfanne legen und 2 Minuten braten. Öl, Lauchzwiebeln und Tomatenhälften zugeben. Kotelett umdrehen, mit Gewürzen bestreuen und weitere 2 Minuten braten. Tomaten herausnehmen. Kürbis und Kürbiswasser mit den Lauchzwiebeln in der Pfanne verrühren und alles zugedeckt 1–2 Minuten garen. Bohnen im Topf oder in der Mikrowelle erhitzen. Kotelett mit Bohnen, Tomatenhälften und Kürbisgemüse anrichten.

Schinken-Paprika-Topf

[1 Portion, ca. 340 kcal, 16 g Fett]

Zutaten: *1 rote Paprikaschote, 100 ml klare Hühnerbouillon, 1 EL Orangenmarmelade oder 1 TL Honig, 2 TL Olivenöl, 1 TL getrockneter Oregano, 100 g TK-Grüne Bohnen, 50 g gekochter Schinken oder Grillschinken, 1 EL Ajvar (Paprikapaste), Salz, schwarzer Pfeffer, 1–2 TL weißer Balsamessig*

Paprika entkernen und achteln. Brühe, Orangenmarmelade, Öl und Oregano aufkochen. Paprika und Bohnen zugeben und zugedeckt 8–10 Minten bei mittlerer Hitze dünsten. Schinkenscheiben aufrollen. Ajvar unter das Gemüse mischen und mit Salz, Pfeffer und Essig abschmecken. Zusammen mit den Schinkenröllchen anrichten.

Dazu: 20 g fettreduzierte Kartoffelchips

Süßsaurer Reis mit Seelachs

[1 Portion, ca. 515 kcal, 14 g Fett]

Zutaten: *100 g Seelachsfilet (frisch oder TK), Salz, 3–4 EL Zitronensaft, 1 EL süße Chilisoße, 1 TL Senfkörner, ½ Porreestange (75 g), 2 TL Rapsöl, 1 Dose Erbsen-Mais-Gemüse (140 g), 1 Paket vorgegarter Naturreis (125 g), weißer Pfeffer*

Fisch salzen. 2 EL Zitronensaft, Chilisoße und Senfkörner verrühren und auf das Fischfilet streichen. Porree in 2 cm dicke Ringe schneiden und in einer beschichteten Pfanne in Öl etwa 2 Minuten andünsten. Fisch, Marinade und 2 EL Wasser zugeben, 2 Minuten zugedeckt dünsten. In der Pfanne den Fisch zur Seite schieben, Gemüse, Reis und restlichen Zitronensaft zugeben und mit Porree vermischen. Weitere 3–4 Minuten zugedeckt dünsten. Reis mit Salz und Pfeffer abschmecken und mit Fisch anrichten.

Heilbutt auf Bohnen

[1 Portion, ca. 395 kcal, 10 g Fett]

Zutaten: *150 g Heilbuttfilet, Salz, schwarzer Pfeffer, 1 Scheibe Parmaschinken (10 g), ½ EL Olivenöl, 2–3 Lauchzwiebeln, 1 Knoblauchzehe, ⅛ l alkoholfreier Wein oder Gemüsebrühe, ½ Tetrapak weiße Bohnen (115 g), 50 g Cocktailtomaten, ½ TL italienische Kräutermischung*

Heilbutt längs teilen. Salzen, pfeffern und mit Schinkenstreifen umwickeln. Zuerst Öl, Fisch, Lauchzwiebeln und zerdrückten Knoblauch in eine heiße beschichtete Pfanne geben. 1 Minute anbraten. Fisch wenden und in der Pfanne zur Seite schieben. Wein, Bohnen, Tomaten und Kräutermischung zugeben und zugedeckt 4–5 Minuten garen. Gemüse salzen, pfeffern und zum Fisch anrichten.

Dazu: 1 Scheibe Vollkorntoast

Fenchel-Garnelen-Pfanne

[1 Portion, ca. 415 kcal, 13 g Fett]

Zutaten: *1 rote Zwiebel, 1 Fenchelknolle (150 g), 2 TL Sonnenblumenkerne, ½ EL Rapsöl, Salz, Pfeffer, etwas Zitronensaft, 1 Saftorange, 1 Scheibe Grahambrot (50 g), 1 Apfel (100 g), 3–4 Dillstängel, 2 EL Kräuterquark (2,4 % Fett), 50 g Nordsee-Garnelen*

Zwiebel und Fenchel fein hacken und mit Sonnenblumenkernen in Öl andünsten. Salzen und pfeffern. Zitronen- und Orangensaft zugeben und 5 Minuten bei mittlerer Hitze zugedeckt dünsten. Brot toasten und würfeln. Apfel klein schneiden. Dillspitzen, Apfel und Brot unter das Gemüse mischen. Mit Kräuterquark und Garnelen anrichten. Oder das Brot toasten und so dazu essen.

Erbsencreme mit Forelle

[1 Portion, ca. 450 kcal, 12 g Fett]

Zutaten: *200 g TK-Erbsen, 200 ml Gemüsebrühe, 3 Thymianstängel oder ¼ TL getrockneter Thymian, ½ gelbe Paprikaschote (100 g), ½ EL Rapskernöl, 2–3 TL Weißweinessig, 1 TL flüssiger Honig, 50 ml Milch (1,5 % Fett), 2 geräucherte Forellenfilets (125 g), Salz, weißer Pfeffer*

Erbsen, heiße Brühe und Thymianblättchen 8 Minuten zugedeckt garen. Inzwischen dünne Paprikastreifen in Öl andünsten. 1 TL Essig und Honig zugeben und zugedeckt 2-4 Minuten garen. Erbsen, Milch und etwa die Hälfte des Fischs pürieren und mit restlichem Essig, Salz und Pfeffer abschmecken. Erbsencreme mit Paprika und restlichem Fisch anrichten.

Mini-Klöße mit Peperonata

[1 Portion, ca. 340 kcal, 14 g Fett]

Zutaten:

Salz, 5 halbfertige Mini-Kartoffelklöße (75 g),
300 g bunte Paprikaschoten,
1 Zwiebel, 2 Knoblauchzehen,
4–5 Salbeiblättchen,
2 TL Olivenöl,
100 g Tomaten,
1 EL Weißweinessig,
1 EL Tomatenketchup,
1 EL Kapern, Zucker, Pfeffer

In einem kleinen Topf etwa einen halben Liter heißes Salzwasser aufkochen und Klöße nach Packungsanweisung zubereiten. Inzwischen Paprika, Zwiebel, Knoblauch und Salbei in feine Streifen oder Scheiben schneiden und in Olivenöl andünsten. Tomatenwürfel, 1–2 EL Kochwasser, Essig, Ketchup, Kapern und 1–2 Prisen Zucker zugeben und 5 Minuten zugedeckt kochen. Dann weitere 3–4 Minuten offen einkochen. Mit Salz und Pfeffer abschmecken und zu den Klößen anrichten.

Tipp: Restliche Klöße für »Mini-Klöße mit Kompott« (Seite 154) verwenden.

Kaviar- und Kresse-Ei

Die Rezepte finden Sie auf Seite 109.

Snacks für alle Fälle

Für nachmittags, abends oder als Betthupferl; allein oder zu zweit – Hauptsache, köstlich!

Gefüllte Peppadews

[1 Portion, ca. 85 kcal, 3 g Fett]

Zutaten: *3 eingelegte Mini-Paprika (Peppadews) oder frische, ausgehöhlte Cocktailtomaten, 30–40 g Kräuter-Frischkäse (8 % Fett)*

Die Mini-Paprika abtropfen lassen und mit dem Kräuter-Frischkäse füllen.

Tipp: Peppadews, pikant-süße Mini-Paprika, gibt es im Glas oder lose an der Gemüsetheke.

Feta mit Papaya

[1 Portion, ca. 80 kcal, 3 g Fett]

Zutaten: *30 g Schafkäse (9,5 % Fett), 10–15 g getrocknete Papayastücke (Reformhaus)*

Schafkäse in kleine mundgerechte Würfel schneiden, mit Papayastücken servieren.

Surimi mit Dip

[1 Portion, ca. 85 kcal, 3 g Fett]

Zutaten: *1 EL Salatcreme (15 % Fett), 1 TL Tomatenketchup, 50 g Surimi-Sticks (Krebsfleischimitat)*

Salatcreme und Ketchup verrühren und mit Surimistangen anrichten.

Rote Bete mit Kaviar

[1 Portion, ca. 80 kcal, 2 g Fett]

Zutaten: *75 g gegarte Rote Bete, 1 EL Salatcreme (15 % Fett), 1 EL Joghurt (0,1 % Fett), 1 TL Forellen-Kaviar, Schnittlauch*

Rote Bete in dünne Scheiben schneiden. Salatcreme, Joghurt und Kaviar verrühren. Mit Roter Bete anrichten und mit Schnittlauchröllchen bestreuen.

Tipp: Rote Bete gibt es im Glas oder vakuumverpackt im Gemüseregal.

Götterspeise

[2 Portionen, pro Port. ca. 100 kcal, 0 g Fett]

Zutaten: *250 ml Multivitaminsaft, 1 Tütchen »Gelatinefix«, 4 EL Naturjoghurt (0,1 % Fett), 1 TL Vanillezucker*

Multivitaminsaft und Gelatine mindestens 1 Minute verrühren und in Gläser füllen. Joghurt und Vanillezucker verrühren und auf die Gläser verteilen.

Tipp: Die Götterspeise (ohne Joghurt) hält sich im Kühlschrank 2–3 Tage.

Kiwi-Trifle

[1 Portion, ca. 190 kcal, 4 g Fett]

Zutaten: *1 Becher Ananas-Joghurt (0,1 % Fett), 1 Kiwi, 3–4 Dinkel-Schokokekse*

Joghurt mit klein geschnittener Kiwi verrühren, mit zerkrümelten Keksen bestreuen.

Grapefruit-Kompott

[1 Portion, ca. 105 kcal, 1 g Fett]

Zutaten: *1 rosa Grapefruit, 2 EL Soja-Vanillecreme*

Eine halbe Grapefruit auspressen und mit der Soja-Vanille-Creme verrühren. Restliche Grapefruit dick schälen, in Stücke schneiden und mit der Vanillecreme anrichten.

Snacks

Paprikaquark

[1 Portion ca. 115 kcal, 3 g Fett]

Zutaten: *100 g Magerquark, ½ TL Sonnenblumen- oder Rapsöl, 1 TL Gurkenwasser, 1 kleine Gewürzgurke, Kräutersalz, Edelsüß-Paprika, ½ Paprikaschote*

Quark, Öl und Gurkenwasser cremig rühren. Fein gewürfelte Gurke unterrühren und mit Kräutersalz und Paprika abschmecken. Paprikastreifen mit dem Quark anrichten.

Spargel mit Creme

[1 Portion, ca. 135 kcal, 3 g Fett]

Zutaten: *60 g gekochter Spargel (frisch gekocht oder Dose), 20 g Salatcreme (15 % Fett)*

Spargelstangen in mundgerechte Stücke schneiden und mit der Salatcreme anrichten.

Garnelenspieße

[1 Portion, ca. 40 kcal, 1 g Fett]

Zutaten: *3 Tiefsee-Garnelen (30 g), 3 Cocktailtomaten, Basilikumblättchen*

Je eine Garnele, Cocktailtomate und ein Basilikumblatt auf Holzspieße stecken.

Gebratene Ananas

[1 Portion, ca. 150 kcal, 2 g Fett]

Zutaten: *2 Scheiben frische Ananas (100 g), 1 EL Zitronensaft, 1 TL Roh-Rohrzucker, 100 ml Naturjoghurt (0,1 % Fett), 1 TL Agavensirup, gemahlener Zimt*

Ananasscheiben mit Zitronensaft beträufeln, mit Zucker bestreuen. In einer beschichteten Pfanne von jeder Seite 3 Minuten braten. Joghurt, Sirup und Zimt verrühren und zur Ananas anrichten.

Ananascracker

[1 Portion, ca. 155 kcal, 3 g Fett]

Zutaten: *1 Scheibe frische Ananas (40–50 g), 4–6 Mini-Reiscracker, 30 g Kräuter-Frischkäse (8 g Fett)*

Die Ananas in kleine Stücke schneiden, zum Anrichten die Cracker mit Frischkäse bestreichen und anschließend mit der Ananas belegen. Restliche Ananas dazu essen.

Pikante Möhren

[1 Portion, ca. 125 kcal, 3 g Fett]

Zutaten: *1 große Möhre, ½ Apfel, 1 Lauchzwiebel, ½ TL Öl, 1 Saftorange, 1 EL süße Chilisoße, Salz*

Möhre schälen. Apfel entkernen. Beides fein hobeln. Lauchzwiebel putzen und in feine Ringe schneiden. Öl, Orangensaft, Chilisoße und eine Prise Salz verrühren. Alles miteinander vermengen.

Süße Möhren

[1 Portion, ca. 110 kcal, 3 g Fett]

Zutaten: *1 Möhre, ½ Apfel, ½ TL Öl, 2–3 EL Naturjoghurt (0,1 % Fett), ½ Zitrone, 1 TL Apfel- oder Birnendicksaft, 1–2 Prisen gemahlener Zimt*

Möhre schälen. Apfel entkernen. Beides fein hobeln. Öl, Joghurt, Zitronensaft und Dicksaft verrühren und mit Apfel und Möhre vermengen. Rohkost mit Zimt abschmecken und sofort anrichten.

Melone mit Frischkäse

[1 Portion, ca. 105 kcal, 1 g Fett]

Zutaten: *100 g körniger Frischkäse (0,8 % Fett), 100 g Netz- oder Cantaloupe-Melonenfruchtfleisch, einige Minzeblättchen, ½ Limette*

Frischkäse mit Melonenbällchen oder kleinen Melonenwürfeln und Minzeblättchen anrichten und mit einigen Spritzern Limettensaft beträufeln.

Papaya mit Garnelen

[1 Portion, ca. 65 kcal, 1 g Fett]

Zutaten: *100 g Papayafruchtfleisch, 4–5 Eismeer-Garnelen, ½ Limette, evtl. rosa Pfeffer*

Papaya in mundgerechte Stücke schneiden, mit Garnelen anrichten und mit Limettensaft beträufeln. Eventuell mit grob zerstoßenem Pfeffer bestreuen.

Snacks

Frischkäse-Schiffchen

[1 Portion, ca. 120 kcal, 3 g Fett]

Zutaten: *80 g körniger Frischkäse (0,8 % Fett), 1 TL Pinienkerne, 3 Chicoréeblätter, 1 TL Ahornsirup, weißer Pfeffer*

Frischkäse und grob gehackte Pinienkerne auf die Chicoréeblätter verteilen, mit Sirup beträufeln und mit Pfeffer bestreuen.

Papaya-Snack

[1 Portion, ca. 105 kcal, 1 g Fett]

Zutaten: *½ Papaya, 1 Handvoll Caribic-Trockenfrüchte-Mix oder andere kalorienarme Trockenfruchtmischungen*

Papaya schälen, entkernen und das Fruchtfleisch eventuell in mundgerechte Stücke schneiden. Zusammen mit Trockenfrüchten anrichten

Birne mit Walnuss

[1 Portion, ca. 110 kcal, 5 g Fett]

Zutaten: *½ Birne (100 g), 2 TL Kräuter-Frischkäse (8 % Fett), 2 Walnusskerne, Korianderkörner oder Pfeffer*

Birnenhälfte halbieren, Kerngehäuse entfernen. Birnenviertel mit Frischkäse und Nüssen servieren. Mit grob zerstoßenem Koriander bestreuen.

Joghurt-Eis

[1 Portion, ca. 95 kcal, 2 g Fett]

Zutaten: *1 Kugel »Joghurt-Lemon-Apfel-Eis« oder »Buttermilch-Pfirsich-Eis« (mit weniger als 3 % Fett; 60 g), Zitronenmelisse*

Eiskugel mit Zitronenmelisseblättchen anrichten.

Fitnessdrink

[1 Portion, ca. 90 kcal, 0 g Fett]

Zutaten: *1 Fläschchen probiotischer Joghurtdrink (0,1 % Fett; 100 ml), 100 ml Orangensaft, 60 g Bio-Erdbeeren*

Joghurtdrink mit Orangensaft verrühren, dazu 60 g Bio-Erdbeeren essen.

Tipp: Zur Erdbeersaison können Sie heimische Ware nehmen.

Spieß-Burger

[1 Portion, ca. 80 kcal, 3 g Fett]

Zutaten: *2 vegetarische Mini-Frikadellen (40 g; Reformhaus), 1 EL süße Chilisoße*

Mini-Frikadellen halbieren, Hälften auf einen Holzspieß stecken und mit der Chilisoße servieren.

Tomatensuppe

[1 Portion, ca. 95 kcal, 3 g Fett]

Zutaten: *1 Tüte Sonnentomatensuppe mit 80 % Gemüse, 1 EL Frischkäse (8 % Fett), Basilikumblättchen*

Suppe nach Packungsanweisung zubereiten. Frischkäse zugeben und die Suppe mit Basilikumblättchen bestreuen.

Naschwerk

[1 Portion, ca. 120 kcal, 0 g Fett]

Zutaten: *20 g getrocknete Papayastücke, 15 g getrocknete Ananasstücke, 10 g gesüßte Getreidepops (z. B. Dinkel-Pops)*

Die Papaya- und Ananasstücke klein schneiden und mit den gesüßten Getreidepops mischen.

Tipp: Trockenfrüchte sind – in Maßen – für den kleinen Süßhunger ideal, weil sie nicht nur fruchtig-süß schmecken, sondern auch noch viele satt machende Ballaststoffe enthalten, die den Darm in Schwung bringen.

Beef-Torte

[1 Portion, ca. 60 kcal, 2 g Fett]

Zutaten: *30 g Corned-Beef, 40 g Mini-Salatgurke, 2 Kapstachelbeeren*

Corned-Beef in 2 Stücke schneiden, mit Salatgurkenscheiben und Kapstachelbeeren anrichten.

Käse-Taler

[1 Portion, ca. 80 kcal, 3 g Fett]

Zutaten: *1 Schmelzkäse-Ecke (10 % Fett; 25 g), 2–4 Gurkenscheiben, 2 Party-Vollkorntaler*

Schmelzkäse-Ecke halbieren und mit Gurkenscheiben auf die Party-Vollkorntaler geben.

Weichkäse mit Feige

[1 Portion, ca. 120 kcal, 4 g Fett]

Zutaten: *1 Feige (75 g), 30 g Weichkäse (12 % Fett), 2 Reiscracker, bunter Pfeffer*

Feige abspülen, trocken tupfen und vierteln. Mit Weichkäse und Reiscrackern anrichten und mit Pfeffer bestreuen.

Kresse-Ei (Foto Seite 98/99)

[1 Portion, ca. 65 kcal, 3 g Fett]

Zutaten: *½ hart gekochtes Ei (Größe M), 1 EL Tomatensalsa oder -ketchup, Kresse, Tabasco*

Eihälfte mit Tomatensalsa und Kresse auf einem Löffel anrichten und mit Tabasco würzen.

Kaviar-Ei (Foto Seite 98/99)

[1 Portion, ca. 65 kcal, 4 g Fett]

Zutaten: *½ hart gekochtes Ei (Größe M), 1 EL Forellen-Kaviar oder Kaviarersatz (Dorsch), 1 Dillzweig*

Eihälfte mit Kaviar und Dill auf einem Löffel anrichten.

»Zwischen Gewicht und Verzicht«

Abnehmen ist eine Frage der Vernunft – und der Eitelkeit. Dass 15 Kilogramm Übergewicht nicht mehr gesund sind, leuchtet zwar ein, hindert aber nicht daran, munter weiterzufuttern. Todsicher motivieren kann allein die Demütigung durch den Vergleich: zum Beispiel der regelmäßige Auftritt im Fitness-Studio – oder die wöchentliche Veröffentlichung des eigenen Gewichts im Internet.

Fr, 28. April, 7:20 **Katharina**	**Betreff: Applaus bitte** Guten Morgen! Es ist sieben Uhr zwanzig, und ich war schon laufen. Den Wecker hatte ich mit Sicherheitsabstand auf der Kommode platziert, aushauen und weiterpennen war also nicht, und tatsächlich bin ich um 6.15 Uhr aufgestanden und habe eine halbe Runde um den See geschafft. Den Rest bin ich in der Morgenluft spaziert. Herrlich! Eure stolze Katharina
Fr, 28. April, 9:11 **Julia**	**Betreff: Achtung, Wiegetag!** Nicht schlecht, liebe Katharina! Aber was uns viel mehr interessiert: Wie war dein Date? Und wie viel wiegst du heute? Meine Waage zeigt 82 Kilo an. Julia
Fr, 28. April, 9:30 **Katharina**	**Betreff: Macht Liebe schlank?** Meine Waage spinnt. Nur 72,5 Kilo!! Dabei war ich doch total inkonsequent. Na ja, so ist das wohl, wenn man verliebt ist. Der Abend beim Italiener mit Andreas war perfekt. Wir haben viel gegessen und viel gelacht. Er hat dann vorgeschlagen, dass wir mal zusammen kochen. Ist doch komisch, da gängelt man sich mit einer Diät, in der Hoffnung, mit seiner Traumfigur einen attraktiven Typen abzuschleppen und kaum trifft man ihn, kostet jedes Date mindestens 1000 dicke Kalorien extra. Ich habe drei Gegenvorschläge gemacht – schließlich können Frischverliebte ja auch andere Dinge unternehmen außer essen. Keine Chance, der Mann will unbedingt kochen! Katharina, um ein Kilo leichter, aber schwer verliebt …
Fr, 28. April, 22:01 **Sonja**	**Betreff: Wahnsinn!** Liebe Julia, liebe Katharina,ihr werdet lachen: bin aus den Staaten zurück und habe tatsächlich 1,5 Kilo abgenommen. Wahnsinn, oder? Sonja

So, 30. April, 15:38 | **Betreff: Lieblingsrezept**

Katharina

Hallo ihr Lieben, war gestern bei Andreas kochen und habe einfach ein Rezept aus einem Diätbuch per Hand abgeschrieben und als mein Lieblingsrezept deklariert. War ja nicht gelogen, war ja für meinen Liebling … Katharina

Mo, 1. Mai, 20:18 | **Betreff: Bequeme Weite**

Julia

Hallo, ich habe mir Samstag neue Sportklamotten gekauft. Eine gelbes T-Shirt und eine hellblaue Hose, die die Verkäuferin »Yoga-Pants« nannte. »Schön weit und bequem«, sagte sie mit Blick auf meine Oberschenkel. Jetzt besitze ich ungefähr das gleiche Outfit, das Cindy Crawford auf dem Video mit Rückbildungsgymnastik trägt. Das habe ich mir vor Jahren gekauft, um es doch nur ins Regal zu stellen. Tja, es gibt wohl kaum jemanden, der so unsportlich ist wie ich. Aber ihr seht, ich bin hoch motiviert und habe mich zur Probestunde im Fitness-Studio angemeldet. Werde Euch dann berichten, Eure Julia

Di, 2. Mai, 11:55 | **Betreff: Jetzt kommt die Kantinen-Offensive**

Sonja

Hallo, diese Woche bin ich im Büro und kann regelmäßig in der Kantine essen. Viel Reis, Gemüse, Fisch habe ich mir vorgenommen. Und mit Sport habe ich auch schon angefangen: stehen statt sitzen, Treppe statt Fahrstuhl, Fahrrad statt Bus. So einfach geht das. Lieben Gruß, Sonja

Mi, 3. Mai, 23:05 | **Betreff: Und die Bewegungs-Offensive!**

Katharina

Ganz genau, Sonja! Bewegung im Alltag ist die Lösung. Habe sogar mein altes Hollandrad wieder flott gemacht. Katharina

Do, 4. Mai, 19:10 | **Betreff: Nacktschnecke**

Julia

Ich weiß, es ist ungerecht, aber Frauen mit einem BMI unter 18 kann ich im Moment einfach nicht ertragen – erst recht nicht, wenn sie auch noch bauchfreie Gymnastiktops tragen. War gestern im Fitness-Studio und fühlte mich dabei wie eine fette Nacktschnecke zwischen lauter Grashüpfern. Diese Damen da scheinen den ganzen Tag nichts anderes zu machen, als auf dem Laufband Langstrecken zu absolvieren oder auf dieser Treppensimulationsmaschine, dem Stairmaster, mehrfach den Eiffelturm zu Fuß zu erklimmen. Sorry, das ist kein Sport, das ist einfach nur bekloppt und darum absolut nicht das Richtige für mich. Es grüßt euch Julia

Roastbeef auf Birnensalat

Das Rezept finden Sie auf der übernächsten Seite.

Salate – knackig, köstlich, raffiniert

Damit kann die Küche mal kalt bleiben. Denn diese Salate sind super Joker – sie passen mittags oder abends.

Roastbeef auf Birnensalat

(Foto Seite 112/113)

[2 Portionen, pro Port. ca. 300 kcal, 12 g Fett]

Zutaten: *1 TL Pinienkerne, 2 Lauchzwiebeln, 5 weiche getrocknete Tomaten, 2 EL geriebener Parmesankäse, 3 TL Olivenöl, Salz, schwarzer Pfeffer, 100 g Roastbeef-Aufschnitt, 1 reife Birne (z. B. Gute Luise oder Abate), 80 g gemischter Blattsalat, 2 EL Balsamessig, 3 EL Gemüsebrühe*

Pinienkerne, Lauchzwiebeln und Tomaten fein hacken. Mit Käse und 2 TL Öl verrühren und mit Salz und Pfeffer abschmecken. Roastbeef, Birnenspalten oder -scheiben und Salat auf 2 Tellern anrichten. Balsamessig, Brühe, restliches Öl, Salz und Pfeffer verrühren und über den Salat träufeln. Mit der Tomatengremolata anrichten.
Dazu: 2 Scheiben Vollkornbrot (60 g)

Tomatensalat mit Senfdip (ohne Foto)

[1 Portion, ca. 65 kcal, 2 g Fett]

Zutaten: *1 EL Orangensaft, ½ TL Öl, ½ TL körniger Senf, Zucker, Salz, Pfeffer, 120 g Cocktailtomaten, 1 EL Lauchzwiebelringe, 3 eingelegte Peperoni*

Orangensaft, Öl, körniger Senf, 1 Prise Zucker, Salz, Pfeffer verrühren und mit halbierten Cocktailtomaten, Lauchzwiebelringen und Peperoni anrichten.

Grüner-Spargel-Salat mit Schinken

[2 Portionen, pro Port. ca. 335 kcal, 15 g Fett]

Zutaten: *2 EL Salatcreme (9 % Fett), 1 TL Nussöl, 1 Bio-Zitrone, Salz, Pfeffer, 400 g grüner Spargel, Zucker, 1 Bund Rauke (40 g), 1 rote Zwiebel, 200 g Melonenfruchtfleisch, ½ Avocado, 60 g gekochter Schinken oder Grillschinken, bunter Pfeffer*

Salatcreme, Öl, abgeriebene Zitronenschale und -saft, Salz und Pfeffer verrühren. Spargel schälen, in 3 cm lange Stücke schneiden und in siedendem Salz-Zucker-Wasser etwa 3 Minuten sprudelnd kochen. Abgießen und kalt abspülen. Rauke putzen. Zwiebel in hauchdünne Ringe, Melone und Avocado klein schneiden. Alle Zutaten mit der Soße mischen, in 2 Glasschalen füllen und mit gepfeffertem Schinken anrichten.
Dazu: 2 Scheiben Vollkorntoast à 30 g

Kichererbsen in Senf-Vinaigrette

[2 Portionen, pro Port. ca. 340 kcal, 12 g Fett]

Zutaten:

1 Dose Kichererbsen (240 g),
2 EL Sherryessig,
1–2 EL Apfelsaft,
1 EL körniger Dijon-Senf,
4 TL Olivenöl, Salz, Pfeffer,
2 EL TK-Italienische Kräuter,
1 rote Zwiebel, 2 Tomaten (250 g),
4–6 rohe Riesengarnelen oder Eismeer-Garnelen (ca. 100 g),
4 Salbeistängel, ½ Zitrone

Kichererbsen abtropfen lassen. Essig, Apfelsaft, Senf, 2 TL Öl, Salz und Pfeffer verrühren. Kichererbsen, Kräuter, fein geschnittene Zwiebelringe unterrühren. Tomaten in Scheiben schneiden. Garnelen in restlichem Öl mit Salbeiblättchen bei mittlerer Hitze unter Rühren garen. Etwas salzen und mit Zitronensaft würzen. Tomaten, Kichererbsen und Garnelen anrichten und mit Bratsud beträufeln.

Dazu: 2 Scheiben Knäckebrot

Tipp: Kichererbsen und Vinaigrette etwa 2 Stunden zugedeckt durchziehen lassen.

Arabischer Fenchelsalat

[2 Portionen, pro Port. ca. 395 kcal, 15 g Fett]

Zutaten: *2–3 Fenchelknollen (400 g), 1 TL Koriandersamen, 100 ml Orangensaft, 1 TL Olivenöl, Salz, ½ Römersalat, 3–4 Minzestängel, 2 hart gekochte Eier (Größe M), 100 g Weintrauben, 1 EL Haselnusskerne, 1–2 TL Akazienhonig, 4 EL Naturjoghurt (0,1 % Fett), ½–1 TL Harissa-Paste aus der Tube, Pfeffer, ¼ Zitrone, 1–2 TL Akazienhonig*

Fenchel klein schneiden. Koriander im Mörser zerstoßen. Mit Orangensaft, Öl, Salz und 2–3 EL Wasser aufkochen. Fenchel zugeben und 3–4 Minuten bei kleiner Hitze zugedeckt bissfest garen. Herausnehmen, Orangensud auffangen und etwas abkühlen lassen. Römersalat klein schneiden, Minzeblättchen abzupfen. Eier vierteln. Weintrauben halbieren. Nüsse hacken. Orangensud, Honig, Joghurt, Harissa verrühren und mit Salz, Pfeffer und etwas Zitronensaft abschmecken. Salatzutaten mischen und mit Salatsoße anrichten.

Dazu: 2 Scheiben Vollkorntoast à 30 g

Tomatensalat mit Frischkäse

[1 Portion, ca. 99 kcal, 5 g Fett]

Zutaten: *1 EL (15 g) Ziegenfrischkäse, 2 EL Naturjoghurt (0,1 % Fett), 1 EL Orangensaft, Salz, Cayennepfeffer, 150 g Tomaten, 1 TL Pinienkerne, etwas gerebeltes Basilikum*

Ziegenfrischkäse, Joghurt, 1 EL Orangensaft, Salz und Cayennepfeffer cremig rühren. Tomaten in Scheiben schneiden, mit Soße und Pinienkernen anrichten. Mit gerebeltem Basilikum bestreuen.

Küchentipps

Mehr Gesundheit, mehr Geschmack

Tomaten nicht häuten, da der rote Farbstoff Lykopin – ein Schutzstoff gegen freie Radikale – in hoher Konzentration in der Haut sitzt. Ideal im Winter: kanarische Freilandtomaten, sie enthalten dreimal mehr Lykopin als Tomaten aus dem Gewächshaus.

Limette oder Zitrone? Geschmacksache. Die grünen Exoten sind weniger sauer und aromatischer. Limetten vor dem Auspressen auf der Arbeitsfläche ein paar mal hin und her rollen. So zerspringen die Fruchtzellen, und die Saftausbeute – etwa 30–50 ml – ist größer.

Provenzalische Champignons

[2 Portionen, pro Port. ca. 325 kcal, 12 g Fett]

Zutaten: *1 EL körniger Senf, 2–3 TL Rotweinessig, Kräutersalz, Pfeffer, 4 TL Olivenöl, 150 g Cocktailtomaten, 1 Dose braune Bohnen (265 g), 6 Champignons à 60 g, 1 rote Zwiebel, 2 Knoblauchzehen, ½ Bund Petersilie, 2–3 Thymianstiele, 2 EL Semmelbrösel, etwas Öl für die Form, ¼ Zitrone, Salatblätter*

Senf, Essig, 1–2 EL Wasser, Salz, Pfeffer und 2 TL Öl verrühren. Halbierte Tomaten und abgetropfte Bohnen untermischen. Champignons putzen. Pilzstiele, Zwiebel, Knoblauch und Kräuter fein hacken (1 EL Kräuter beiseite stellen). Semmelbrösel zugeben und die Masse in restlichem Öl andünsten. Backofen auf 220 Grad, Umluft 200 Grad, Gas Stufe 5 vorheizen. Champignons in eine leicht geölte ofenfeste Form setzen, mit Salz, Pfeffer, Zitronensaft würzen. 5 Minuten im Ofen vorgaren. Mit der Pilzfarce füllen und 10–15 Minuten überbacken. Pilze auf Salatblätter setzen, Bohnen dazu anrichten, mit restlichen Kräutern bestreuen.
Dazu: 2 Scheiben Vollkorntoast à 30 g

Fruchtiger Reissalat

[1 Portion, ca. 280 kcal, 13 g Fett]

Zutaten: *60 ml Orangensaft, 1 TL Honig, 1-2 TL Apfelessig, Salz, Tabasco, 1 EL Sesamöl, ½ Papaya, 1–2 Lauchzwiebeln, 100 g Bio-Erdbeeren, 65 g vorgegarter Naturreis, 1 Handvoll Batavia-Salat, etwas Koriander*

Orangensaft, Honig, Apfelessig, Salz und Tabasco verrühren. Sesamöl unterrühren. Papaya würfeln. Lauchzwiebeln fein hacken. Erdbeeren halbieren. Vorbereitete Zutaten, Reis, Salatstreifen mit der Soße mischen, mit Korianderblättchen bestreuen.
Tipps: Bio-Erdbeeren sind kaum mit Pestiziden belastet. Konventionelle Erdbeeren kurz erst heiß, dann kalt abspülen. Für 2 Portionen Reissalat einfach die Zutaten verdoppeln.

Salate

Gemüse-Cocktail

[1 Portion, ca. 350 kcal, 11 g Fett]

Zutaten: *225 g gemischtes TK-Gemüse (z. B. Farmer-Gemüse), Salz, ½ Dose Thunfisch ohne Öl (ca. 65 g), 1 TL Olivenöl, 2 EL Salatcreme (16 % Fett), 2 EL Kapern, 2–3 EL Gemüsekochwasser, ½ Zitrone, Pfeffer, 1 Chicorée*

TK-Gemüse nach Packungsanweisung in Salzwasser garen. Abgießen und abkühlen lassen. Thunfisch, Olivenöl, Salatcreme, Kapern, 2–3 EL Gemüsekochwasser und den Saft ½ Zitrone pürieren, mit Salz und Pfeffer abschmecken. Gemüse und Soße mischen und mit Chicoréeblättern anrichten.

Dazu: 2 Scheiben Vollkorn-Baguette (25 g)

Spargel mit Minze-Limetten-Joghurt (ohne Foto)

[1 Portion, ca. 310 kcal, 11 g Fett]

Zutaten: *100 g Naturjoghurt (1,5 % Fett), 3–4 Minzestängel, Salz, 1 Limette, 400 g weißer Spargel, 2 TL Olivenöl, Pfeffer, 1 EL Orangenmarmelade*

Joghurt und fein gehackte Minze verrühren. Mit Salz, abgeriebener Limettenschale und etwas Limettensaft abschmecken. Spargel schälen, in mundgerechte Stücke schneiden und in Olivenöl ca. 4–7 Minuten unter Rühren braten. Salzen und pfeffern.
2 TL Limettensaft und Orangenmarmelade zugeben und den Spargel darin schwenken. Mit Joghurt und eventuell Minzeblättchen anrichten.
Dazu: 2 Scheiben Vollkorn-Baguette (25 g)

Zucchiniröllchen auf Salat (ohne Foto)

[1 Portion, ca. 290 kcal, 11 g Fett]

Zutaten: *1 Zucchini (200 g), 2 TL Olivenöl, Salz, Pfeffer, 1 EL Orangensaft, 50 g Parmaschinken, 50 getrocknete Aprikosen, 2 EL Naturjoghurt (0,1 % Fett), 1–2 TL Weißweinessig, Zucker, ein paar Blätter Batavia- oder Kopfsalat*

Zucchini längs in Streifen schneiden und in Olivenöl unter Rühren 3–4 Minuten braten. Salzen, pfeffern und mit Orangensaft beträufeln. Zucchinistreifen in Parmaschinkenscheiben einwickeln. Aprikosenstreifen kurz in der Pfanne schwenken. Joghurt, Weißweinessig, Salz, Pfeffer und 1 Prise Zucker verrühren. Schinkenröllchen und Aprikosenstreifen auf Salatblättern anrichten, mit Joghurtsoße beträufeln.

Paprikasalat mit Brunnenkresse

[1 Portion, ca. 250 kcal, 10 g Fett]

Zutaten: *1 Paprikaschote (250 g), 2 Selleriestangen, 4 grüne Oliven ohne Stein, 1 TL gehackte Nüsse, 1 EL Rosinen, ½ Bio-Zitrone, Pfeffer, 50 g Ziegenmilchjoghurt (4 % Fett; Reformhaus), 1 TL Olivenöl, Salz, 40 g Brunnenkresse*

Paprikaviertel etwa 20 Minuten auf Alufolie im vorgeheizten Backofen bei 220 Grad, Umluft 200 Grad, Gas Stufe 5 rösten. Herausnehmen, nass abdecken. Nach etwa 2 Minuten die Haut abziehen. Sellerie fein hacken. Oliven und Paprika in Streifen schneiden. Alles mit Nüssen, Rosinen, abgeriebener Zitronenschale und Pfeffer mischen. Joghurt, Zitronensaft und Öl verrühren. Mit Salz und Pfeffer abschmecken. Salat mit der Brunnenkresse anrichten und mit der Joghurtsoße beträufeln.
Tipp: Gleich mehrere Paprikaschoten im Ofen rösten und im Kühlschrank gut verpackt aufbewahren. Sie halten sich ca. 3 Tage.

Radieschensalat mit Kasseler

[1 Portion, ca. 255 kcal, 9 g Fett]

Zutaten: *4 EL Linsen (Dose), 50 g Mini-Gurke, 6 Radieschen, ½ Apfel, 1 Lauchzwiebel, 2 EL Naturjoghurt (0,1 % Fett), 2 TL Apfelsaft, 1 TL weißer Balsamessig, 1 EL Schnittlauchröllchen, Salz, Pfeffer, 1–2 TL Öl, 1 Handvoll Endivien-, Löwenzahn- oder anderer Blattsalat, 40 g Kasseler-Aufschnitt*

Linsen abspülen und abtropfen lassen. Gurke, Radieschen und Apfel in kleine Stücke, Lauchzwiebel in Ringe schneiden. Joghurt, Apfelsaft, Essig, Schnittlauch, Salz und Pfeffer verrühren. Öl mit einer Gabel unterschlagen. Mit den vorbereiteten Zutaten vermischen. Salat in mundgerechte Stücke zupfen. Alle Zutaten vermischen und mit den Aufschnitt-Scheiben anrichten.
Dazu: Restlichen Apfel und eine Scheibe Brot

Griechischer Pastasalat

[2 Portionen, pro Port. ca. 235 kcal, 10 g Fett]

Zutaten: *80 g Hartweizen-Penne-Nudeln, Salz, 125 g TK-Blattspinat, 150 g Kefir (1,5 % Fett), 1 EL Walnussöl, 2 Knoblauchzehen, ½ Bund Dill (frisch oder TK), ½ Zitrone, Pfeffer, 2 Tomaten, 1 rote Zwiebel, 40 g grüne Oliven ohne Stein, 1–2 EL Sultaninen*

Nudeln nach Packungsanweisung in Salzwasser kochen. Spinat die letzten 5 Minuten mitkochen. Nudeln und Spinat abgießen und abtropfen lassen. Kefir, Öl, zerdrückten Knoblauch, fein geschnittenen Dill, Zitronensaft, Salz und Pfeffer verrühren. Mit Tomatenscheiben, Zwiebelringen, halbierten Oliven, Sultaninen und Spinat-Nudeln vermischen. Mit Salz und Pfeffer abschmecken.
Tipp: Für Salat die Nudeln immer bissfest kochen. Nach dem Kochen kalt abspülen.

Farmersalat

[2 Portionen, pro Port. ca. 315 kcal, 11 g Fett]

Zutaten: *75 g Weizenkörner, Salz, 200 g Salatgurke, 3 Tomaten (150 g), 1 Möhre (100 g), 1 rote Zwiebel, 60 g fettreduzierte Salami (19 % Fett), 1 Zitrone, 2 EL gehackte Kräuter (z. B. Petersilie, Minze), 2 TL Rapskernöl, Salz, Pfeffer, etwas Gartenkresse*

Weizenkörner nach Packungsanweisung in Salzwasser garen. Gurke in dicke Stücke schneiden. Tomaten vierteln. Möhre grob raspeln. Zwiebel in feine Ringe und Salami in feine Streifen schneiden. Zitronensaft, Kräuter und Öl vermischen und mit Salz und Pfeffer abschmecken. Alles mit abgetropften Weizenkörnern vermischen und mit Kresse bestreuen.

Radieschen-Taboulé

[2 Portionen, pro Port. ca. 265 kcal, 11 g Fett]

Zutaten: *60 g Instant-Couscous, Salz, 75 g Ziegenfrischkäse (45 % Fett i. Tr.), 100 g Naturjoghurt (0,1 % Fett), Edelsüß-Paprika, weißer Pfeffer, 1 rote Zwiebel, 100 g Salatgurke, 6–7 Radieschen, ½ Bund Minze, 1 Zitrone, 2 TL Walnuss- oder Olivenöl, 2 Tomaten (150 g)*

Couscous nach Packungsanweisung mit 80 ml Salzwasser zubereiten. Ziegenkäse und Joghurt verrühren und mit Paprika und Pfeffer abschmecken. Zwiebel, Gurke, Radieschen und Minze fein hacken und mit Couscous, Zitronensaft und Öl vermischen. Taboulé und Tomatenscheiben anrichten und mit Joghurt beträufeln.

Hähnchen-Pfirsich-Salat

[2 Portionen, pro Port. ca. 340 kcal, 11 g Fett]

Zutaten: *100 g Buttermilch, 2 TL Rapsöl, ¼ TL gemahlener Ingwer, 2 TL Meerrettich (Glas), ½ Zitrone, ½ Zwiebel, Salz, Pfeffer, 1 Hähnchenbrustfilet ohne Haut (150 g), 2 reife Pfirsiche, 80 g gemischte Blattsalate, 1 EL Kürbiskerne*

Buttermilch, 1 TL Öl, Ingwer, Meerrettich, Zitronensaft, fein gehackte Zwiebel, Salz und Pfeffer verrühren. Hähnchenfilet in Streifen schneiden und im restlichen Öl etwa 3 Minuten unter Rühren braten. Salzen und pfeffern. Pfirsiche entsteinen, klein schneiden. Pfirsichstücke, Salat, Hähnchen und Soße anrichten und mit gehackten Kürbiskernen bestreuen. **Dazu:** 2 Scheiben Vollkornbrot (80 g) mit 30 g Meerrettich-Frischkäse (15 % Fett)

Birnensalat mit Schafkäse (ohne Foto)

[1 Portion, ca. 280 kcal, 9 g Fett]

Zutaten: *1 EL Sonnenblumenkerne, ½ Bio-Orange, 2 EL weißer Balsamessig, 1 Knoblauchzehe, Salz, grober Pfeffer, 3 TL Olivenöl, ½ Bund Basilikum, 1 rosa Grapefruit, 1 Birne, 1 gelbe Paprikaschote, 80 g Schafkäse (8 % Fett)*

Sonnenblumenkerne in einer Pfanne ohne Fett rösten. 2 dünne Streifen Orangenschale sehr fein hacken und mit Orangensaft, Balsamessig, zerdrücktem Knoblauch, Salz, Pfeffer und Öl verrühren. Basilikum in feine Stücke zupfen. ½ Grapefruit schälen, quer in Scheiben schneiden. Restliche Grapefruit auspressen und den Saft unter die Salatsoße rühren. Birnenspalten, Paprikaringe, Käsestückchen und Soße vermischen und mit Basilikum und Kernen bestreuen.

Salat »Chili con Carne« (ohne Foto)

[2 Portionen, pro Port. ca. 365 kcal, 12 g Fett]

Zutaten: *1 Päckchen Kidney-Bohnen (225 g), 100 g Beefsteakhack (Tatar), Cayennepfeffer, Oregano, Kumin (Kreuzkümmel), Salz, 2 Lauchzwiebeln, 40 g grüne Oliven ohne Stein, ½ Bund Koriander oder Petersilie, 2 Tomaten (100 g), 2 Limetten, 1 TL Ahornsirup, 2 TL natives Olivenöl, Pfeffer, 4 Sesam-Cracker*

Bohnen abtropfen. Hack in einer beschichteten Pfanne krümelig braun braten. Mit Gewürzen und Salz abschmecken. Lauchzwiebeln fein würfeln. Oliven halbieren. Koriander in feine Streifen schneiden. Tomaten fein würfeln. Tomaten, Limettensaft, Sirup, Öl, Salz und Pfeffer verrühren, mit übrigen Zutaten vermischen und mit Sesam-Cracker anrichten.

Rohkost, Garnelen und Avocadocreme

[2 Portionen, pro Port. ca. 335 kcal, 14 g Fett]

Zutaten:

200 g Möhren, 2–3 Selleriestangen (150 g), 1 Kohlrabi (250 g), 100 g Salatgurke, 6 gekochte Garnelenschwänze à 20 g, ½ Avocado, 1 Limette, 4 EL Magerquark, 3 TL geriebener Meerrettich (Glas), 1 TL Diät-Orangenmarmelade, 2 EL fein geschnittener Dill (frisch oder TK), Salz, Cayennepfeffer

Gemüse putzen, schälen, in 1 cm dicke und ca. 5 cm lange Stifte oder in etwas dickere Scheiben schneiden. Gemüsestücke und Garnelen auf einem Teller anrichten. Avocado und Limettensaft pürieren. Avocadomus, Quark, Meerrettich, etwas abgeriebene Limettenschale und Marmelade verrühren. Dill unterrühren und mit Salz und Cayennepfeffer abschmecken.
Dazu: 4 Vollkorn-Grissini

Abends bitte was Leichtes

Suppen, schnelle Gemüsegerichte, auch mal was Süßes, aber auf jeden Fall viele leckere Brote: Crostini, Tramezzini, Schnittchen, Toasties ...

Hähnchen-Trauben-Schmaus
Das Rezept finden Sie auf der nächsten Seite.

Morgens
Mittags
Blitzrezepte
Snacks
Salate
Abends
Familie
Desserts

Hähnchen-Trauben-Schmaus
(Foto Seite 124/125)

(Foto Seite 124/125)

[1 Portion, ca. 405 kcal, 11 g Fett]

Zutaten: *1 Hähnchenbrustfilet ohne Haut (120 g), Salz, Pfeffer, Kumin (Kreuzkümmel), Edelsüß-Paprika, Fett für die Pfanne, 1 Scheibe Vollkornbrot (50 g), 20 g Meerrettich-Frischkäse (15 % Fett), 1 Chicorée (125 g), 1 kleine Clementine, 6 Weintrauben, 1 TL Olivenöl, ½ Zitrone, etwas Gartenkresse*

Hähnchenfleisch salzen, pfeffern und mit Kumin und Paprika einreiben. Eine beschichtete Pfanne mit Öl einsprühen oder dünn einpinseln und erhitzen. Fleisch von beiden Seiten etwa 6 Minuten bei mittlerer Hitze braten. Herausnehmen, abkühlen lassen und schräg in Scheiben schneiden. Brot mit Frischkäse bestreichen und mit einigen Chicoréeblättern und den Fleischscheiben belegen. Restlichen Chicorée, Clementinenfilets und Weintrauben klein schneiden. Mit Olivenöl, Zitronensaft, Salz und Pfeffer vermischen und mit der Kresse zum belegten Brot anrichten.

Kleine Verführer – die müssen manchmal einfach sein

	kcal	Fett (g)
1 Stück Schokolade (6 g)	30	2
1 Raffaelo	60	5
1 Toffifee	45	3
1 Mini-Schokokuss (8 g)	35	3
1 Kinder-Überraschung	112	7
1 Gummibärchen (2 g)	7	0
1 Kartoffelchip	10	1
1 TL Erdnüsse (5 g)	30	2

Blumenkohl-Zitronen-Suppe

[2 Portionen, pro Port. ca. 375 kcal, 12 g Fett]

Zutaten: *400 g Blumenkohlröschen, 2 Möhren, 1 Porreestange, ¾ l Hühnerfond oder -bouillon, 2 Eier (Größe M), ¼ TL Speisestärke, ½ Zitrone, 1 Paket vorgegarter Naturreis (125 g), Salz, schwarzer Pfeffer, 100 g Krebsfleisch, Dill oder Zitronenmelisse*

Blumenkohlröschen, Möhrenscheiben und Porreeringe in Hühnerfond etwa 10–12 Minuten zugedeckt garen. Mit einer Schaumkelle 2 Kellen Gemüse herausfischen und zur Seite stellen. Restliche Suppe pürieren. Eier und Speisestärke verquirlen. Zitronensaft zugeben und nach und nach 3–5 EL heiße Suppe unterrühren. Ei-Mischung, Reis und das beiseite gestellte Gemüse in die Suppe geben, 2–3 Minuten stehen lassen, aber nicht kochen. Mit Salz und Pfeffer abschmecken. Krebsfleisch zufügen und die Suppe mit Dill bestreuen.

Chinesische Reissuppe

[2 Portionen, pro Port. ca. 245 kcal, 6 g Fett]

Zutaten: *3 Lauchzwiebeln, 20 g Ingwerknolle, 1 Knoblauchzehe, 60 g Natur- oder Vollkornreis, 1–2 Kardamomkapseln, 400 ml Gemüsebrühe, 2 EL Sojasoße, 200 g Gemüse (z. B. Möhren, Pilze, TK-Erbsen), 2 TL Balsamico-Essig, 1 EL geröstete Erdnüsse, 2 Scheiben Knäckebrot, 30 g gekochter Schinken oder Grillschinken, 1 große Tomate*

Das Weiße von den Lauchzwiebeln, Ingwer und Knoblauch fein hacken. Mit Reis, Kardamom, Brühe und Sojasoße aufkochen, dann 20 Minuten bei kleiner Hitze garen. Gemüse klein schneiden, zugeben und weitere 10 Minuten kochen. Mit Balsamico abschmecken, mit gehackten Nüssen und gehacktem Lauchgrün bestreuen. Knäckebrote mit Schinken und Tomate belegen und dazu anrichten.

Krautsuppe mit Garnelen

[1 Portion, ca. 150 kcal, 7 g Fett]

Zutaten: *150 g Frischkost-Sauerkraut, 20 g Ingwerknolle, 250 ml Tomatensaft, ½ TL gekörnte Hühnerbrühe, 1 EL Orangenmarmelade, 1 Messerspitze gemahlene Nelken, 2 EL saure Sahne, Salz, weißer Pfeffer, 4–5 Dillstängel, 50 g Nordsee-Garnelen*

Sauerkraut fein hacken. Ingwer schälen und fein hacken. Mit Tomatensaft, Brühe, Orangenmarmelade und Nelken aufkochen. 20 Minuten zugedeckt garen. Saure Sahne, 1 Prise Salz, Pfeffer und gehackten Dill verrühren. Die Suppe abschmecken. Mit Dillsahne und Garnelen anrichten.

Tipp: Statt Garnelen die gleiche Menge Putenaufschnitt mit Dill bestreuen, aufrollen und schräg in Scheiben schneiden.

Möhrencreme mit Putenbrust

[2 Portionen, pro Port. ca. 280 kcal, 4 g Fett]

Zutaten: *1 Dose Maiskörner (285 g), 200 g Möhren, ½ TL gemahlener Koriander, Cayennepfeffer, ½ l Hühnerbouillon, 2 EL Kartoffelpüreeflocken, Salz, 2 dicke Scheiben geräucherte Putenbrust (100 g), 6 Cocktailtomaten, 2 EL Schnittlauchröllchen*

Maiskörner mit der Flüssigkeit, Möhrenwürfel, Gewürze und Hühnerbouillon aufkochen und zugedeckt etwa 10 Minuten bei mittlerer Hitze kochen. Die Suppe pürieren, aufkochen und die Kartoffelflocken unterrühren. Mit Salz und Cayennepfeffer abschmecken. Putenaufschnitt würfeln und kurz in der Suppe erwärmen. Tomaten halbieren und mit klein geschnittenenem Schnittlauch zur Suppe geben. Mit etwas Cayennepfeffer bestreuen.
Dazu: 4 Scheiben Vollkorn-Ciabatta (etwa 50 g)

Griechische Tomatensuppe

[2 Portionen, pro Port. ca. 375 kcal, 11 g Fett]

Zutaten: *1 Gemüsezwiebel (350 g), 1–2 Selleriestangen, 2 TL Olivenöl, 1 Dose Pizzatomaten (400 g), ¼ l Gemüsebrühe, 1 Saftorange, Pfeffer, Salz, je 2–3 Thymian- und Petersilienstängel, 2–4 Scheiben Vollkorn-Fladenbrot (80 g), 50 g Schaf- oder Fetakäse (40 % Fett), 6–8 Kapernäpfel*

Gemüsezwiebel halbieren und in Ringe schneiden. Sellerie klein schneiden. Beides in Olivenöl andünsten. Tomaten, Brühe, Orangensaft, Gewürze, gehackte Kräuter (etwas Thymian beiseite legen) zugeben und zugedeckt 10–12 Minuten garen. Getoastetes Brot und Suppe auf zwei Teller verteilen. Schafkäse grob raffeln und mit etwas Selleriegrün, Kapernäpfeln und Thymianblättchen zur Suppe geben.

Zwiebelsuppe mit Ei

[2 Portionen, pro Port. ca. 295 kcal, 14 g Fett]

Zutaten:
15 g Ingwerknolle, 160 g Lauchzwiebeln, 2 EL Currypulver, 1 Knoblauchzehe, ½ EL Rapsöl, 1 Paket gehackte Tomaten (370 g), ¼ l Milch (1,5 % Fett), ⅛ l Gemüsebrühe, Salz, Tabasco, 2 hart gekochte Eier (Größe M), 1 EL Kürbiskerne

Ingwer fein würfeln. Lauchzwiebeln in Ringe schneiden. 1–2 EL Zwiebelringe zurückbehalten. Restliche Zwiebeln, Ingwer, Curry und zerdrückten Knoblauch in Öl andünsten. Tomaten, Milch und Brühe zugeben. Aufkochen und zugedeckt bei kleiner Hitze etwa 10 Minuten kochen. Die Suppe mit Salz und Tabasco scharf abschmecken. Eier fein hacken und kurz in der Suppe erwärmen. Grob gehackte Kürbiskerne in einer Pfanne ohne Fett rösten und mit restlichen Zwiebelringen über die Suppe streuen.

Dazu: Pro Portion ½ Scheibe Vollkornbrot

Forellensalat

[1 Portion, ca. 380 kcal, 10 g Fett]

Zutaten: *1 Selleriestange, 1 Minigurke, 1 rote Zwiebel, 4–6 Dillstängel, 1–2 geräucherte Forellenfilets (125 g), 4 Pimentkörner, ½ Zitrone, 1 TL Olivenöl, 3–4 EL Naturjoghurt (0,1 % Fett), Salz, Pfeffer, 2 frische Aprikosen, 2–3 Radieschen*

Sellerie, ½ Gurke und Zwiebel fein würfeln. Dill fein schneiden. Forellenfilet zerpflücken. Piment im Mörser grob zerstoßen. Zitronensaft, Olivenöl, Piment und Joghurt verrühren und mit den vorbereiteten Zutaten mischen. Mit Salz und Pfeffer abschmecken. Mit restlichen Gurkenscheiben, halbierten Aprikosen und Radieschenhälften anrichten.

Dazu: 2 Scheiben Knäckebrot (20 g)

Tomaten mit Schinkenquark

[1 Portion, ca. 325 kcal, 9 g Fett]

Zutaten: *2 Tomaten (200 g), 30 g Saftschinken, 1 Lauchzwiebel, 3–4 EL Magerquark, 1 TL kaltgepresstes Olivenöl, 2 TL gehackte Kräuter, 1 EL geriebener Käse, Edelsüß-Paprika, Pfeffer, Salz, 1 Vollkorn-Toastbrötchen*

Tomaten quer halbieren und entkernen. Tomatenkerne fein hacken und zur Seite stellen. Eine Tomatenhälfte, Schinken und Lauchzwiebel fein hacken. Mit Quark, ½ TL Öl, Kräutern und Käse verrühren, mit Paprika und Pfeffer würzen und in die Tomaten füllen. Tomaten in eine ofenfeste Form setzen, etwas Wasser zugeben und bei 200 Grad, Umluft 180 Grad, Gas Stufe 4 etwa 15 Minuten backen. Tomatenkerne, restliches Öl, Salz und Pfeffer verrühren. Brötchen toasten, damit bestreichen und zu den Tomaten anrichten.

Tipp: Die gefüllten Tomaten schmecken auch kalt sehr gut.

Lachs-Birnen-Timbale

[1 Portion, ca. 395 kcal, 9 g Fett]

Zutaten: *1 Lauchzwiebel, 1/2 Bund Dill, 1 Birne, 1/2 Zitrone, 50 g Räucherlachs, 1 TL Kapern, 3 EL Magerquark, Pfeffer, 1 Handvoll Salatblätter (z. B. Eichblatt- oder Eisbergsalat), 1 große Scheibe Vollkornbrot (60 g)*

Lauchzwiebel putzen, fein würfeln. Dill fein hacken. Birne vierteln, drei Viertel längs in Scheiben schneiden und mit etwas Zitronensaft beträufeln. Restliche Birne, Lachs und Kapern fein hacken. Mit Quark und etwas Zitronensaft verrühren und mit Pfeffer abschmecken. Lauchzwiebel und Dill unterrühren. Mit Salatblättern, Birnenscheiben und Vollkornbrot anrichten.

Tipp: Füllen Sie die Lachscreme in eine mit Frischhaltefolie ausgelegte Tasse und stürzen Sie sie auf einen Teller.

Tapas-Platte

[1 Portion, ca. 370 kcal, 10 g Fett]

Zutaten: *1–2 Lauchzwiebeln, 150 g Stangenbohnen, Salz, 1 Prise getrocknetes Bohnenkraut, 1/2 EL Olivenöl, 3 grüne Oliven ohne Stein, Pfeffer, 2–3 getrocknete Pflaumen, 2–3 Basilikumblätter, 1–2 Scheiben Serrano- oder Parmaschinken (25 g), 60 g Eismeer-Garnelen, 1/4 Orange, 120 g Wassermelone*

Lauchzwiebeln fein schneiden. Bohnen putzen, klein schneiden und in siedendem Salz-Bohnenkraut-Wasser 5–8 Minuten bissfest garen. Abgießen und kalt abspülen. Mit Olivenöl, 1 EL Lauchzwiebeln und Oliven mischen und mit Pfeffer würzen. Pflaumen und Basilikum in schmale Schinkenstreifen wickeln. Garnelen mit restlichen Lauchzwiebeln und Orangenscheiben mischen. Tapas auf einer Platte mit Melonenscheiben anrichten.

Tipp: Statt Wassermelone die restliche Orange dazu essen.

Garnierte Aufschnittplatte

[1 Portion, ca. 440 kcal, 7 g Fett]

Zutaten: *2 EL Magerquark, 1 TL Senf, Kräutersalz, Pfeffer, 70 g Vollkornbrot, 2 Scheiben Knäckebrot, 50 g Pute in Aspik, 25 g hauchdünner Pfeffer-Kernschinken, 30 g Hähnchen-Aufschnitt, 2 Cornichons, 2 Maiskölbchen, 1–2 Tomaten, 3 Radieschen*

Quark mit Senf, Kräutersalz und Pfeffer verrühren. Alle Zutaten auf einer Servierplatte mit Brot anrichten.

Dazu: Früchte-, Kräuter- oder grüner Tee

Tipp: Das Angebot an fettarmem Wurst- und Fleischaufschnitt wird immer größer. Achten Sie beim Kauf auf die Fettangabe auf der Verpackung.

Makrelen-Rillette

[1 Portion, ca. 315 kcal, 13 g Fett]

Zutaten: *ca. 65 g geräuchertes Makrelenfilet, 1 Zwiebel, 60 g Magerquark, 1 TL Senf, 1 TL schwarze Tapenade (Olivenmus; oder natives Olivenöl), 5–7 Basilikumblättchen, Salz, Pfeffer, etwas Zitronensaft, 150 g Tomaten, 1 Scheibe Vollkorn-Ciabatta (35 g)*

Die Haut der Makrele abziehen und restliche Gräten entfernen. Makrelenfilet grob zerkleinern. ½ Zwiebel fein würfeln. Fisch, Zwiebelwürfel, Quark, Senf, Tapenade und Basilikumblättchen pürieren. Rillette mit Salz, Pfeffer und Zitronensaft abschmecken. Restliche Zwiebel in feine Scheiben schneiden und mit Tomatenscheiben anrichten. Salzen und pfeffern. Ciabatta toasten und dazu anrichten.

Tipp: Machen Sie gleich die doppelte Portion Rillette. Es hält sich gut verschlossen 2–3 Tage im Kühlschrank.

Chicorée mit Ziegenkäse

[2 Portionen, pro Port. ca. 350 kcal, 11 g Fett]

Zutaten:
1 Bund Basilikum, 2–3 Zitronenthymianstängel, 1 EL Kapern, 250 g Magerquark, 100 g Ziegenfrischkäse (45 % Fett), 2 Knoblauchzehen, 1–2 Spritzer Zitronensaft, Salz, Pfeffer, 2 Chicorée (250 g), Edelsüß-Paprika, 6 Aprikosen

Kräuterblättchen, Kapern, Quark, Ziegenkäse und Knoblauch pürieren. Mit Zitronensaft, Salz und Pfeffer abschmecken. Käsecreme auf Chicoréeblätter verteilen und mit Paprika bestäuben.
Mit Aprikosenhälften anrichten und eventuell mit etwas Zitronenthymian garnieren.

Dazu: pro Person 2–3 Scheiben Vollkorn-Ciabatta oder -Baguette (40 g)

Tipp: Der angemachte Quark hält sich gut verschlossen mindestens 2 Tage im Kühlschrank.

Griechisches Gemüse

[1 Portion, ca. 335 kcal, 12 g Fett]

Zutaten:
100 g TK-Grüne Bohnen, Salz, 1 Zucchini (100 g), 2 Zwiebeln, 1 Knoblauchzehe, 2 TL Olivenöl, 2 EL Gemüsebrühe, 100 g Naturjoghurt (1,5 % Fett), 1 TL Waldhonig, 1 EL gehackte Kräuter (frisch oder TK), ½ Bio-Zitrone, 30 g fettreduzierter Schafkäse (9,5 % Fett), Kumin (Kreuzkümmel)

Bohnen nach Packungsanweisung in Salzwasser kochen. Kalt abspülen, abtropfen lassen. Dicke Zucchinischeiben, Zwiebelviertel und Knoblauchscheiben in Öl andünsten. Brühe zugeben und 4 Minuten zugedeckt garen. Bohnen unterrühren. Joghurt, Honig, Kräuter und Zitronensaft verrühren und mit Salz abschmecken.Käsestückchen, Gemüse und Joghurt anrichten und mit Kumin und abgeriebener Zitronenschale bestreuen.

Dazu: ½ Scheibe Vollkornbrot

Avocadobrot mit Krebsfleisch

[1 Portion, ca. 345 kcal, 18 g Fett]

Zutaten:

50 g Flusskrebsschwänze, ½ Avocado (75 g), 1 EL Kräuterquark (2,4 % Fett) oder Magerquark, 1 Prise Currypulver, Salz, Cayennepfeffer, etwas Zitronensaft, ½ rote Paprikaschote, 1 Scheibe Vollkornbrot (50 g), 1 Handvoll Daikon- oder Gartenkresse

Krebsfleisch grob hacken. Krebs- und Avocadofleisch, Quark und Curry verrühren. Mit Salz, Pfeffer und Zitronensaft abschmecken. Paprika fein würfeln. Brotscheibe eventuell toasten. Mit Avocadocreme bestreichen und mit Paprikawürfel und Kresse bestreuen.

Dazu: Früchtetee

Tipp: Flusskrebsschwänze gibt es mittlerweile auch im Supermarkt.

Käsetoasties mit Rohkost

[1 Portion, ca. 365 kcal, 13 g Fett]

Zutaten: *2 EL frisch geriebener Parmesankäse, 1 Knoblauchzehe, 1 EL »Cremefine zum Kochen« oder Milch (1,5 % Fett), 1 EL Senf, Tabasco, Worcestersoße, ½ Handvoll Rauke, 1 kleine Möhre, ½ Apfel, 1 Clementine, Kräutersalz, 1 Mehrkorn-Toastbrötchen (56 g)*

Käse, zerdrückten Knoblauch, Cremefine zum Kochen und Senf verrühren und mit Tabasco und Worcestersoße würzen. Rauke grob hacken und untermischen. Möhre und Apfel fein raspeln, mit Clementinensaft beträufeln und mit Kräutersalz abschmecken. Brötchenhälften mit Käsecreme bestreichen und kurz unterm Grill überbacken. Mit der Rohkost anrichten.

Dazu: evtl. 2–3 Kapstachelbeeren

Rührei auf Bohnen

[1 Portion, ca. 360 kcal, 11 g Fett]

Zutaten: *1 Ei (Größe M), 2 EL Milch (1,5 % Fett), 2 EL geriebener Käse, Salz, Tabasco, 100 g weiße Bohnen in Tomatensoße (Dose oder Glas), 1 Scheibe Vollkornbrot (50 g), Fett für die Pfanne, 100 g Zucchini, 2 Lauchzwiebeln, 1 eingelegte Peperoni, grober Pfeffer*

Ei, Milch, Käse, Salz und Tabasco verquirlen. Bohnen erhitzen. Brot toasten. Eine beschichtete Pfanne mit Öl einsprühen oder dünn einpinseln und erhitzen. Zucchinischeiben und Zwiebelröllchen unter Rühren und Schwenken 2 Minuten braten. Herausnehmen. Ei-Milch hineingeben und ein Rührei braten. Zucchinigemüse zufügen. Warme Bohnen auf dem Brot verteilen. Rührei und Peperoni darauf geben und mit Pfeffer bestreuen.

Tipp: Restliche weiße Bohnen in Tomatensoße in ein Schraubglas füllen. Sie halten sich 2–3 Tage im Kühlschrank.

Zwiebel-Frittata

[1 Portion, ca. 305 kcal, 10 g Fett]

Zutaten: *1 Ei (Größe M), 1 EL Milch, 1 EL Kapern, Salz, Pfeffer, 2 EL Mineralwasser, 3 Lauchzwiebeln, ½ TL Mehl, 2 Thymianstängel, 2 Tomaten, Öl zum Braten, 1 Scheibe Vollkornbrot (50 g)*

Ei, Milch, Kapern, Salz und Pfeffer verquirlen. Mineralwasser in einer kleinen beschichteten Pfanne aufkochen. Zwiebelringe, Mehl und Thymianblättchen zugeben, unter Rühren etwa 1 Minute dünsten. Zwiebeln herausnehmen, mit Ei-Milch und einer gehackten Tomate verrühren. Pfanne erhitzen, mit Öl einsprühen (Öl-Wasser-Pumpsprayer; siehe Seite 76) oder dünn einpinseln. Ei-Masse darin gleichmäßig verteilen. Bei kleiner Hitze zugedeckt stocken lassen. Frittata mit Brot und restlicher Tomate anrichten.

Tipp: Statt Lauchzwiebeln fein gehackte Paprika, Zucchini, Porree oder Champignons nehmen.

Schnittchen auf Senfmelone

[1 Portion, ca. 315 kcal, 12 g Fett]

Zutaten: *1 EL Orangensaft, 2 TL Sherryessig, 1 TL süßer Senf, 1 TL Rapskernöl (von Vitaquell), Salz, grober Pfeffer, 100 g Charentais- oder Galia-Melone, 4–5 Radieschen, 1 Scheibe Vollkornbrot (50 g), 50 g fettreduzierter Weichkäse (12 g Fett), 20 g hauchdünner roher Schinken, etwas Schnittlauch*

Orangensaft, Sherryessig, süßen Senf und Öl verrühren und mit Salz und Pfeffer abschmecken. Melone und Radieschen in Scheiben schneiden. Brot toasten und mit Käse und Schinken belegen. Melone, Brot und Radieschen auf einen Teller geben, mit Senfmarinade beträufeln und mit Schnittlauch bestreuen.

Champignon-Bruschetta

[1 Portion, ca. 330 kcal, 13 g Fett]

Zutaten:
60 g Champignons, 40 g fettreduzierter Mozzarellakäse (9 g Fett), ½ Apfel, 1 gegrillte Paprikaschote (siehe Rezept Seite 119 »Paprikasalat mit Brunnenkresse«), 1 TL Rapsöl, 2–3 Thymianstängel, Salz, Pfeffer, 1 große Scheibe Weizenvollkornbrot (60 g)

Champignons putzen und in dünne Scheiben schneiden. Abgetropften Mozzarella, Apfel und Paprika klein schneiden. Alles miteinander vermischen. Öl und Thymianblättchen unterrühren und mit Salz und Pfeffer würzen. Brot kurz toasten, mit Pilz-Käse-Mischung belegen und im vorgeheizten Backofen bei 220 Grad, Umluft 200 Grad, Gas Stufe 5 auf der untersten Schiene etwa 8–10 Minuten überbacken.

Dazu: Restlichen halben Apfel

Tipp: Statt Mozarella Schnittkäse (30 % Fett i. Tr.; z. B. Edamer, Cheddar, Butterkäse) nehmen.

Puten-Tramezzini

[2 Portionen, pro Port. ca. 200 kcal, 4 g Fett]

Zutaten: *3 EL Frischkäse (16 % Fett), 2 EL Magerquark, 1 TL scharfer Senf, 1/2 TL Madras-Curry, Kräutersalz, Pfeffer, 2 EL Mandarinenfilets (Dose), 1 Selleriestange, 4 Scheiben Vollkorntoast, 30 g Salatgurke, 80 g hauchdünner Putenaufschnitt*

Frischkäse, Quark, Senf, Gewürze verrühren und pikant abschmecken. Abgetropfte Mandarinen fein hacken. Sellerie eventuell schälen, fein hacken. Mit Käsecreme verrühren und die dünn ausgerollten Brotscheiben damit bestreichen. Zwei Brotscheiben mit dünnen Gurkenscheiben und Putenaufschnitt belegen. Mit restlichem Toast bedecken, etwas zusammendrücken und diagonal halbieren.

Dazu: Selleriestangen oder 2 Walnusskerne

Tipp: Zwei Tramezzini 1–2 Tage gut verpackt im Kühlschrank aufbewahren.

Käseschnitten mit Apfelspread

[1 Portion, ca. 405 kcal, 10 g Fett]

Zutaten: *2 EL Magerquark, 1/2 TL Honig, Salz, geschroteter grüner Pfeffer, 1 TL Apfelessig, 25 g weiche getrocknete Tomaten, 1 Lauchzwiebel, 1/2 Apfel, 3 Scheiben Bio-Ciabatta oder 1 Vollkornbrötchen (60 g), 30 g Leerdamer-Käse (32 % Fett i. Tr.), 2 Walnusskerne*

Quark, Honig, Salz, Pfeffer und Essig verrühren. Tomaten und Lauchzwiebel fein hacken. Apfel vierteln, fein raspeln und alles unter den Quark rühren. Ciabatta eventuell toasten. Mit Käsescheiben belegen und zum Apfelspread anrichten. Mit gehackten Walnüssen bestreuen.

Dazu: 100 g Rote Bete aus dem Glas

Rohkost mit Liptauer Dip (ohne Foto)

[1 Portion, ca. 325 kcal, 9 g Fett]

Zutaten: *1 Zwiebel, 50 g Harzer Käse, 100 g Magerquark, 1 TL Rapsöl, 2 TL Ajvar oder Paprikamark, 1 TL Kümmel, ½ TL Edelsüß-Paprika, Kräutersalz, Pfeffer, 100 g Salatgurke, 2 Tomaten, 4–5 Radieschen, ½ Scheibe Vollkornbrot*

Zwiebel und Käse fein hacken. Mit Quark, Öl, Paprikamark und Gewürzen verrühren und pikant abschmecken. Gemüse in mundgerechte Stücke schneiden. Gemüsestücke und Dip mit dem Brot anrichten.

Tipp: Für ein schnelles Mittagessen den Liptauer Dip mit Pellkartoffeln servieren.

Crêpes mit Papaya (ohne Foto)

[1 Portion, ca. 415 kcal, 10 g Fett]

Zutaten: *30 g Weizenmehl (Type 1050), 80 ml Milch (1,5 % Fett), Salz, 1 Prise Roh-Rohrzucker, 1 Ei, 2–3 EL Orangensaft, 1 TL Ahornsirup, ½ Papaya (150 g), 2 EL Rosinen oder getrocknete Cranberries, Öl zum Backen, 100 ml Naturjoghurt (0,1 % Fett), gemahlener Zimt*

Mehl, Milch, Salz und Zucker verrühren. 10 Minuten stehen lassen, dann das Ei unterrühren. Saft, Ahornsirup, Papayawürfel und Rosinen vermischen. Eine beschichtete Pfanne erhitzen, mit Öl aussprühen (Öl-Wasser-Pumpsprayer) oder dünn einpinseln und nacheinander bei großer Hitze 3–4 dünne Crêpes backen. Mit Papaya füllen, aufrollen. Joghurt mit Zimt bestreuen und dazu anrichten.

Räucherlachsbrot mit Apfel

[1 Portion, ca. 345 kcal, 12 g Fett]

Zutaten: *35 g Frischkäse (16 % Fett), 2 TL geriebener Meerrettich (Glas), 1–2 TL fein geschnittener Dill (frisch oder TK), Salz, weißer Pfeffer, ¼ Zitrone, 1 Scheibe Roggenvollkornbrot (50 g), 50 g Salatgurke, 50 g Räucherlachs in Scheiben, 1 Apfel (150 g)*

Frischkäse, Meerrettich und Dill verrühren und mit Salz, Pfeffer und Zitronensaft abschmecken. Brot damit bestreichen und mit Gurken- und Lachsscheiben belegen. Apfel vierteln, ¼ Apfel in feine Streifen schneiden und auf das Brot geben. Mit Zitronensaft beträufeln. Mit restlichen Apfelvierteln anrichten.

Salami-Rauke-Wraps

[1 Portion, ca. 385 kcal, 9 g Fett]

Zutaten:

1 Möhre, 1 Lauchzwiebel,
1 Tomate (70 g),
2 TL Ajvar (Paprikapaste),
2 TL Salatcreme (16 % Fett),
2 Weizen-Wraps (weiche Teigfladen),
1 Handvoll Rauke,
3 Scheiben Baguette-Salami (ca. 12 g)

Möhre fein raspeln. Lauchzwiebel und Tomate in Streifen schneiden. Ajvar und Salatcreme verrühren. Wraps nacheinander in einer Pfanne ohne Fett etwa 20 Sekunden erhitzen. Fladen mit der Creme bestreichen. Gemüse, Rauke und Salami in die Mitte geben. Wraps zuerst unten umklappen, dann von der Seite her aufrollen und mit einer Serviette umwickeln.

Tipp: Ajvar ist eine sauer-würzige Paprikapaste aus Südosteuropa. Statt Ajvar Paprikamark aus der Tube nehmen, verrührt mit etwas Zitronensaft und Ketchup. Ajvar gibt es im türkischen Lebensmittelhandel und mittlerweile in fast jedem Supermarkt.

Spinat-Lasagne
Das Rezept finden Sie
auf der übernächsten Seite.

Kinder, essen!

Oh, wie bequem. Der Backofen hat gekocht: Spinat-Lasagne, Tomaten-Quiche oder Kasseler mit Ananas. Leichte Gerichte, die der ganzen Familie schmecken (und guten Freunden auch).

Spinat-Lasagne (Foto Seite 142/143)

[4 Portionen, pro Port. ca. 390 kcal, 15 g Fett]

Zutaten: *2 Porreestangen, 1 Paket TK-Blattspinat (450 g), 2 Knoblauchzehen, 50 ml Gemüsebrühe, 375 g Magerquark, 1 EL Olivenöl, 2 Eier, 125 g geraffelter Gratin- oder Pizzakäse (22 g Fett), Salz, Pfeffer, gerebelter Thymian, Muskat, Fett für die Form, 10–12 Lasagneplatten, 1 Paket gehackte Tomaten (500 g)*

Porreeringe, TK-Spinat und zerdrückten Knoblauch in Gemüsebrühe 10 Minuten bei mittlerer Hitze zugedeckt dünsten. Quark, Öl, Eier und die Hälfte vom Käse verrühren, kräftig mit Gewürzen abschmecken und unter den Spinat mischen.
In eine dünn gefettete ofenfeste Form (Inhalt 1,2 Liter) zuerst eine Lage Teigplatten, dann abwechselnd Spinat, Tomaten und Teigplatten einschichten. Mit dem restlichen Käse bestreuen und im vorgeheizten Backofen bei 200 Grad, Umluft 180 Grad, Gas Stufe 4 etwa 25–30 Minuten garen.

Mediterrane Gemüse-Fisch-Pfanne

[4 Portionen, pro Port. ca. 325 kcal, 14 g Fett]

Zutaten: *½ Bio-Zitrone, 500 g Seelachsfilet, 500 g Möhren, 200 g Fenchel, 2 Zucchini, 1 Porreestange, 3–4 Tomaten, 2–3 Knoblauchzehen, 2 EL + 1 TL Olivenöl, 1 TL italienische Gewürzmischung, Salz, weißer Pfeffer, 200 ml Fischfond, 100 g Schafkäse (45 % Fett), Pulbiber*

Backofen auf 200 Grad, Umluft 180 Grad, Gas Stufe 4 vorheizen. Zitronenschale abreiben, Zitrone auspressen. Fischstücke mit Zitronensaft beträufeln. Möhren und Fenchel auf dem Gemüsehobel in hauchdünne Scheiben schneiden. Restliches Gemüse klein schneiden. Möhren, Fenchel und zerdrückten Knoblauch in 2 EL Olivenöl anbraten und etwa 3–5 Minuten zugedeckt dünsten. Restlichen Gemüse-Mix unterrühren, mit Gewürzmischung, Salz und Pfeffer würzen. Fisch trocken tupfen, mit Salz, Pfeffer und Zitronenschale würzen. Gemüse, Fisch und Fischfond in eine mit dem restlichen Olivenöl gefettete Auflaufform füllen und mit zerkrümeltem Schafkäse bestreuen. Im vorgeheizten Backofen auf der mittleren Schiene 20–25 Minuten garen. Vor dem Anrichten mit etwas Pulbiber bestreuen.

Tipp: Pulbiber ist das typische Dönergewürz aus scharfen Paprikaflocken. Erhältlich in Gewürzläden und im türkischen Lebensmittelhandel.

Curry-Kasseler mit Ananas

[4 Portionen, pro Port. ca. 500 kcal, 16 g Fett]

Zutaten:

1 EL Sesam- oder Rapsöl,
3 EL süße Chilisoße,
1 EL mildes Currypulver,
1 TL Orangen- oder Zitronenpfeffer,
½–1 TL Kumin,
2 Knoblauchzehen,
600 g mageres Kasseler-Kotelett im Stück ohne Fettrand und Knochen,
1 Porreestange (250 g),
1 große Paprikaschote,
250 g frische Ananasstücke,
2–3 EL Orangensaft

Öl, Chilisoße, Gewürze und zerdrückten Knoblauch verrühren. Fleisch mit der Marinade bestreichen und 2 Stunden stehen lassen. Backofen auf 180 Grad, Umluft 160 Grad, Gas Stufe 3 vorheizen. Porree in 2 cm dicke Ringe, Paprika in breite Streifen schneiden. Gemüse, Ananas und Fleisch in einen Bratschlauch auf ein kaltes Backblech geben. Restliche Marinade, Orangensaft und 2 EL Wasser verrühren und in den Schlauch geben. Zubinden, Bratschlauch anschneiden und im Backofen etwa 35–45 Minuten garen.

Dazu: 200 g Parboiled-Reis

Gulasch-Nudel-Topf

[4 Portionen, pro Port. ca. 460 kcal, 13 g Fett]

Zutaten: *500 g Rindfleisch aus der Schulter (z. B. Falsches Filet), 1 Gemüsezwiebel (300 g), Pfeffer, 1 EL Edelsüß-Paprika, 2 EL salzige Sojasoße, 1 EL Rapsöl, 2 EL Weizenmehl, Salz, 40 g Ajvar (Paprikapaste), 1 l Fleischbrühe, 2 Paprikaschoten, 250 g Champignons, 200 g Hartweizen-Spiralnudeln*

Fleisch und Zwiebel in 2–3 cm große Würfel schneiden, mit Pfeffer, Paprikapulver und Sojasoße vermengen und in Öl in einer heißen beschichteten Pfanne unter Rühren anbraten. Mit Mehl bestäuben und salzen. Ajvar und heiße Brühe zugeben, 1 Stunde bei mittlerer Hitze zugedeckt schmoren. Paprikastreifen und halbierte Pilze zugeben, weitere 30 Minuten garen. Mit Salz und Pfeffer abschmecken. Zwischendurch Nudeln nach Packungsanweisung kochen und dazu anrichten.

Tipp: Auch als Tiefkühl-Produkt: »Frosta Gulasch Pfanne«

Pasta al Forno

[4 Portionen, pro Port. ca. 260 kcal, 10 g Fett]

Zutaten: *250 g Hartweizen-Spaghetti, Salz, 125 g Magerquark, 3 Eier (Größe M), 1 Paket TK-Knoblauch-Duo (25 g), 8 EL geraffelter Pizzakäse (21 % Fett), Muskat, Pfeffer, Fett für die Form, 2 Dosen Cocktailtomaten (à 240 g), 3 EL Tomatenketchup, Tabasco, 80 g hauchdünner gekochter Schinken oder Grillschinken, etwas Rauke*

Nudeln nach Packungsanweisung in Salzwasser kochen. Quark, Eier, TK-Knoblauch, 6 EL Käse und Gewürze verrühren. Abgetropfte Nudeln untermischen. In eine leicht gefettete ofenfeste Form geben. Abgetropfte Tomaten (Tomatensaft auffangen) darauf verteilen und restlichen Käse darüberstreuen. Im vorgeheizten Backofen bei 200 Grad, Umluft 180 Grad, Gas Stufe 4 etwa 35 Minuten auf der mittleren Schiene backen. Restlichen Tomatensaft und Ketchup kurz aufkochen, mit Gewürzen abschmecken. Die Pasta mit Schinken, Rauke und Soße anrichten.

Kartoffel-Schafkäse-Gratin

[4 Portionen, pro Port. ca. 340 kcal, 14 g Fett]

Zutaten: *750 g kleine Kartoffeln (z. B. Bio-Drillinge), Salz, 1 Aubergine (300 g), 1 EL Olivenöl, 100 ml Gemüsebrühe, 1 Zucchini (250 g), 1 Porreestange (250 g), 6 EL »Cremefine zum Kochen« (15 % Fett), Cayennepfeffer, 150 g Schaf- oder Fetakäse (45 % Fett), 1 Päckchen TK-Kräuter der Provence (25 g), 250 g Cocktailtomaten*

Kartoffeln in Salzwasser etwa 15 Minuten kochen. Abgießen, kalt abspülen und pellen. Backofen auf 200 Grad, Umluft 180 Grad, Gas Stufe 4 vorheizen. Auberginenwürfel in Öl und Gemüsebrühe etwa 3–5 Minuten unter Rühren dünsten. Zucchini- und Porreewürfel mit 4 EL Cremefine unter die Auberginen mischen und mit Salz und Pfeffer abschmecken. Gemüse in eine ofenfeste Form geben. Kartoffeln, Schafkäsewürfel, Kräuter, Tomaten und restliche Cremefine vermischen und auf das Gemüse geben. Etwa 35–40 Minuten backen. Eventuell abdecken.

Tilapia-Saltimbocca

[4 Portionen, pro Port. ca. 405 kcal, 8 g Fett]

Zutaten: *650 g Tilapia-oder Seelachs-Fischfilet, 1 Zitrone, 2 Fenchelknollen (300 g), 3 Möhren (300 g), 1 Zucchini (150 g), 200 ml Gemüsebrühe, 1 EL Olivenöl, 1 TL gerebelter Thymian, Salz, weißer Pfeffer, 2 Tomaten (100 g), 4–8 Salbeiblätter, 4 dünne Scheiben magerer Schinkenspeck (80 g)*

Backofen auf 180 Grad, Umluft 160 Grad, Gas Stufe 3 vorheizen. Fischfilets mit Zitronensaft beträufeln. Gemüse längs in dünne Scheiben schneiden und mit Gemüsebrühe, Olivenöl, Thymian, Salz und Pfeffer einmal aufkochen. Gemüse mit Brühe in vier ofenfeste Förmchen oder in eine große Auflaufform geben. Fisch auf das Gemüse legen, salzen und mit Tomatenscheiben, Salbeiblättchen und Schinken belegen. Fischmarinade zugießen. Im Backofen etwa 20–25 Minuten garen.
Dazu: 160 g Bulgur, mit 1 TL Olivenöl zubereitet

Tomaten-Quiche

[6 Portionen, pro Port. ca. 230 kcal, 8 Fett]

Zutaten: *300 g TK-Brokkoli, Salz, 200 g Magerquark, 60 g frisch geriebener Parmesankäse, 3 Eier (Größe M), 3 Lauchzwiebeln (90 g), Thymian, Pfeffer, 1 EL Rapsöl, 2 rechteckige Yufka-Teigblätter (300 g; türkischer Supermarkt), 400 g Cocktailtomaten*

Backofen auf 200 Grad, Umluft 180 Grad, Gas Stufe 4 vorheizen. Brokkoli in Salzwasser garen. Abgießen und abtropfen lassen. Brokkoli, Quark, Käse und Eier pürieren. Feine Zwiebelringe zugeben, mit Gewürzen abschmecken. Öl und 2 EL Wasser verrühren, Teigblätter damit bestreichen. Ein Teigblatt auf den Boden einer rechteckigen (23 x 23 cm) oder runden (ø 28 cm) Springform legen. Mit dem zweiten Teigblatt die Form und den Rand auslegen. Quarkcreme und Tomaten einfüllen. Überstehenden Teig innen an den Rand drücken und die Quiche etwa 35–40 Minuten backen.

Tipp: Restliches Teigblatt zum Beispiel für Apfel-Himbeer-Tarteletts (Seite 157) verwenden.

Pizza rosso

[4 Portionen, pro Port. ca. 480 kcal, 11 g Fett]

Zutaten: *500 g Ciabatta-Backmischung (von Diamant), 1 Päckchen Trockenhefe, Mehl zum Verarbeiten, 1 Dose Pizzatomaten (240 g), Salz, Pfeffer, Oregano, 100 g TK-Brokkoli, 1 gelbe Paprikaschote, 250 g Hähnchenbrustfilet ohne Haut, 4 EL geraffelter Pizzakäse, 1 EL Olivenöl*

Backmischung mit Wasser und Hefe nach Packungsanweisung zubereiten. 30 Minuten gehen lassen. Auf einem bemehlten Backblech ausrollen. Zuerst Tomaten und Gewürze, dann kleine Brokkoliröschen, Paprikastreifen und Hähnchenstreifen auf dem Teig verteilen. Mit Käse bestreuen, mit Öl beträufeln und im vorgeheizten Backofen bei 220 Grad, Umluft 200 Grad, Gas Stufe 5 auf der untersten Schiene etwa 20 Minuten backen.

Dazu: 400 g Möhren-Apfel-Rohkost mit 100 g Zitronenjoghurt (3,5 % Fett)

Türkische Hackfleischpizza (Lamacun)

[6 Stück, pro Stück ca. 385 kcal, 8 g Fett]

Zutaten:
Pizzateig:
300 g Weizenmehl (Type 1050), 1 Päckchen Trockenhefe, Salz, 1 EL Roh-Rohrzucker, 4 TL Olivenöl;
200 g Tomaten, 1 Bund Lauchzwiebeln, 2 Paprikaschoten, 1 Bund Rauke (40 g), 350 g Hähnchenbrustfilet ohne Haut, ¼ TL Kumin, Pulbiber (Dönergewürz), 6 TL Olivenöl, 2 Minigurken, 150 g Joghurt (0,1 % Fett)

Für den Pizzateig: Teigzutaten und ¼ l lauwarmes Wasser nach den Angaben auf der Hefepackung zubereiten und gehen lassen. Backofen auf 220 Grad, Umluft 200 Grad, Gas Stufe 5 vorheizen. Gemüse und ½ Bund Rauke fein hacken. Hähnchenfleisch grob hacken. Gemüse, Geflügelhack, Gewürze und 1 TL Salz vermischen. Hefeteig durchkneten, zu 6 länglichen Fladen ausrollen und mit der Fleischfarce bestreichen. Mit je 1 TL Öl beträufeln. Etwa 15 Minuten backen. Restliche Rauke und Gurken hacken. Mit Joghurt auf die Pizzen verteilen und mit Pulbiber bestreuen.

Die Dessertkarte bitte!

Wer sagt denn, dass Abnehmen und Süßes nicht zusammenpassen? Hier kommt der Gegenbeweis, in lauter köstlichen Variationen.

Birnen-Biskuittorte
Das Rezept finden Sie auf der nächsten Seite.

Birnen-Biskuittorte
(Foto Seite 150/151)

(Foto Seite 150/151)

[12 Stücke, pro Stück ca. 235 kcal, 3 g Fett]

Zutaten: *Biskuitteig: 3 Eier (Größe M), 150 g Fruchtzucker, 100 g Weizenmehl (Type 1050), 50 g Speisestärke, 1 Päckchen Backpulver; 4 Birnen, etwa 350 ml Birnen- oder Apfelsaft, 180 g Hagebuttenkonfitüre, 8 Blatt weiße Gelatine, 250 g Quark (20 % Fett), 350 g Naturjoghurt (0,1 % Fett), ½ Zitrone*

Für den Biskuitteig: Eier trennen. Eigelb, 5 EL kaltes Wasser und Zucker schaumig schlagen. Eischnee unterheben. Mehl, Stärke und Backpulver auf die Ei-Masse sieben und unterheben. Teig in eine mit Backpapier ausgelegte Springform (ø 28 cm) füllen, glatt streichen und im vorgeheizten Backofen bei 180 Grad Grad, Umluft 160 Grad, Gas Stufe 3 etwa 15–20 Minuten backen. Birnenhälften in Birnensaft 4 Minuten zugedeckt dünsten. Herausnehmen, Saft aufheben. Biskuit waagerecht durchschneiden. Unteren Boden in die Springform geben, mit 50 g Konfitüre bestreichen und mit Birnen belegen. 6 Blatt Gelatine einweichen. Quark, Joghurt, 100 g Konfitüre und Zitronensaft verrühren. Ausgedrückte Gelatine in 100 ml heißem Birnensaft auflösen und unter den Quark rühren. Zwei Drittel der Creme in die Springform geben, glatt streichen. Mit dem zweiten Boden belegen und restliche Creme darauf verteilen. Restliche Gelatine einweichen. Mit restlicher Konfitüre in 150 ml heißem Birnensaft auflösen. Guss auf die Torte geben, mindestens 3 Stunden kalt stellen.

Pflaumen-Crostata

[12 Stücke, pro Stück ca. 150 kcal, 3 g Fett]

Zutaten: *Mürbeteig: 200 g Weizenmehl (Type 1050), 1 TL Backpulver, 2 EL Roh-Rohrzucker, 1 TL Zitronenschalenaroma, 60 g Magerquark, 60 g Halbfettbutter; 300 g Brombeeren (frisch oder TK), 1 Saftorange, 100 g Gelierfruchtzucker, 700 g rote Sommerpflaumen*

Für den Mürbeteig: Alle Teigzutaten und 1–2 EL kaltes Wasser zuerst mit dem Knethaken des Handrührers, dann mit den Händen zu einem glatten Teig verkneten. Abgedeckt 30 Minuten kalt stellen. Brombeeren, 1 EL Orangensaft und Gelierzucker aufkochen und ca. 4–5 Minuten zu Mus kochen. Umfüllen und erkalten lassen. Davon 2–3 EL Brombeermus für später abnehmen. Backofen auf 190 Grad, Umluft 170 Grad, Gas Stufe 3 vorheizen. Den Boden einer Springform (ø 26 cm) mit Backpapier auslegen und mit dem 3 mm dick ausgerollten Teig auslegen. Dabei einen kleinen Rand hochziehen. Boden mit Brombeermus bestreichen, mit Pflaumenhälften belegen und im Backofen 30–35 Minuten backen. Restliches Brombeermus und restlichen Orangensaft unter Rühren erhitzen und nach dem Backen auf die Pflaumen streichen.

Orangen-Tiramisu

[6 Portionen, pro Port. ca. 180 kcal, 3 g Fett]

Zutaten:
50 ml starker Espresso, 1 EL Ahornsirup oder flüssiger Honig, 500 g Magerquark, 200 g Naturjoghurt (0,1 % Fett), 1 Päckchen Bourbon-Vanillezucker, 2 EL bittere Orangenmarmelade, 150 ml Orangensaft, 1 Tütchen »Gelatine fix« (15 g), 16 Löffelbiskuits, 30 g Carob-Schoko

Espresso und Ahornsirup verrühren. Quark, Joghurt, Vanillezucker, Marmelade, Orangensaft und Gelatine mindestens 1–2 Minuten mit dem Handrührer verrühren. Löffelbiskuits in eine Form (1 l Inhalt) schichten, mit Espresso tränken und Quarkcreme darübergeben. Glatt streichen und mindestens 2 Stunden, am besten aber über Nacht kalt stellen. Vor dem Servieren Carob-Schoko fein reiben und die Streusel auf dem Dessert verteilen.

Tipp: Carob-Schoko ist eine gute Schokoladen-Alternative. Das Fruchtmark des Johannisbrotbaums, der im Mittelmeerraum heimisch ist, kurbelt sogar die Fettverbrennung an.

Mini-Klöße mit Kompott

[4 Portionen, pro Port. ca. 165 kcal, 3 g Fett]

Zutaten: *8 Mini-Kartoffelklößе (120 g; Fertigprodukt), 2 EL Roh-Rohrzucker, 3 Nelken, 1 Päckchen Bourbon-Vanillezucker, 1 Bio-Zitrone, 2 Äpfel (240 g), 1 Birne (150 g), 100 g kernlose Weintrauben, ½ TL Rapskernöl*

Kartoffelklößchen nach Packungsanweisung kochen. Abgießen und abtropfen lassen. 100 ml Wasser, Zucker, Nelken, Vanillezucker, ein Stück Zitronenschale und Zitronensaft aufkochen und 10 Minuten zugedeckt ziehen lassen. Kernobst klein schneiden. Trauben halbieren. Früchte im Vanillesud 5 Minuten bei kleiner Hitze zugedeckt garen. Den Boden einer beschichteten Pfanne mit Öl bestreichen, halbierte Klöße hineinlegen und bei mittlerer Hitze von einer Seite hellbraun backen. Zum Kompott anrichten.

Tipp: Restliche Klöße für »Mini-Klöße mit Peperonata« (Seite 97) verwenden.

Waldbeeren-Grütze

[6 Portionen, pro Port. ca. 160 kcal, 4 g Fett]

Zutaten: *1 Beutel Vanille-Puddingpulver, 700 ml Kirschsaft, 3 EL Fruchtzucker, 1 Paket TK-Waldbeeren (300 g), 200 g Naturjoghurt (0,1 % Fett), 150 g Crème légère (15 % Fett)*

Puddingpulver mit 100 ml Kirschsaft und Fruchtzucker verrühren. Restlichen Kirschsaft aufkochen. Puddingpulver zugeben, aufkochen und mindestens 1 Minute unter Rühren kochen. Gefrorene Waldbeeren zugeben. Grütze auf 6 Gläser verteilen, abkühlen lassen. Joghurt und Crème légère verrühren und auf die Grütze geben.

Tipp: Klappt natürlich auch mit frischen Beeren.

Blechkuchen mit Birne

[12 Stücke, pro Stück ca. 175 kcal, 4 g Fett]

Zutaten: *75 g Magerquark, 2 EL Naturjoghurt (0,1 % Fett), 3 EL Rapskernöl, Salz, 70 g Fruchtzucker, 1 Ei (Größe M), 250 g Dinkelmehl, 2 TL Backpulver, Mehl zum Verarbeiten, 75 g »Diät-Exotic-Konfitüre« (oder Diät-Orangenmarmelade), 1 TL Orangensaft, ca. 500 g kleine Birnen*

Quark, Joghurt, Öl, 1 Prise Salz, Zucker und Ei mit dem Schneebesen glatt rühren. Mehl und Backpulver darübersieben. Zuerst mit den Knethaken des Handrührers, dann mit den Händen zu einem glatten Teig verkneten. 30 Minuten kühl stellen. Backofen auf 180 Grad Grad, Umluft 160 Grad, Gas Stufe 3 vorheizen. Teig auf bemehltem Backtrennpapier zu einem Quadrat (30 x 30 cm) ausrollen. Mit dem Kuchenrädchen 12 kleine Quadrate markieren. Konfitüre und Saft verrühren. Quadrate mit etwas Konfitüre bestreichen und mit Birnenspalten belegen. Im Backofen ca. 15 Minuten auf der mittleren Schiene backen.

Tipp: Statt Birnen passen auch Äpfel, Aprikosen, Ananas, Pfirsich oder Mango.

Avocado-Orangen-Mousse

[4 Portionen, pro Port. ca. 155 kcal, 6 g Fett]

Zutaten: *2 Orangen, 2 EL Diät-Orangenmarmelade, ½ Avocado, 1 Limette, 200 ml Buttermilch, 100 g Magerquark, 1 Tütchen »Gelatine fix« (15 g), 2 EL Fruchtzucker*

Fruchtfleisch einer Orange aus den Häuten lösen, Saft auffangen. Zweite Orange auspressen. Orangensaft und 1 EL Marmelade aufkochen. Orangenfilets zugeben und auf 4 Gläser verteilen. Avocado und Limettensaft pürieren Buttermilch, Quark und Gelatine untermengen und 1 Minute weiterrühren. Restliche Marmelade und Fruchtzucker unterrühren. Mousse auf die Gläser verteilen. Etwa 2 Stunden kalt stellen. Vor dem Anrichten mit abgeriebener Limettenschale bestreuen.

Tipp: Restliche Avocado zum Beispiel für »Rohkost, Garnelen und Avocadocreme« (Seite 123) verwenden.

Schoko-Mango-Joghurt

[1 Portion, ca. 225 kcal, 7 g Fett]

Zutaten:
150 g Naturjoghurt (1,5 % Fett)
100 g Mango- oder Pfirsichfruchtfleisch,
15 g Zartbitter-Schokoladenraspel,
rosa Pfefferbeeren

Joghurt und Mangowürfel verrühren und mit Zartbitter-Schokoladenraspeln und zerstoßenen rosa Pfefferbeeren bestreuen.

Apfel-Himbeer-Tarteletts

[4 Portionen, pro Port. ca. 165 kcal, 4 g Fett]

Zutaten: *½ EL Rapsöl, 1 rechteckiges Yufka-Teigblatt (150 g; türkischer Supermarkt), 1 Ei (Größe M), 2 EL Fruchtzucker, 150 g Vanillejoghurt (3,5 % Fett), 1½ TL Vanille-Puddingpulver, 1 Prise Salz, 1 Apfel (125 g), 100 g Himbeeren (frisch oder TK)*

Backofen auf 200 Grad, Umluft 180 Grad, Gas Stufe 4 vorheizen. Öl und 1 EL Wasser verrühren. Aus dem Teigblatt 8 Kreise (ø 10 cm) ausschneiden und mit der Öl-Wasser-Emulsion bestreichen. Je 2 Teigblätter mit der bestrichenen Seite nach unten in die Mulden einer 4er-Tartelettform legen. Auf der mittleren Schiene 3 Minuten vorbacken. Ei, Fruchtzucker, Joghurt, Puddingpulver und Salz verrühren. Ei-Creme und Apfelspalten auf die Tarteletts verteilen und im Backofen etwa 12–15 Minuten backen. Himbeeren mit einer Gabel zerdrücken und auf die Tarteletts verteilen.

Tipp: Restliche Teigblätter für die Tomaten-Quiche (Seite 148) verwenden.

Apfelmousse mit Brombeeren

[6 Portionen, pro Port. ca. 150 kcal, 2 g Fett]

Zutaten: *6 Blatt weiße Gelatine, 300 g Vanillejoghurt (3,5 % Fett), 1 Glas Apfelmus (360 g), 2 Eiweiß, 3 EL Fruchtzucker, 3 EL naturtrüber Apfelsaft, 250 g Brombeeren (frisch oder TK), Minzeblättchen*

Gelatine in kaltem Wasser einweichen. Joghurt und Apfelmus verrühren. Eiweiß und Fruchtzucker steif schlagen. Apfelsaft in einem kleinen Topf erwärmen, die ausgedrückte Gelatine unter Rühren darin auflösen. 2 EL Apfel-Joghurt hineinrühren. Gelatinemischung unter den restlichen Apfel-Joghurt rühren. Eischnee unterheben. Mit Brombeeren in kleine Schälchen füllen und mindestens 2 Stunden kalt stellen. Mit Minzeblättchen anrichten.

Himbeer-Quark-Parfait

[8 Portionen, pro Port. ca. 115 kcal, 3 g Fett]

Zutaten: *300 g Magerquark, 200 g Kefir (1,5 % Fett), 150 g saure Sahne (10 % Fett), 6–7 EL Fruchtzucker, 500 g Himbeeren (frisch oder TK), 20 g Edelbitter-Schokolade (mindestens 70 % Kakao)*

Quark, Kefir, saure Sahne und Fruchtzucker verrühren. 250 g Himbeeren pürieren. Püree und 200 g Früchte unter den Quark rühren. In 8 Portionsförmchen oder Tassen füllen und über Nacht ins Gefrierfach stellen. Schokolade mit dem Sparschäler in feine Späne hobeln und mit den restlichen Himbeeren auf den Parfaits verteilen.

Tipp: Parfait vor dem Anrichten 20 Minuten antauen lassen.

Eiscreme-Soda

[2 Portionen, pro Port. ca. 185 kcal, 3 g Fett]

Zutaten: *1 reife Birne (180 g), 100 g Himbeeren (frisch oder TK), 2 EL Naturjoghurt (1,8 % Fett), 2 TL Akazienhonig, 2 kleine Kugeln »Cremissimo Leichter Genuss«-Bourbon-Vanille-Eis, Sodawasser*

Birne klein schneiden. Birne, Himbeeren, Joghurt und Honig zusammen pürieren. Fruchtpüree und Eiscremekugeln in zwei hohe Gläser füllen und mit Sodawasser aufgießen.

Mango-Joghurt-Eis

[4 Portionen, pro Port. ca. 145 kcal, 4 g Fett]

Zutaten:
1 Mango, 1 Limette,
400 g Vollmilch-Joghurt
(3,5 % Fett),
2 EL Ahornsirup

200 g Mangowürfel, Limettensaft, Joghurt und Ahornsirup im Mixer oder mit dem Stabmixer pürieren. In der Eismaschine etwa 25 Minuten oder in einer Edelstahlschüssel 3 Stunden gefrieren lassen. Dabei alle 20 Minuten mit einem Schneebesen durchrühren. Eiscreme und restliche Mango anrichten und sofort servieren.

Tipp: Falls Sie das Eis für später einfrieren, vor dem Verzehr etwa 30 Minuten antauen, dann mit dem Stabmixer pürieren, damit es cremig wird.

Gemischter Zwei-Wochen-Plan

Mit ca. 1200 kcal und maximal 40 g Fett am Tag

1. Woche

1. Tag	
Morgens	Frühstück mit Ei
Snack	--
Mittags	Gefülltes Schweinesteak
Snack/Dessert	--
Abends/Salat	Räucherlachsbrot mit Apfel

2. Tag	
Morgens	Schinken-Gurken-Sandwich
Snack	--
Mittags	Pasta Pesto Rosso
Snack/Dessert	Paprikaquark
Abends/Salat	Rohkost mit Liptauer-Dip

3. Tag	
Morgens	Müsli mit Früchten
Snack	--
Mittags	Zuckerschoten-Frittata
Snack/Dessert	--
Abends/Salat	Salat »Chili con Carne«

4. Tag	
Morgens	Mandel-Ananas-Smoothie
Snack	Ananascracker
Mittags	China-Pfanne mit Ingwer
Snack/Dessert	--
Abends/Salat	Garnierte Aufschnittplatte

5. Tag	
Morgens	Schinken-Gurken-Sandwich
Snack	--
Mittags	Kartoffelpfanne mit Senfsoße
Snack/Dessert	Ananascracker
Abends	Salat »Chili con Carne«

6. Tag	
Morgens	Müsli mit Früchten
Snack	--
Mittags	Seelachs-Spinat-Gratin
Snack/Dessert	--
Abends/Salat	Käseschnitten mit Apfelspread

7. Tag	
Morgens	Frühstück mit Ei
Snack	--
Mittags	Fusilli Carina
Snack/Dessert	Gebratene Ananas
Abends/Salat	Rohkost mit Liptauer-Dip

2. Woche

8. Tag

Morgens	Müsli mit Früchten
Snack	--
Mittags	Putenfilet mit Olive
Snack/Dessert	Birne mit Walnuss
Abends/Salat	Blumenkohl-Zitronen-Suppe

9. Tag

Morgens	Mandel-Ananas-Smoothie
Snack	--
Mittags	Kräutercrêpes mit Tomaten
Snack/Dessert	--
Abends/Salat	Blumenkohl-Zitronen-Suppe

10. Tag

Morgens	Schinken-Gurken-Sandwich
Snack	--
Mittags	Marseiller Fischtopf
Snack/Dessert	Birne mit Walnuss
Abends/Salat	Käseschnitten mit Apfelspread

11. Tag

Morgens	Müsli mit Früchten
Snack	--
Mittags	Marseiller Fischtopf
Snack/Dessert	Gebratene Ananas
Abends/Salat	Griechischer Pastasalat

12. Tag

Morgens	Schinken-Gurken-Sandwich
Snack	Birne mit Walnuss
Mittags	Fusilli Carina
Snack/Dessert	--
Abends/Salat	Griechischer Pastasalat

13. Tag

Morgens	Mandel-Ananas-Smoothie
Snack	--
Mittags	Pasta Pesto Rosso
Snack/Dessert	Birne mit Walnuss
Abends/Salat	Räucherlachsbrot mit Apfel

14. Tag

Morgens	Frühstück mit Ei
Snack	--
Mittags	China-Pfanne mit Ingwer
Snack/Dessert	--
Abends/Salat	Garnierte Aufschnittplatte

Vegetarischer Zwei-Wochen-Plan

Mit ca. 1200 kcal und maximal 40 g Fett am Tag

1. Woche

1. Tag	
Morgens	Müsli mit Früchten
Snack	--
Mittags	Scharfe Gemüsespätzle
Snack/Dessert	1 Apfel
Abends/Salat	Chicorée mit Ziegenkäse

2. Tag	
Morgens	Griechisches Frühstück
Snack	Kresse-Ei
Mittags	Tofu mit Chinakohl
Snack/Dessert	Joghurt-Eis
Abends/Salat	Chicorée mit Ziegenkäse

3. Tag	
Morgens	Zweierlei Käse-Knäcke
Snack	Kresse-Ei
Mittags	Kartoffelpfanne mit Senfsoße
Snack/Dessert	Gebratene Ananas
Abends/Salat	Birnensalat mit Schafkäse

4. Tag	
Morgens	Müsli mit Früchten
Snack	--
Mittags	Mini-Klöße mit Peperonata
Snack/Dessert	Gebratene Ananas
Abends/Salat	Birnensalat mit Schafkäse

5. Tag	
Morgens	Zweierlei Käse-Knäcke
Snack	--
Mittags	Wurzel-Eier-Ragout
Snack/Dessert	Gebratene Ananas
Abends	Champignon-Bruschetta

6. Tag	
Morgens	Griechisches Frühstück
Snack	1 Banane
Mittags	Italienische Reispfanne
Snack/Dessert	Joghurt-Eis
Abends/Salat	Käsetoasties mit Rohkost

7. Tag	
Morgens	Müsli mit Früchten
Snack	Kresse-Ei
Mittags	Süßsaure Pilzpfanne
Snack/Dessert	--
Abends/Salat	Griechisches Gemüse

2. Woche

8. Tag	
Morgens	Griechisches Frühstück
Snack	Kresse-Ei
Mittags	Mini-Klöße mit Peperonata
Snack/Dessert	1 Banane
Abends/Salat	Käsetoasties mit Rohkost

9. Tag	
Morgens	Müsli mit Früchten
Snack	--
Mittags	Fusilli Trapanese
Snack/Dessert	Gebratene Ananas
Abends/Salat	Zwiebelsuppe mit Ei

10. Tag	
Morgens	Zweierlei Käse-Knäcke
Snack	--
Mittags	Italienische Reispfanne
Snack/Dessert	Joghurt-Eis
Abends/Salat	Zwiebelsuppe mit Ei

11. Tag	
Morgens	Griechisches Frühstück
Snack	½ Apfel
Mittags	Pochiertes Ei mit Spinat
Snack/Dessert	--
Abends/Salat	Champignon-Bruschetta

12. Tag	
Morgens	Zweierlei Käse-Knäcke
Snack	--
Mittags	Tofu mit Chinakohl
Snack/Dessert	Joghurt-Eis
Abends/Salat	Chicorée mit Ziegenkäse

13. Tag	
Morgens	Griechisches Frühstück
Snack	¼ l Tomatensaft
Mittags	Kartoffelpfanne mit Senfsoße
Snack/Dessert	Gebratene Ananas
Abends/Salat	Chicorée mit Ziegenkäse

14. Tag	
Morgens	Zweierlei Käse-Knäcke
Snack	1 Kiwi
Mittags	Fusilli Trapanese
Snack/Dessert	½ Apfel
Abends/Salat	Zwiebel-Frittata

Einkaufsliste für den gemischten Plan

Eier, Fleisch, Fisch, Milchprodukte, Obst, Gemüse

Tag:	1.	2.	3.	4.	5.	6.	7.	8.	9.	10.	11.	12.	13.	14.
Eier (Größe M)	1		2				1	2	1					1
Beefsteakhack (Tatar; g)			100	100										100
Grill- oder Farmerschinken, dünn (g)		30	50		30					30		30		
Hähnchen-Aufschnitt (g)				30										30
Pfefferschinken, roh, dünn (g)				25			40					40		25
Pute in Aspik (g)				50										50
Schweinesteak (g)	100													
Krebsfleisch (g)								100						
Seelachsfilet (g)						150								
Räucherlachs (g)	50												50	
»Cremefine zum Kochen« (15 % Fett; 1 EL = 15 g)						4								
Frischkäse (16 % Fett; g)	35												35	
Frischkäse, körniger (0,8 % Fett; g)		50			50				75	50		50		
Harzer Käse (g)		50					50							
Kefir (1,5 % Fett; ml)		250			250					250	150	250		
Kräuter-Frischkäse (8 % Fett; g)				30	30			20		50		20	20	
Leerdamer-Käse (32 % Fett; g)						30				30				
Magerquark (g)	70	200		40	50	40	170		100	40				110
Milch (1,5 % Fett; ml)			30											
Naturjoghurt (0,1 % Fett; g)			100	150		100	100	100	150	40	200		150	
Ananas (g)				190	40		100		150		100		150	
Apfel (125 g; Stück)	1					½				½			1	
Banane (150 g; Stück)				1					1				1	
Birne (150 g; Stück)								½		½		½	½	
Früchte der Saison (g)			150			150		150			150			
Kiwi (50 g; Stück)	½						1/2							½
Saftorangen (Stück)	2–3		1	1		1	2–3	1	1		1		1	2–3
Blumenkohlröschen (g)								400						
Chicorée (125 g; Stück)				1										1
Cocktail-Tomaten (g)		50				50	80	150	120			80	50	
Paprikaschoten (150 g; Stück)		1		½									½	
Porree (g)								150						
Kartoffeln (g)	100				250	150								
Lauchzwiebeln (g)	80		80			40				40				
Möhren (g)					100			200						
Radieschen (g)		80		50			80							50
Salatgurke (g)	50	140			40		100			40		40	50	
Tomate (g)	50	100	200	80			150				100			130
Zucchini (g)		120			50		100					100	120	
Zuckerschoten (g)	150		100											

Einkaufsliste für den vegetarischen Plan

Eier, Milchprodukte, Obst, Gemüse

Tag:	1.	2.	3.	4.	5.	6.	7.	8.	9.	10.	11.	12.	13.	14.
Eier (Größe M)		1			1		1		2		1			1
»Brunch mit Joghurt« (1 EL = 20 g)		1				1		1			1		1	
»Cremefine zum Kochen« (15 % Fett; 1 EL = 15 g)					2	1		1						
Frischkäse (4 % Fett; 1 TL = 10 g)			2		2					2		2		2
Kefir (1,5 % Fett; ml)		200				215		215			200		200	
Kochkäse (1,5 % Fett; g)					150									
Magerquark (g)	250		50									250	50	
Milch (1,5 % Fett; ml)									250					15
Mozzarella (8,5 % Fett; g)					40	50				50	40			
Naturjoghurt (0,1 % Fett; g)	100		100	100	100		100		100				100	
Naturjoghurt (1,5 % Fett; g)							100							
Schafkäse (9,5 % Fett; g)			80				30							
Weichkäse (12 g Fett; g)			60		60					60		60		60
Ziegenfrischkäse (45 % Fett; g)	100											100		
Tofu (g)		100										100		
Ananas (g)			100	100	100				100				100	
Apfel (125 g; Stück)	1				½	½	½	½			1			½
Aprikose (50 g; Stück)	6	3				3		3			3	6	3	
Banane (150 g; Stück)						1		1						
Birne (150 g; Stück)			1											
Clementine (40 g; Stück)						1		1						
Früchte der Saison (g)	150			150			150		150					
Grapefruit, rosa (200 g; Stück)			1											
Kiwi (50 g; Stück)														1
Orange, Bio (Stück)			½											
Saftorange (Stück)	1			1			1		1					
Austernpilze (g)							150							
Champignons (g)					60						60			
Chicorée (125 g; Stück)	2											2		
Chinakohl (g)		150										150		
Cocktailtomaten (g)						60			100	60				100
Kartoffeln (g)			250								200		250	
Möhren (g)			100		150	70	100	70					100	
Paprikaschoten (150 g; Stück)	½		1 ¼	2	1 ¼			2		¼	1	¼		¼
Porree (g)		50										50		
Lauchzwiebeln (g)									160					60
Rauke (Bund)						1		½		½				
Romanesco (g)	100													
Salatblätter			2–3		2–3					2–3		2–3		2–3
Schwarzwurzeln (g)					350									
Shiitake-Pilze (g)		50										50		
Tomaten (g)				100			90	100	100					200
Zucchini (g)			50				100						50	

Vorratsliste

Das sollten Sie im Haus haben, wenn Sie nach dem gemischten Wochenplan kochen wollen:

- ☐ Ahornsirup
- ☐ Ajvar (Paprikapaste)
- ☐ Aprikosen (getrocknet, ungeschwefelt)
- ☐ Bio-Ciabatta
- ☐ Essig (Apfel- und Rotweinessig)
- ☐ Fruchtaufstrich mit Fruchtzucker
- ☐ Gemüsebrühe
- ☐ Gewürzgurken oder Cornichons (Glas)
- ☐ Haferflocken (kernige; 1 Paket)
- ☐ Hartweizennudeln (Muschelnudeln, Fusilli, Penne)
- ☐ Honig
- ☐ Hühnerbouillon
- ☐ Hühnerfond (¾ l) oder Instantbrühe)
- ☐ Kapern (1 kleines Glas)
- ☐ Kichererbsen (Dose; 280 g)
- ☐ Kidneybohnen (Paket oder Dose; 225 g)
- ☐ Knäckebrot (Vollkorn; 1 Paket)
- ☐ Kritharaki-Reisnudeln
- ☐ Kürbiskerne
- ☐ Leinsamen
- ☐ Maiskölbchen (Glas)
- ☐ Mandarinen (Dose)
- ☐ Mandelcreme (Glas)
- ☐ Meerrettich, gerieben
- ☐ Mineralwasser
- ☐ Naturreis (vorgegart; Fertigprodukt)
- ☐ Öl (Oliven-, Raps-, Sonnenblumen-, Walnussöl)
- ☐ Oliven (grün; ohne Stein)
- ☐ Parboiled Reis
- ☐ Parmesankäse (frisch)
- ☐ Pinienkerne
- ☐ Pistazien (gehackt)
- ☐ Reiscracker (Mini)
- ☐ Roh-Rohrzucker
- ☐ Rosinen oder Sultaninen
- ☐ Rote Bete (Glas)
- ☐ Salatcreme (9 % Fett)
- ☐ Semmelbrösel
- ☐ Senf
- ☐ Sojakerne (geröstet)
- ☐ Sojasoße
- ☐ Speisestärke
- ☐ Tee (grüner, Kräuter- oder Früchtetee)
- ☐ Tomaten (getrocknet)
- ☐ Tomatenketchup
- ☐ Tomatenmark (Tube)
- ☐ Tomaten- oder Gemüsesaft
- ☐ Vollkornbrot (Roggen, Weizen)
- ☐ Walnusskerne
- ☐ Weißwein, alkoholfrei
- ☐ Weizenmehl (Type 1050)
- ☐ Zitronen (Bio) oder Limetten
- ☐ Zwiebeln (braun oder rot)

Gewürze

- ☐ Anis (ganz)
- ☐ Cayennepfeffer
- ☐ Chinagewürz
- ☐ Edelsüß-Paprika
- ☐ Ingwerknolle (frisch)
- ☐ Italienische Gewürzmischung
- ☐ Knoblauch (frisch)
- ☐ Koriander (ganz)
- ☐ Kräuter der Provence
- ☐ Kräutersalz
- ☐ Kumin (Kreuzkümmel)
- ☐ Kümmel (ganz)
- ☐ Muskat (ganz)
- ☐ Oregano
- ☐ Pfeffer (schwarz, weiß, grün)
- ☐ Rosenpaprika
- ☐ Rosmarin
- ☐ Salz, Meersalz
- ☐ Szechuan-Pfeffer
- ☐ Zimt, gemahlen
- ☐ Zucker

Kräuter
(frisch, TK oder getrocknet)

- ☐ Basilikum
- ☐ Dill
- ☐ Koriander
- ☐ Kresse
- ☐ Petersilie
- ☐ Schnittlauch

TK-Produkte

- ☐ Blattspinat (1 Paket)
- ☐ Beeren (1 Paket)
- ☐ Brokkoli (1 Paket)
- ☐ Fischfilet (z. B. Seehecht; 1 Paket)
- ☐ Italienisches Gemüse (1 Beutel)

Das sollten Sie im Haus haben, wenn Sie nach dem vegetarischen Wochenplan kochen wollen:

- ☐ Ajvar (Paprikapaste)
- ☐ Essig (weißer Balsam- und Weißweinessig)
- ☐ Gemüsebrühe
- ☐ Haferflocken (kernige; 1 Paket)
- ☐ Hartweizennudeln (Fusilli)
- ☐ Haselnusskerne
- ☐ Honig (z. B. Akazienhonig; Waldhonig)
- ☐ Kapern (1 kleines Glas)
- ☐ Kartoffelklöße (Mini; Fertigprodukt)
- ☐ Knäckebrot (Vollkorn; 1 Paket)
- ☐ Kürbiskerne
- ☐ Leinsamen
- ☐ Mineralwasser
- ☐ Naturreis (vorgegart; Fertigprodukt)
- ☐ Öl (Oliven- und Rapsöl)
- ☐ Oliven (grün; ohne Stein)
- ☐ Orangen-Senf-Soße oder Orangenmarmelade
- ☐ Parmesankäse (frisch)
- ☐ Reis (vorgegart; Fertigprodukt)
- ☐ Rosinen
- ☐ Senf
- ☐ Sojasoße
- ☐ Sonnenblumenkerne
- ☐ Speisestärke
- ☐ Tomaten- oder Gemüsesaft
- ☐ Tomaten (gehackt; 1 Paket; 370 g)
- ☐ Tomaten (getrocknet)
- ☐ Tomatensalsa oder -ketchup
- ☐ Vollkornbrot oder dunkles Bauernbrot
- ☐ Vollkornspätzle
- ☐ Vollkorn- oder Mehrkorn-Toasties
- ☐ Weizenkörner (vorgegart)
- ☐ Weizenmehl (Type 1050)
- ☐ Worcestersoße
- ☐ Zitronen (Bio) oder Limette
- ☐ Zwiebeln (braun oder rot)

Gewürze

- ☐ Chilischote (frisch)
- ☐ Chilisoße (süß)
- ☐ Currypulver
- ☐ Edelsüß-Paprika
- ☐ Ingwerknolle
- ☐ Knoblauch (frisch)
- ☐ Kräutersalz
- ☐ Kumin (Kreuzkümmel)
- ☐ Muskat (ganz)
- ☐ Pfeffer (fein und grob gemahlen)
- ☐ Salz
- ☐ Tabasco
- ☐ Teriyaki-Soße

Kräuter
(frisch, TK oder getrocknet)

- ☐ Basilikum
- ☐ Kresse
- ☐ Salbei
- ☐ Schnittlauch
- ☐ Thymian
- ☐ Zitronenthymian

TK-Produkte

- ☐ Blattspinat (1 Paket)
- ☐ Grüne Bohnen (1 Paket)
- ☐ Joghurt-Eis (fettreduziert; 1 Paket)

Ihre Basics zum Schlankbleiben

Machen Sie Gemüse und Obst zu den Hauptakteuren auf Ihrem Speiseplan. Davon können Sie gar nicht zu viel essen. Für die Zubereitung verwenden Sie am besten hochwertige Pflanzenöle. Nicht zu kurz kommen sollten Vollkornprodukte, die verlässlichen Ballaststoff-Lieferanten.

1. + 2. Stufe

Öl, Streichfett: mehrere Sorten Öl (Soja-Lein-, Nuss-, Oliven-, Rapsöl) abwechselnd und in Maßen, Diätmargarine dünn aufs Brot

1. Stufe

Obst, Gemüse: täglich möglichst 5 Portionen, eine Portion entspricht der Größe Ihrer Faust
Nüsse, Samen: täglich 1 EL ganze oder 1 TL gehackte Nüsse oder 1 TL Samen
Vollkornprodukte: täglich essen nach Belieben

Fundament

Getränke: täglich 1,5–2 l, Wasser, Saftschorle, Früchte- und Kräutertees, Molke und Buttermilch

Spitze

Süßes, Kuchen, Alkohol: ab und zu mal erlaubt
Frittierfett: lieber drauf verzichten

3. Stufe

Butter, Weißbrot, helle Nudeln, geschälter Reis, Fastfood: jeweils möglichst nur einmal die Woche

2. Stufe

Fleisch: 300–600 g in der Woche, mager
Fisch: 1–2x pro Woche
Eier: bis zu drei in der Woche
Milchprodukte: täglich, z.B. ¼ l fettarme Milch und 3 Scheiben fettarmen Käse
Kartoffeln, Hülsenfrüchte: mehrmals in der Woche

Bringen Sie Bewegung in Ihr Leben!

Sport macht nicht nur schlank und gesund, sondern auch glücklich. Mit der richtigen Strategie kann jeder etwas Training in sein Leben integrieren. Denn auch die Mobilität im Alltag bringt mehr, als man denkt – gute Laune inklusive.

Können Sie eigentlich mit Ihrem großen Zeh Ihre Nasenspitze berühren? Nicht? Dann müssen Sie es verlernt haben. Als Baby ist es Ihnen sicher gelungen. Und jetzt, zu Beginn Ihrer Diät, können Sie einmal testen, wie beweglich Sie noch sind. Denn um langfristig schlanker zu werden, müssen Sie sich nicht nur bewusster ernähren, sondern auch mehr bewegen. Nur so regen Sie Ihren Stoffwechsel an, Muskelmasse baut sich auf, und Ihr Grundumsatz erhöht sich ganz automatisch. Haben Sie schon tausendmal gelesen? Und sind trotzdem auf dem Sofa liegen geblieben? Dann befinden Sie sich in bester Gesellschaft: In Deutschland treiben nach einer Studie des Robert-Koch-Instituts nur jeder fünfte Mann und nur jede sechste Frau im Alter von 30 bis 60 Jahren ausreichend Sport. Vielleicht wäre das anders, wenn bekannter wäre, was Sport noch bringt außer Kalorienverlust und Gesundheitsgewinn: nämlich Zufriedenheit und Glück. Ein schlagendes Argument, oder? Sport beugt nicht nur vielen Krankheiten vor, wie etwa Diabetes, Bluthochdruck oder Krebs, sondern hat nach neuesten wissenschaftlichen Erkenntnissen auch eine ganz ähnliche Wirkung wie Antidepressiva.

Wie Essen oder Schlafen ist Bewegung ein grundlegendes Bedürfnis des Menschen, für unsere Steinzeitvorfahren war sie sogar überlebenswichtig. Man muss sich nur einmal anschauen, wie sich Babys über jede Bewegung freuen, die sie dazulernen. Oder wir sollten uns an die eigene Kindheit erinnern: Nie wieder sind wir so enthusiastisch seilgesprungen, so ehrgeizig um die Wette gelaufen oder waghalsig auf Bäume geklettert. Ein ganz natürlicher Bewegungsdrang, den sich die meisten Menschen im Laufe des Lebens erfolgreich abgewöhnen.

Warum nicht mal wieder tanzen?

Erwachsene behandeln ihren Körper oft so, als wäre er nichts als ein lästiges Anhängsel des Kopfes. Dabei hindert ein Geburtsjahrgang vor 2000 absolut niemanden daran, mit viel Anlauf juchzend in einen Waldsee zu springen, mit ganzem körperlichem Einsatz einen Schneemann zu bauen oder sich einfach mal kopfüber an die Teppichstange zu hängen. Vielleicht sieht dann ja alles gleich ganz anders aus. Natürlich, für unsere Faulheit gibt es eine Menge guter Gründe, und neben Büro, Einkaufen, Kino, Lieblingsita-

liener, Kindern und Partner bleibt oft kaum Zeit für ausgiebiges Training. Da bedeuten regelmäßige Sportstunden nicht selten nur eine Extraportion Stress. Aber eigentlich kennt doch jeder das Glücksgefühl nach einer durchtanzten Nacht oder einer ausgiebigen Joggingrunde: Die Klamotten verschwitzt, die Wangen noch heiß und die Gedanken glasklar, fühlt man sich, als könnte man die ganze Welt erobern. Ein bewegter Körper bringt ein wahres Gewitter an Geistesblitzen für den Kopf. Das liegt daran, dass beim Sport die Körpertemperatur um ein bis zwei Grad steigt. Dadurch wird der Stoffwechsel angekurbelt, und die gesamten Körperzellen werden mit mehr Sauerstoff versorgt. Folge: Die kognitiven Fähigkeiten wie Aufmerksamkeit und Konzentrationsvermögen verbessern sich, die Wirksamkeit und die Leistung von Nervenzellen wird gesteigert. Bewegung macht also auch schlau. Aber woher kommt die gute Laune? Mit der Ausschüttung der oft erwähnten Glückshormone, der Endorphine, ist der Effekt nicht zu erklären. Die produziert der Körper erst zur Schmerzlinderung bei außerordentlichen Anstrengungen, etwa bei einem Marathon oder bei einer Geburt. Grenzerfahrungen, deren es gar nicht bedarf, damit der positive Effekt von Bewegung auf die Stimmung spürbar wird. Die Erklärung der Formel »Bewegung = Glück« ist viel einfacher: Regelmäßiges Training hilft, Spannungen abzubauen, Ängste zu lindern und Stress zu reduzieren. Und noch ein Grund, warum Bewegung gut für die

Psyche ist: Der Sieg über die eigene Antriebsschwäche lässt uns wieder mehr unserer eigenen Willenskraft trauen, Sport ist ein Bereich des Lebens, in dem man selbst etwas bewirken kann. Das ist zum Beispiel im Beruf bei vielen Menschen nicht der Fall. Wer am Abend zuvor beim Basketball den entscheidenden Korb geworfen hat, der kann mit der Kritik vom Chef am nächsten Tag souveräner umgehen. Und außerdem spielt natürlich auch die Eitelkeit eine Rolle. Logisch: Straffe Oberarme oder glatte Oberschenkel heben ganz automatisch die Stimmung.

Welcher Bewegungstyp sind Sie?

Bleibt die Frage der Motivation. Wenn mit der Traumfigur gleich eine riesige Ladung Selbstbewusstsein, Lebensfreude und Leistungsfähigkeit mitgeliefert wird, worauf warten wir dann noch? Eigentlich wissen die meisten Menschen genau, dass sie Sport treiben sollten – tun es aber trotzdem nicht. Ein Teufelskreis: Denn je länger man nichts getan hat, desto schwerer fällt auch der Wieder- oder Neueinstieg.

Darum gilt für Bewegung das Gleiche wie für jede Diät: Je unkomplizierter und zwangloser sie umzusetzen ist, desto realistischer ist der Erfolg. Gleich zu Beginn sollten Sie sich darum fragen, was für ein Bewegungstyp Sie sind. Wenn Sie die Zeit aufbringen, regelmäßig zu trainieren, brauchen Sie sich nur noch für eine Sportart zu entscheiden. Dabei müssen es nicht immer Ausdauer-

sportarten wie Jogging, Radfahren oder Schwimmen sein. Zur Stressregulierung werden sogar eher Aktivitäten empfohlen, bei denen man sich voll konzentrieren muss, zum Beispiel Golf, Tennis oder Kampfsport. Mannschaftssportarten wie etwa Volleyball oder Basketball eignen sich aus zwei Gründen besonders: Das Gruppenerlebnis steigert das soziale Wohlbefinden, der Gruppenzwang schützt vor dem Schwänzen. Wissenschaftler sind sich einig, dass jeder Mensch pro Woche mindestens 1500 Kilokalorien durch zusätzliche Bewegung verbrennen sollte. Das entspricht bei einem Körpergewicht von 70 Kilo zum Beispiel rund drei Schwimmeinheiten à 45 Minuten oder zwei einstündigen Joggingrunden (mit einer Geschwindigkeit von ca. 12 km/h).

Hoffnung für Sportmuffel

Das ist Ihnen alles zu viel? Macht nichts! Auch für Faulpelze, die sich schon vorm Schulsport gedrückt haben, gibt es Hoffnung. Vielleicht finden Sie es lässig, es mit Churchill zu halten, aber »No sports« bedeutet noch lange nicht, dass nicht auch Sie irgendwann mal wieder den Schnee von Ihrer Auffahrt schippen müssen. 23 Minuten Schneeschippen verbrauchen genauso viel Energie wie eine gute halbe Stunde Aerobic, nämlich 255 Kalorien (mehr Beispiele für den alltäglichen Kalorienverbrauch auf der rechten Seite). Wenn Sie zwei Stunden dabeibleiben, haben Sie schon das Wochensoll an Bewegung von rund 1500 Kilokalorien erfüllt. Theoretisch jedenfalls. Ganz so leicht fällt das natürlich nicht. Trotzdem ist es überraschend, wie positiv auch kleine Verhaltensänderungen im Alltag Ihre Bewegungsbilanz verbessern. Dabei geht es nicht nur um die klassischen Empfehlungen – wie Aufzüge meiden, öfter mit dem Hund toben oder nach dem Mittagessen mit Kollegen spazierengehen –, sondern viel mehr um grundsätzliche Neuerungen, wie etwa, den Arbeitsweg immer mit dem Rad zurückzulegen, keinen Aufsitzrasenmäher zu kaufen oder das Kind nicht mit dem Auto, sondern immer zu Fuß oder mit dem Rad in den Kindergarten zu bringen. Egal ob regelmäßiger Traningstermin oder mehr Wendigkeit im Alltag: Wichtig für den langfristigen Erfolg Ihres persönlichen Bewegungsprogramms ist immer eine Portion Realismus. Denn genauso, wie man nicht fünf Kilo in fünf Tagen abnehmen kann, entsteht auch kein Waschbrettbauch in einer Woche. Grundsätzlich sollten Sie sich vorab damit auseinandersetzen, ob Sie die Bewegung wirklich selbst wollen, oder ob Sie nur damit anfangen, weil Freunde, der Partner oder der Arzt Ihnen dazu raten. Dann werden Sie das neue Training schnell als Zwang empfinden. Haben Sie einige Male geschwänzt, verbinden Sie Sport nur noch mit einem schlechten Gewissen, ein negativer Effekt, der das Gegenteil von dem bewirkt, was Sie ursprünglich wollten: nämlich Sport und Bewegung ganz selbstverständlich in Ihr Leben integrieren. Dabei ist Bewegung ein Genuss: zum Beispiel allein mit sich und der Welt durch einen Wald zu laufen, nur begleitet vom Rauschen der Bäume.

Sport: Ihr ganz privater Luxus

Und ein weiteres Argument, warum Sie Ihre Diät mit einem Sportprogramm verbinden sollten: Studien belegen, dass gerade Menschen mit Übergewicht überproportional vom Mehr an Bewegung profitieren. Das heißt: einen schnelleren Trainingserfolg haben. Fangen Sie also gleich damit an. Die Argumente liegen auf der Hand. Fehlt nur noch die Disziplin. Da muss sich jeder an die eigene Nase fassen. Und wenn Sie das mit dem großen Zeh nicht können – wird schon!

Sex oder Seilspringen?

Kleine Entscheidungshilfe für alle, die es ganz genau wissen wollen.

1 Port. Pommes frites	330 kcal	30 Min. zügiges Schwimmen	60 Min. Fensterputzen
1 Schinkenbrot	255 kcal	35 Min. Aerobic	23 Min. Schneeschippen
10 Kartoffelchips	105 kcal	9 Min. Seilspringen	19 Min. aktiver Sex
1 Bockwurst	320 kcal	60 Min. Walking	75 Min. Bügeln
1 Weizenbier	190 kcal	48 Min. leichte Gartenarbeit	72 Min. Klavierspielen
1 Port. Crêpes (ohne Füllung)	440 kcal	30 Min. Squash	60 Min. Bergwandern mit Gepäck
1 Kugel Eiscreme	155 kcal	90 Min. Stehen	60 Min. passiver Sex
1 Tafel Milchschokolade	520 kcal	65 Min. Treppensteigen	6 Std. Fernsehen
3 Butterkekse	60 kcal	10 Min. Radfahren (15 km/h)	20 Min. Staubsaugen
1 Latte macchiato	50 kcal	7 Min. Inline-Skaten	30 Min. Autofahren
1 Glas O-Saft	90 kcal	19 Min. Tanzen	45 Min. Aufräumen

Die angegebenen Werte sind Durchschnittswerte und gelten für eine 70 Kilo schwere Person. Wer schwerer ist, verbrennt relativ mehr, pro fünf Kilo mehr Gewicht macht das etwa sieben Prozent aus. Bei einem Gewicht von 75 Kilo wäre das Schinkenbrot dann schon nach 32 Minuten Aerobic weg.

Das Body-Power-Programm

Fett verbrennen, abnehmen und Muskeln aufbauen: Das funktioniert mit diesem Kraft-Ausdauer-Training für zu Hause ganz ideal.

Es ist nun mal so: Der Stoffwechsel bei Frauen läuft langsamer als bei Männern. Und das bedeutet: Auch der Fettabbau geht langsamer vonstatten. Heißt das nun, dass wir uns beim Sport viel mehr abrackern müssen, um eine gute Figur zu bekommen? Keine Angst, wir müssen nur etwas anders trainieren. Nämlich Ausdauersport (wie Jogging oder Walking) mit Kraftübungen kombinieren und am besten ein Kraft-Ausdauer-Programm machen, das beides gleichzeitig bietet. Denn Frauen haben von Natur aus weniger Mitochondrien (Energielieferanten) in den Muskeln, die dafür sorgen, dass der Körper ordentlich viel Fett verbrennen kann.

BRIGITTE-Body-Power wurde auf Grundlage dieser Erkenntnisse gemeinsam mit dem Zentrum für Gesundheit der Sporthochschule Köln entwickelt. Das Kraft-Ausdauer-Training ist so angelegt, dass alle wichtigen Muskelgruppen aktiviert und trainiert werden, um die Anzahl und das Volumen der Mitochondrien zu erhöhen. Die Muskelzellen werden richtige kleine Kraftwerke. Jede Kraftübung (auf den Seiten 179–181) wird 60 Mal wiederholt (Schulterformer 45 Mal), um die Energiedepots der Muskulatur auszuschöpfen. Bei den letzten Wiederholungen dürfen die Muskeln ruhig ein bisschen brennen, ein Zeichen dafür, dass der Muskelaufbau optimal funktioniert. Die Übungen wurden so ausgewählt, dass sie einerseits die größten Muskeln (Bauch, Beine, Po) isoliert kräftigen, andererseits ganze Muskelketten auf einmal trainieren. Denn nur, wenn der ganze Körper einbezogen wird, läuft die Fettverbrennung auf Hochtouren.

Vor den Kraftübungen und zwischendurch werden Ausdauerübungen (wie Power-Marching oder Step-Touch) gemacht. Dadurch kommt der Puls schnell auf Fatburning-Niveau und fällt während der gesamten Trainingszeit nicht mehr ab. Der Puls pendelt sich je nach Alter zwischen 110 und 130 Schlägen pro Minute ein. Innerhalb dieses Pulsfrequenz-Bereichs verbraucht der Körper während des Trainings ca. 8 Kilokalorien pro Minute, etwa 6,4 davon kommen aus den Fettdepots. Ergebnis nach einer Stunde: Rund 500 Kilokalorien sind verbraucht. Im Anschluss an das Kraft-Ausdauer-Training folgt Stretching: Die Dehnübungen entspannen die Muskeln und helfen ihnen, sich schneller vom Training zu erholen. Außerdem wird durch das Langziehen der Muskelfasern die Kraftentfaltung der Muskulatur verbessert. Aufs Stretching also nie verzichten.

Das ist wichtig:

- Je präziser Sie die Bewegungen ausführen, desto intensiver ist der Trainingseffekt.
- Beim Krafttraining immer ausatmen, wenn der Muskel angespannt wird, einatmen, wenn er entspannt wird.
- Beim Stretching darf nichts wehtun. Nur so weit dehnen, wie es angenehm ist.
- Bei allen Übungen darauf achten: nicht ins Hohlkreuz gehen!
- Zwischen den Trainingstagen immer einen Tag Pause einlegen, damit sich die Muskeln erholen können.
- Sprechen Sie mit Ihrer Ärztin oder Ihrem Arzt, falls Sie Probleme mit Muskeln, Gelenken oder Kreislauf haben.

Ausdauer

Marching

Auf der Stelle marschieren und dabei die Arme kräftig einsetzen: anwinkeln und mit Power vor- und zurückschwingen lassen.

Übungseinheit: 1 Minute

Knee-Lift

Beim Marching die Knie höher ziehen und immer im Wechsel rechten Ellenbogen zum linken Knie, linken zum rechten Knie ...

Übungseinheit: 1 Minute

Step-Touch

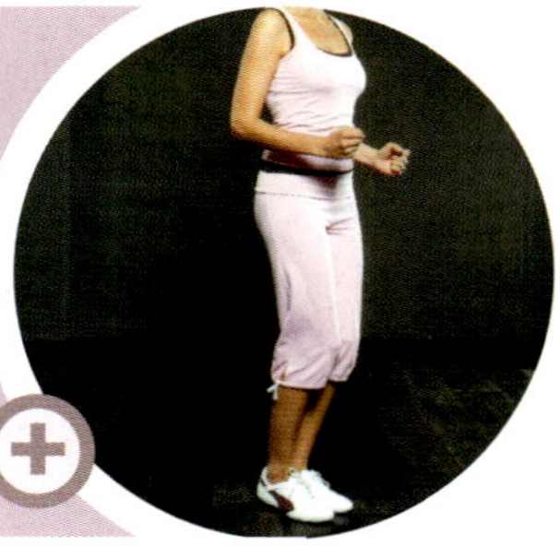

Locker hinstellen, die Füße stehen aneinander. Jetzt mit rechts einen großen Schritt zur Seite machen, den linken Fuß ranstellen, dann mit links zur Seite, rechts ran – und so weiter ...

Übungseinheit: 1 Minute

Biceps-Curl

Beim Step-Touch die Arme vor dem Körper beugen und wieder strecken: Seitschritt – Arme beugen, Fuß ranstellen – Arme strecken ...

Übungseinheit: 1 Minute

V-Step

Locker hinstellen, die Füße stehen nebeneinander. Jetzt zuerst den rechten Fuß diagonal nach vorn (außen) setzen, dann den linken; mit rechts zurück in die Ausgangsposition und mit links zurück. Und wieder: rechts vor, links vor, rechts zurück, links zurück ... Die Füße gehen ein »V«. 1 Minute. Wer den Ablauf draufhat, winkelt die Arme an – und weiter geht's: Beim Schritt rechts vor schwingt der rechte Unterarm nach außen, beim Schritt links vor schwingt der linke nach außen. Beim Zurücksetzen der Füße die Arme wieder »einklappen« ...

Übungseinheit: 1 Minute

Kraft

Squats

für straffe Bein- und Oberkörpermuskeln

Die Füße stehen schulterbreit auseinander, die Zehenspitzen zeigen leicht nach außen, der Rücken ist gerade und leicht nach vorn gebeugt. Jetzt die Arme zur Decke strecken und beim Einatmen langsam in die Kniebeuge gehen, dabei den Po nach hinten unten schieben, so, als wollten Sie sich hinsetzen (die Beine bilden ungefähr einen rechten Winkel, die Knie gehen nicht über die Fußspitzen hinaus). Langsam wieder hochkommen, dabei ausatmen und die Arme sinken lassen. Der Rücken bleibt gerade, der Hals lang.

Übungseinheit: dreimal 20 Wiederholungen
Zwischendurch: Knee-Lift

Schulterformer

für feste Schultern und starke Rückenmuskeln

Füße schulterbreit aufstellen, Arme seitlich ausstrecken (Schultern und Arme bilden eine Linie, die Schulterblätter sind tief), Handflächen zeigen nach unten. Jetzt lassen Sie die Arme rückwärts kreisen: Beschreiben Sie zuerst kleine, dann immer größere Kreise ... Und die Arme nach vorn kreisen lassen. Das Atmen nicht vergessen!

Übungseinheit: dreimal 30 Rück-/Vor-Kreise
Zwischendurch: Step-Touch mit Biceps-Curl, ca. 1 Minute

Sit-ups

für einen flachen Bauch

In Rückenlage die Beine anwinkeln, die Fersen in die Matte drücken und die Hände hinter dem Kopf aneinander legen (Ellenbogen zeigen nach außen). Beim Ausatmen die Schulterblätter langsam anheben, leicht nachfedern, und beim Einatmen langsam wieder runterrollen, ohne die Schultern ganz abzulegen. Das trainiert die oberen Bauchmuskeln.

Übungseinheit: dreimal 20 Wiederholungen
Zwischendurch: in der Luft Rad fahren, mit Power, ca. 1 Minute

Jetzt trainieren Sie die schräge Bauchmuskulatur. Grundposition wie eben einnehmen und die Knie zur rechten Seite Richtung Boden sinken lassen, die Schulterblätter bleiben am Boden. Beim Ausatmen wieder langsam mit dem Oberkörper ein Stück hochkommen, leicht nachfedern, und beim Einatmen runterrollen, ohne die Schultern ganz abzulegen.

Übungseinheit: 20 Wiederholungen. Seitenwechsel und 20 Wiederholungen
Und die Übung noch zweimal wiederholen
Zwischendurch: in der Luft Rad fahren, ca. 1 Minute

Liegestütze an der Wand

für straffe Brust- und Armmuskeln

Hände in Schulterhöhe gegen eine Wand stützen, die Fingerspitzen zeigen leicht zueinander. Die Füße stehen einen Meter von der Wand entfernt (je weiter Sie wegstehen, umso anstrengender wird die Übung), der Körper bildet eine gerade Linie und ist gespannt. Jetzt beim Einatmen die Arme beugen – und beim Ausatmen wieder strecken, aber nicht ganz durchstrecken.

Übungseinheit: dreimal 20 Wiederholungen
Zwischendurch: V-Step, ca. 1 Minute

Beinschere

gegen Cellulite, für schlanke Hüften

Mit leicht gebeugten Knien aufrecht hinstellen (evtl. an einer Wand oder einem Türrahmen abstützen). Das linke Bein zur Seite strecken und die Fußspitze anziehen. Beim Ausatmen das linke Bein heben, dabei die Fußspitze leicht nach innen drehen – und beim Einatmen wieder senken, aber nicht abstellen. Der Oberkörper bleibt aufrecht.

Übungseinheit: 20 Wiederholungen. Beine kurz ausschütteln, Seitenwechsel. Und die Übung noch zweimal wiederholen
Zwischendurch: Step-Touch mit Biceps-Curl, ca. 1 Minute

Bridging

für feste Pomuskeln und einen geraden Rücken

Rückenlage, die Füße aufstellen, die Arme liegen neben dem Körper. Nun das Becken so weit anheben, dass Oberkörper und Oberschenkel eine Linie bilden. Aus dieser Position das Becken ein kleines Stück senken und wieder anheben. Kein Hohlkreuz machen und tief durchatmen! Wer noch Kraft hat, streckt beim Üben die Arme zur Decke.

Übungseinheit: dreimal 20 Wiederholungen
Zwischendurch: in der Luft Rad fahren, ca. 1 Minute

Stretching

Für die Rückseite der Beine

Das linke Bein nach vorn strecken, die Ferse aufsetzen und die Fußspitze Richtung Schienbein ziehen. Das rechte Bein ist gebeugt. Nun die Hände auf den rechten Oberschenkel stützen und den Oberkörper etwas nach vorn neigen, bis ein Ziehen hinten im linken Bein zu spüren ist. Die Dehnung 15 Sekunden lang halten, zwischendurch etwas nachdehnen, und die Seite wechseln. Die Übung wiederholen.

Für die Vorderseite der Oberschenkel

Locker hinstellen, die Beine sind leicht gebeugt. Das rechte Bein nach hinten anwinkeln, den Fußknöchel umfassen und langsam zum Po ziehen. Beide Knie liegen aneinander, der Rücken bleibt gerade. Die Dehnung 15 Sekunden halten, zwischendurch etwas nachdehnen, und die Seite wechseln. Die Übung noch einmal wiederholen.

Für die Körperseiten

In die leichte Grätsche stellen. Die rechte Hand in die Taille stützen und den linken Arm nah am Ohr lang zur Decke strecken. Nun den Oberkörper zur rechten Seite neigen. Achtung: die Hüfte dabei nicht nach vorn oder hinten kippen. Die Dehnung 15 Sekunden lang halten, zwischendurch etwas nachdehnen, dann die Seite wechseln.
Die Übung noch einmal wiederholen.

Für die Brustmuskeln

Den rechten Unterarm gegen einen Türrahmen lehnen, der Ellenbogen ist etwas unterhalb des Schultergelenks, und mit dem rechten Bein einen Schritt nach vorn machen. Jetzt das Körpergewicht nach vorn verlagern und die Dehnung 15 Sekunden halten (zwischendurch etwas nachdehnen). Zur anderen Seite des Türrahmens drehen und die linke Seite dehnen. Die ganze Übung einmal wiederholen.

BRIGITTE-Diät auf den Punkt gebracht

Ein Durchhänger. Nichts geht mehr, Motivation gleich null. Das kann passieren. Dann schauen Sie am besten noch mal in den Psychotest. Was macht Sie dick? Wo sind Ihre Essfallen? Und als Memo für Ihre Küchen-Pinnwand: zehn Diät-Basics.

1 Diät heißt »Lebensweise« Diät ist keine Ausnahmesituation, sondern bedeutet: ab jetzt ein anderes Leben führen. Die Ernährung umstellen, sich mehr bewegen, Stress abbauen.

2 Realismus statt Träumerei Zu etwa 60 bis 70 Prozent entscheiden die Gene, wo das Fett bei Ihnen sitzt und ob Sie leicht zunehmen oder nicht. Das ist nun mal so. Über die restlichen 30 bis 40 Prozent aber entscheiden Sie.

3 Das nächste Kilo ist immer das wichtigste Der Weg ist das Ziel: abnehmen step by step. Vorgaben wie »30 Kilo weniger« oder »Größe 38« lassen eine Diät leicht scheitern.

4 Abnehmen folgt physikalischen Gesetzen Kalorien-Input kleiner als Kalorien-Output – nur so funktioniert's.

5 Es gibt keine Dickmacher Ob Schokolade, Kuchen oder Chips Sie dick machen, ist eine Frage der Menge. Über die entscheiden Sie.

6 Verbote sind unnötig Nie wieder Süßes? Ist unrealistisch und klappt vermutlich nicht. Deshalb ist alles erlaubt – siehe Punkt 5. Wenn Sie freiwillig auf etwas verzichten, bitte sehr.

7 Hungern macht dick Der Körper gibt ungern seine Energiereserven (Fettpolster) her. Wenn Sie hungern, speichert er Nahrung anschließend noch intensiver.

8 Ohne Bewegung läuft nichts Sport baut Muskeln auf, verbrennt zusätzliche Kalorien, hält fit, gesund und schlank, macht gute Laune ... was wollen Sie mehr?

9 Der Körper hat immer recht Andere nehmen leichter und schneller ab als Sie? Ja und? Machen Sie keinen Wettbewerb draus. Jeder Stoffwechsel tourt anders.

10 Schlanke haben verstanden Gewicht halten ist ein lebenslanger Prozess. Auch bei Schlanken, die doch angeblich keine Probleme damit haben. Sie reagieren nur sofort, wenn mal zwei, drei Pfund mehr drauf sind (bewusster essen, mehr Bewegung). Die permanente Gewichtsjustierung ist viel weniger aufwendig, als zehn Kilo auf einmal loszuwerden.

Abnehmen im Internet

»Ein neues Haustier: Muskelkater«

Wer Diät macht, besiegt immer wieder seinen härtesten Gegner: sich selbst. Die komplett verzehrte Tafel Schokolade wirft einen dabei vielleicht ein wenig zurück, aber nicht aus der Bahn. Und dass man für eine Röhrenjeans nicht gebaut ist, ist auch kein Grund aufzugeben. Selbst wenn man plötzlich nur noch Grammbeträge abnimmt, jeder noch so kleine Erfolg zählt.

Fr, 5. Mai, 8:20	**Betreff: Bitte Beistand!**
Julia	Puuh, mein Gewicht stagniert bei 82 Kilo, und jetzt hat sich auch noch meine Schwägerin für morgen angekündigt. Sie ist wie ich Mitte 30, kinderlieb und unkompliziert, nur leider trägt sie Jeans, so schmal geschnitten, dass auch meine siebenjährige Tochter Emma sie anziehen könnte. Und ich stehe in der Küche und fühle mich wie ein Walross mit Schürze. Julia
Fr, 5. Mai, 9:23	**Betreff: So schlimm?**
Sonja	Hallo Walross! Wusste gar nicht, dass verminderte Kalorienzufuhr bei manchen Menschen zu starker Intoleranz führt ... Etwas weniger Selbstmitleid bitte, Julia! – Und Geduld! Meine Waage zeigt mir heute 69 Kilo an. Habe also in drei Wochen schon zwei Kilo abgenommen. Das Tempo gefällt mir gut. Vielleicht schaffe ich es ja tatsächlich, zu meinem 50. Geburtstag im Sommer 65 Kilo zu wiegen. Wow, das wäre was! Sonja
Fr, 5. Mai, 9:30	**Betreff: Miss Diät-Community**
Katharina	Tja, Mädels, diese Woche gebührt wohl mir der Titel der »Miss Diät-Community«. Bin schon bei 71 Kilo angelangt, habe also bereits drei Kilo runter, da könnt ihr mit euren mickrigen Grammbeträgen einpacken! Kommt alles nur von Luft und Liebe. Katharina
So, 7. Mai, 22:33	**Betreff: Abtauchen**
Julia	Jetzt ratet mal, wohin mich meine Schwägerin und meine Kinder am Wochenende geschleppt haben? Ins Schwimmbad! Ein Albtraum! Aber man will ja vor seinen Kindern auch nicht als komplexbeladene, essgestörte Neurotikerin dastehen. Bei der Wasserverdrängung meines Körpers bin ich vermutlich eher als Naturereignis wahrgenommen worden, aber immerhin habe ich mich getraut ... Julia

Mo, 8. Mai, 11:22	**Betreff: Achtung, Naschattacke!**
Sonja	Die ersten zwei Stücke Vollmilch-Nuss am Sonntagabend haben meinen Willen gebrochen … ich musste die Tafel einfach aufessen. So ist das bei mir mit dem Naschen: Wenn ich weiß, dass sich in meiner Wohnung etwas Süßes befindet, muss ich es auf der Stelle vernichten. Sonja PS: Dafür fange ich morgen endlich mit Pilates an!
Mo, 8. Mai, 20:18	**Betreff: Nie wieder Sex?**
Julia	Liebe Sonja, diesen Trick mit der Schokolade verstehe ich sowieso nicht. Mich zumindest befriedigt ein winziges Stück Schokolade überhaupt nicht, egal wie langsam und genüsslich ich es auf meiner Zunge zergehen lasse. Ein kleines bisschen Küssen führt ja auch nicht dazu, dass man nie wieder Sex will, oder? Julia
Di, 9. Mai, 11:47	**Betreff: Davon kann nicht die Rede sein**
Katharina	Apropos Sex – hat auch keinen schlechten Kalorienverbrauch! Katharina
Mi, 10. Mai, 11:08	**Betreff: Ach ja?**
Julia	Katharina, das halte ich ja für ein Gerücht! Julia
Mi, 10. Mai, 23:05	**Betreff: Dieses Haustier hilft beim Abnehmen**
Sonja	Kann euch aber beruhigen – es klappt auch ohne Partner: Habe mir vom Pilates gestern gleich ein neues Haustier mitgenommen: einen Muskelkater. Der verwandelt sich jetzt gerade in pure Muskelmasse und erhöht automatisch meinen Grundumsatz. Kann ich nur empfehlen. Es grüßt euch Sonja
Do, 11. Mai, 18:05	**Betreff: Bis hierher und weiter**
Julia	Ihr Lieben, was ich in den letzten Tagen gelernt habe: 1. Wenn man sich wie ein Walross fühlt, sollte man sich einen Muskelkater anschaffen. 2. Statt mit einer Tafel Schokolade seine Gelüste zu befriedigen, sollte man lieber gleich mit jemandem ins Bett gehen. 3. Und wenn man ernsthaft ein paar Kilo abnehmen will, muss man sich nur im Internet mit anderen Frauen zusammentun. So wie wir. Morgen ist wieder Wiegetag. Mal sehen, wie leicht wir alle mittlerweile sind. Ich bin da sehr optimistisch. Julia

Register aller Rezepte

SALATE

ABENDS

FAMILIE

DESSERTS (und Kuchen)

Register nach Zutaten

Appetit auf Spargel? Lust auf Pasta oder Quark...? Für viele Zutaten finden Sie hier schnell ein passendes Rezept (inklusive Milchdrinks; ohne süße Frühstücke, Snacks und Desserts).

EI, TOFU

GETREIDEPRODUKTE

Couscous

Reis/Reisnudeln

Gnocchi/Pasta/Spätzle

Weizen (vorgegart)/Bulgur

Impressum

Umwelthinweis:
Dieses Buch wurde auf chlor- und säurefreiem Papier gedruckt

2. Auflage
BRIGITTE-Buch im Diana Verlag

Psychotest: Diplom-Psychologin Dr. Eva Wlodarek-Küppers, Hamburg
Fachliche Beratung: Prof. Jörg Diehl, Ernährungspsychologe, Universität Gießen
Dr. Simone Munsch, Psychologin, Universität Basel
Prof. Volker Schusdziarra, Internist, TU München
Susanne Wendel, Internist, München

Ernährungspyramide: Objekte aus Knetmasse: Nina Pfeifer;
Fotos: Thomas Neckermann

Body-Power-Programm: Prof. Ingo Froböse, Birgit Wallmann, Deutsche Sporthochschule Köln
Fotos: Sonja Tobias; Texte: Iris Bader

Rezeptfotos: Ulrike Holsten S. 4/5, S. 54 (rechts), S. 62/63,
S. 78 (links), S. 119 (rechts), S. 120 (links),
S. 130 (rechts), S. 137 (links), S. 138, S. 141;
Thomas Neckermann S. 34, S. 37, S. 158 (unten). S. 56 (links),
S. 60, S. 65 (rechts), S. 74 (links), S. 101 (Mitte), S. 104, S. 105,
S. 127 (rechts), S. 131 (links), S. 139 (links)
Alle übrigen Rezeptfotos sind von Carsten Eichner.

Produktfoto S. 46: Frosta Tiefkühlkost GmbH, Hamburg
Porträts: Holde Schneider, Büro für Fotografie, Hamburg
Schlussredaktion: Uta Kleimann

Art-Direction und Layout-Konzept: Eisele Grafik-Design, München
Umschlaggestaltung: Eisele Grafik-Design, München
Herstellung, Layout und Satz: Gabriele Kutscha
Reproduktion: dietner PrePrint-Produktion, München
Druck und Bindung: Druckerei Uhl, Radolfzell
Printed in Germany 2007
978-3-453-28505-7

http://www.diana-verlag.de

Publishroom
www.publishroom.com

ISBN : 979-10-236-0524-2

Annie Vincent

À Delphine

LE COMBAT DE LA MAMAN DE DELPHINE

disparue à 18 ans dans l'incendie du 1er janvier 2002 de Chambéry

publishroom

Introduction

Je n'ai pas eu une enfance heureuse. Issue d'une famille modeste de cinq enfants dont trois n'étaient pas désirés, j'étais l'aînée des trois filles.

Mon frère aîné, plus âgé que moi, a très vite été considéré comme le chef, l'intellectuel, l'irréprochable sur qui tout était misé.

Il a profité durant plusieurs années de mon innocence et de ma vulnérabilité de petite fille, entraînant souvent son petit frère avec lui. J'étais trop jeune et sans défenses.

Nous avons vécu les premières années de notre jeunesse à la campagne à côté de nos grands-parents paternels. Le travail était difficile mais la vie certainement plus simple et plus saine que maintenant. Notre école était située à plusieurs kilomètres et je m'y rendais chaque jour à pied avec mes deux frères. Nous étions dans la même classe tous les trois malgré nos différences d'âge, ce qui était courant à l'époque. Mon plus jeune frère était souvent puni et passait beaucoup de temps à éplucher les patates.

Quelques années plus tard, pour des raisons majeures, mon père a dû aller travailler en ville. Nous avons quitté la maison de campagne. Peu de temps après, notre mère a donné naissance à une autre fille.

Nous allions aider nos grands-parents chaque week-end libre et pendant les vacances.

Je participais, ainsi que mes frères, aux vendanges, aux foins et autres tâches pendant que notre mère et notre grand-mère gardaient mes deux sœurs qui jouaient beaucoup ensemble.

Nous avons déménagé encore à deux reprises puis mon père a eu une proposition d'emploi définitive pour un poste mieux rémunéré en tant que chauffeur routier. Il était très souvent absent et nos grands-parents n'étaient plus auprès de nous.

Mon frère jouait alors le rôle du père sans probablement s'en rendre compte, tout lui était permis.

À l'époque, les filles n'étaient pas bien considérées et bonnes qu'à faire le ménage alors que les garçons étaient respectés.

Mes deux frères étaient ados et faisaient beaucoup de bêtises dépassant parfois les limites acceptables. Toujours est-il que c'était toujours le plus jeune qui était accusé, jamais l'aîné.

Un jour, j'ai essayé de parler à ma mère de ce que je subissais, j'ai reçu une claque et elle m'a interdit de reparler de cela à qui que ce soit et que je devrais avoir honte. Elle a toujours été très croyante et trop à l'écoute de ce que l'entourage pourrait dire ou penser. Elle n'avait aucune intention de me protéger ou de faire quoi que ce soit et préférait ignorer tout cela.

Ma mère a toujours été très dure, reproduisant sans doute la même éducation qu'elle avait reçue. Elle était hypocondriaque. Je l'ai vue toute ma jeunesse prendre des antidépresseurs, des somnifères et beaucoup d'autres médicaments, elle devait toujours en avoir un stock en réserve.

De mon regard de petite fille, je m'apercevais très vite que ceux-ci n'arrangeaient rien du tout, bien au contraire. Je me suis promis de ne jamais suivre son exemple et je m'y suis tenue.

Notre mère n'a jamais été tendre avec notre père, qui la craignait. Il était soumis et a toujours tout accepté sans rien dire ne voulant pas créer d'histoires.

Mon père rentrait souvent très tard du travail. Il partait régulièrement en déplacement durant toute la semaine.

À son retour, ma mère se plaignait souvent, il n'entendait que des reproches et des plaintes sur ce qu'il s'était passé à la maison pendant son absence.

Mon père travaillait plus qu'il ne pouvait en faire, afin de ramener le plus d'argent possible, mais cela ne suffisait jamais à notre mère. Une nuit, mort de fatigue et épuisé, il a terminé au volant de son camion qui s'est encastré dans un arbre.

Mon père était fils unique et ses parents ont toujours été adorables, tout comme lui. Ils aidaient notre famille le mieux possible. Ils possédaient une maison et des lopins de terre qu'ils ont très vite donnés à leur fils, alors que notre mère n'a pas eu grand-chose de son côté. Je ne pense pas qu'elle était si malheureuse, sans compter le fait d'avoir cinq enfants qu'elle ne pouvait assumer seule.

J'adorais mon père et nous avons été très vite complices. Il avait conscience que je n'avais pas la meilleure place et savait que ma mère n'était pas tendre avec moi. Il aurait voulu me protéger un peu mais il n'était pas assez présent à la maison.

Lorsqu'il rentrait, je l'attendais toujours avec impatience. Il donnait tout de suite à ma mère les frais de déplacements qu'il avait gagnés et ne gardait jamais rien pour lui. À chaque fête des mères qu'il n'oubliait jamais, il devait lui demander de l'argent et la remerciait. Il me le donnait alors et j'allais lui acheter un cadeau dans un magasin de vaisselles se trouvant juste à côté de chez nous.

Un jour, de retour de Paris, il m'a ramené une petite tour Eiffel que j'ai cachée. Ma mère l'a trouvée et mon père s'est fait disputer comme un gamin.

Mon père a toujours été très bon et très serviable avec tout le monde. Il savait être juste et était respecté de tous. Je ne pense pas qu'une seule personne connaissant mon père puisse ne pas l'avoir aimé ou apprécié, sauf peut-être ma mère.

Mon plus jeune frère n'a pas été gâté non plus. Il était un peu rebelle certes et un peu moins doué à l'école mais pas méchant.

Toujours est-il qu'étant jugé être la cause de tous les problèmes à la maison, il sera envoyé plus tard en pension. Je me souviens comme si c'était hier de la fois où nous l'avons accompagné un dimanche, j'étais avec eux. Nous l'aurions amené dans une prison que cela n'aurait pas été pire. Le pensionnat était immense, austère et éloigné de tout. Un très grand bassin se trouvait devant le bâtiment et mon frère a été très effrayé en arrivant car il avait peur de l'eau.

Au fil de la visite, sa peur montait et il ne pouvait retenir sa colère. J'avais la gorge serrée.

Il ne garde qu'un très mauvais souvenir et en a toujours voulu à notre frère et à notre mère.

Il s'est éloigné très vite et définitivement de la famille dès qu'il a pu le faire.

Je n'ai reçu ni amour ni affection, c'était probablement courant à cette époque. De nos jours, c'est tout le contraire, les parents ont tendance à trop couver leurs enfants si bien qu'ils n'arrivent jamais à voler de leurs propres ailes sans se casser la figure.

Durant ma jeunesse, je n'ai pas eu de jouets, pas de loisirs, aucun sport, aucune sortie scolaire, le strict minimum de vêtements, le minimum de nourriture, des oranges uniquement lorsque nous étions malades, jamais de gâteaux d'anniversaire, ni fêtes. Les seuls vêtements achetés devaient être portés pour aller à la messe le dimanche et rangés dès le retour pour le dimanche suivant, afin de ne pas les salir et les user. Mais ce n'est pas ce qui m'a le plus manqué.

Je n'avais jamais l'autorisation de sortir, même pour l'anniversaire d'une copine. J'étais contrainte de rester à la maison afin d'aider ma mère dans les tâches ménagères. Je devais faire les courses et m'occuper de mes deux petites sœurs dont l'une me donnait du fil à retordre. Pas de chance, j'étais la plus grande.

J'ai protégé mes deux petites sœurs de dangers permanents et ce n'était pas facile. J'étais leur sœur aînée et responsable de tout ce qui pouvait leur arriver. J'étais la plus grande et mon devoir était de veiller sur elles. Elles n'ont pas idée de ce que j'ai fait pour elles, en particulier pour la reconnaissance que j'en ai eue plus tard. Vous comprendrez plus loin.

Elles ont été toutes les deux protégées et ont vécu malgré tout une jeunesse à peu près normale.

La petite dernière, la chouchoute, est même restée très longtemps chez mes parents, se retrouvant seule, elle avait tout ce qu'elle voulait et pouvait sortir à sa guise.

Mariage précoce

À 16 ans, toujours aucune sortie ne m'était autorisée, jamais un sou, jamais un compliment, que des reproches. Je n'en pouvais plus de cette vie, j'ai alors décidé de faire le mur pour aller rejoindre un copain qui deviendra un an plus tard mon mari. Cet homme était le frère de ma belle-sœur. Je ne pouvais rencontrer quelqu'un qu'au sein de ma famille.

À mon retour tard le soir, j'ai reçu pour la première fois une bonne claque de mon père qui m'attendait. Ma mère lui avait demandé de m'attendre et de me donner une bonne leçon.

Je n'avais pas d'autres choix que de me marier, ce qui est arrivé quelques mois plus tard. Je devais quitter la maison familiale ne pouvant pas attendre encore quatre ans, l'âge de ma majorité.

J'avais besoin d'une émancipation de mes parents, car la majorité était à 21 ans. Cela n'a pas été un problème, au contraire. Ma mère allait avoir une bouche de moins à nourrir. Mon père était très triste de mon départ.

Lors de notre nuit de noce en juillet 1975, je me suis retrouvée dans un hôtel miteux à Yenne avec mon mari. Ma mère ne m'avait rien donné, je n'avais pas un sou et mon mari n'était pas fortuné. Ma dot, comme on le disait à l'époque, était un frigidaire. Je pleurais et je savais que je faisais une bêtise étant bien trop jeune pour me marier.

Mon mari, plus âgé que moi, travaillait et devait tout prendre à sa charge, logement, nourriture car il me restait une année d'études au lycée Jules-Ferry avant que je ne puisse travailler.

Je l'ai toujours remercié de m'avoir sortie de cette galère.

Dès la réussite de mes examens, j'ai plusieurs propositions d'emploi et je suis embauchée dès le lendemain.

Plusieurs années plus tard, j'ai donné naissance à deux enfants Lionel et Delphine. Nous formions un couple banal et une vie banale en a suivi. Nous avons toujours travaillé tous les deux afin de subvenir à la famille et ce n'était pas toujours facile. Durant plusieurs années, une fois les enfants couchés, je tapais des thèses et des mémoires pour des internes de l'hôpital pour arrondir les fins de mois difficiles.

Ma mère gardait parfois mes enfants pendant les vacances quand ils n'étaient pas au centre aéré. Je devais la payer afin de la dédommager de son travail pour vous dire que je n'ai jamais eu de cadeaux.

Mes grands-parents paternels vieillissaient, je m'en occupais et je les prenais chez nous dès que je pouvais. Mon mari les adorait aussi et ils s'entendaient très bien. Ils étaient si gentils et ressemblaient tellement à leur fils. Ils n'avaient plus rien, ayant tout donné à nos parents.

Au bout de treize ans de mariage, après beaucoup d'investissements dans le travail, l'éducation des enfants, la construction de la maison qui prenait tout notre temps et notre argent, nous décidons d'un commun accord de nous séparer, sans bruit, sans casse, mais évidemment avec beaucoup de souffrance et d'incompréhension pour nos deux enfants qui étaient très jeunes. Ils voyaient leur père les week-ends et un peu durant les vacances, mais les conditions n'étaient pas idéales, car leur père s'était remarié avec une femme qui ne pouvait pas avoir d'enfant et avait du mal à supporter ceux des autres, on peut arriver à le comprendre.

Vie de couple à nouveau

Je ne tarde pas à retrouver un homme, en instance de divorce. Il a un enfant qui a à peine 2 ans issu d'un mariage très court. Tout semble bien aller, au début, même beaucoup trop bien. Il adore mes enfants, il est super gentil avec eux et c'est très important pour moi.

Tout va tellement bien qu'il vient habiter à mon domicile J'étais contre cette idée au départ puis j'ai fini par accepter, pensant que c'était sûrement mieux pour l'équilibre de mes enfants qui retrouvaient alors un semblant de famille et tout le monde était heureux.

Pour la première fois de ma vie, nous vivons normalement, comme beaucoup sans devoir toujours compter l'argent.

Mon compagnon amène son fils à la maison suivant les gardes autorisées, mais les contacts avec sa femme sont de plus en plus difficiles et terminent souvent par des audiences au tribunal.

Soit il me dit qu'elle est absente volontairement quand il vient chercher son fils, soit elle lui reproche de ne pas le prendre assez souvent.

Tous ces problèmes multiples, de garde, d'audiences régulières au tribunal font qu'il voit de moins en moins son fils, ce qui le rend très malheureux et énervé.

Plus tard, alors que je suis enceinte, j'apprends par une lettre déposée à la maison par un huissier (lettre que je n'aurais jamais dû voir) que sa femme vient de donner naissance à un deuxième enfant et que le tribunal lui demande de verser une deuxième pension alimentaire. Il me donne des explications floues sur cette paternité mais il le reconnaît.

Je ne peux prendre parti ni juger une histoire qui ne me regarde pas. L'amour me rend aveugle.

En 1992, mon compagnon s'installe en libéral. Je lui lance son activité qui va très vite prospérer. Il a besoin d'une secrétaire pour le seconder et assurer les permanences téléphoniques, la réception de la clientèle et la comptabilité. Je quitte mon poste à la DDE afin de travailler avec lui et m'occuper de notre fille Audrey qui vient de naître. Je m'investis complètement pendant douze ans dans ce job. Mon compagnon sait apprécier et reconnaître le travail que j'accomplis très sérieusement.

Notre fille grandit et la situation se complique. Mon compagnon supporte de moins en moins mes deux enfants qui ne sont pas de lui et reporte tout son amour sur la petite qu'il étouffe sans s'en rendre compte, certainement car il n'a pas pu élever et voir grandir son fils comme il l'aurait souhaité.

Je ne suis plus heureuse, mes enfants non plus. Un homme est arrivé chez eux, les a aimés et petit à petit, la situation s'inverse complètement.

Je tiens le coup et m'accroche à cette vie tant bien que mal. L'envie de tout quitter me traverse souvent l'esprit, mais ce serait encore un tel bouleversement pour la petite dernière que j'ai du mal à l'envisager. J'ai quitté une carrière et une sécurité dans l'administration et je ne pourrais retrouver ce poste. Le travail que j'effectue avec mon conjoint depuis plus de dix ans ne me donne aucun droit.

Mon fils, qui s'est toujours bien entendu avec Delphine, quitte la maison afin de poursuivre ses études. Il a été très vite autonome et se contente de peu. Il ne pouvait déranger quelqu'un tellement il est discret.

Il reste donc mes deux filles à la maison. Elles sont très proches. Delphine adore sa petite sœur et s'en occupe comme une maman, à condition que le père de la petite ne soit pas présent car dès qu'il arrive, il s'accapare sa fille et Delphine doit partir.

Dès que nous sommes tous ensemble, je fais le tampon et la situation est invivable.

Delphine n'entend pas de compliments de son beau-père, pas plus lors de ses réussites d'examens ou de son permis de conduire. Il lui est difficile de ramener un copain ou une copine n'ayant pas sa chambre à elle, donc c'est elle qui doit partir.

Par contre, mon compagnon a un comportement exemplaire et très professionnel avec ses patients pour qui il est aux petits soins, parfois même un peu trop. Il est très généreux avec tout le monde et avec mes parents qui sont très souvent chez nous, ils habitent tout près.

Delphine s'en sort bien malgré tout. Elle a beaucoup d'amies, ce qui la sauve. Je ne l'empêche jamais de les voir ni de sortir, heureusement. Elle est très sérieuse et j'ai entièrement confiance en elle. Lorsqu'elle ne va pas bien, elle ne le montre pas, elle ne souhaite pas m'embêter avec ses problèmes me disant que j'en ai assez. Je suis présente pour elle et je fais le maximum malgré la situation compliquée. Elle trouve de moins en moins sa place à la maison et cette situation me crève le cœur.

Delphine est la joie de vivre, elle est belle, intelligente et tellement généreuse avec tout le monde. Elle se contente de peu et ne me demande jamais rien, tout comme son frère. Elle a toujours un sourire jusqu'aux oreilles, même dans les moments difficiles. Elle ressemble tellement à mon papa. Ils sont souvent pris en photos tous les deux. Mon papa est très souvent à la maison et il est très proche de mes enfants qui lui donnent beaucoup d'amour.

Delphine n'a pas beaucoup de chance, sans parler du divorce de ses parents, elle a des problèmes de santé, plusieurs opérations. En 1998, durant quelques jours passés chez l'une de mes sœurs, elle a un accident de ski dont elle n'est pas responsable. Un militaire la percute alors qu'elle est sur un téléski, elle dévale toute une piste noire et est arrêtée par un gros rocher. Elle est transportée à l'hôpital de Bourg-Saint-Maurice où elle restera plusieurs jours… Cet accident la traumatise beaucoup par la suite.

Deux années plus tard, elle souffre d'une mononucléose assez violente, elle reste plus de deux mois sans quitter sa chambre, isolée de tout le monde, coupée de son père, ignorée de son beau-père.

Delphine est la douceur même, elle adore les enfants. Elle passe son BAFA et fait plusieurs stages – petite enfance. Elle travaille l'été au centre aéré de la DDE.

Les enfants l'adorent. Quand elle arrive au centre ; je m'y trouve plusieurs fois car j'accompagne sa petite sœur à ce centre parfois pendant les vacances, tous les enfants lui sautent au cou dès qu'ils arrivent.

Elle envisage une carrière avec les enfants, professeure des écoles sans doute et commence à s'inscrire dans plusieurs établissements scolaires afin d'intégrer une école une fois son bac obtenu.

Delphine a une passion pour les animaux et pour la nature. Elle s'occupe de chevaux et en particulier Kally qu'elle monte chaque semaine. Elle n'aurait jamais fait de mal à une mouche.

Son rêve était de nager avec les dauphins. Elle a toujours trouvé très facilement des trèfles à quatre feuilles qu'elle glissait dans ses livres et elle collectionnait les fers à cheval, tout ceci ne va pas lui porter bonheur pour autant. Delphine adore dessiner et peindre dès qu'elle a un peu de temps libre, c'est une petite artiste. Elle pratique le parapente. Elle va souvent jusqu'au lac Saint-André en rollers accompagnée de notre berger allemand.

L'année du bac arrive, Delphine est en terminale S, elle est très studieuse et bien qu'ayant plus de difficulté que son frère, ses résultats sont bons. Nous devons patienter encore quelques mois et tous les problèmes vont être réglés. Elle quittera à son tour le foyer pour poursuivre ses études soit à Grenoble, soit à Annecy.

L'été 2001, après avoir travaillé un mois et demi en tant que monitrice, Delphine part pour la première fois seule quelques jours en vacances avec une amie de sa classe. À son retour dans le train, elle rencontre Jonathan qui revient d'un séjour avec son père.

Ils tombent très vite amoureux et deviennent inséparables. Ils sont ensemble la plupart des week-ends. Jonathan n'a pas beaucoup de chance non plus, sa mère est très prise par son travail tout comme moi et Jonathan nous confie ne pas se sentir trop aimé de son beau-père et voit très peu son père, d'où toute cette complicité entre eux.

Le 11 septembre, jour des attentats de New York, a été un jour très marquant pour Delphine qui est très sensible. Elle a beaucoup pleuré et me dit avoir été très choquée lors de la minute de silence pour tous les élèves du lycée et que c'était la première fois qu'elle vivait un tel moment. La pauvre, elle ne pouvait se douter que la prochaine minute de silence qui allait suivre quelques mois plus tard serait pour elle.

Le 31 décembre 2001, Delphine passe le réveillon avec Jonathan et un copain de Jo à la maison.

Ils doivent dormir au sous-sol, sachant que la chambre de Delphine sera occupée.

Nous sommes invités chez des amis à deux pas. Je suis heureuse de les laisser enfin tranquilles.

Le 1er janvier 2002 : le drame

Le premier jour de l'année est une journée glaciale, nous regardons un peu la télévision, mon compagnon joue avec sa fille. Delphine et Jonathan quittent le domicile aux environs de 18 heures 30 pour se rendre au centre-ville afin de souhaiter la bonne année à la mère du jeune homme.

Une heure plus tard environ, j'apprends qu'un incendie vient de se déclarer au centre de Chambéry. La mère de Jonathan me demande le numéro de téléphone de Delphine ne parvenant pas à joindre son fils. Elle travaille encore et ira sur place dès que possible.

J'appelle aussitôt Delphine sur son portable. Elle ne répond pas, je lui laisse un message lui demandant de me rappeler très vite. J'essaie également de téléphoner à Jonathan, il ne répond pas non plus.

N'étant pas tranquille, je pars tout de suite en ville accompagnée de mon fils. Tout ce que je sais c'est que Delphine et Jonathan ont déménagé des meubles et des cartons tout récemment et que la mère de Jonathan et son fils habitent à présent rue Basse-du-Château. Je n'ai pas eu le réflexe de lui demander son numéro de téléphone et le numéro de la montée où se trouve leur appartement.

Lorsque nous arrivons en ville, nous voyons des flammes et de la fumée de partout. Nous nous rendons très vite rue Basse-du-Château et malheureusement l'incendie est dans ce secteur.

J'appelle le copain de Jonathan qui était la veille à la maison, et chez qui Audrey garait sa voiture quand elle allait chez Jo, afin de lui demander où se situe l'appartement. Il ne connaît pas leur nouvelle adresse.

Durant les minutes qui passent et au fil du temps nous ne savons plus où aller. Un peu plus tard, nous allons nous renseigner au camion PC qui s'est installé devant les marches du château. Nous tentons d'obtenir des renseignements. On nous affirme qu'il n'y a aucune victime, que tous les appartements ont été évacués. Nous sommes un peu rassurés. Où sont Delphine et Jonathan ? Pourquoi Delphine ne me répond toujours pas malgré tous mes appels ? Je ne suis rassurée qu'à moitié. Je ne pourrai l'être que lorsque je les aurai vus ou entendus.

Nous rentrons à la maison tard dans la nuit. Je dis à mon fils, qui s'inquiète, qu'il est inutile de retourner en ville et que je le tiendrai informé. Je recharge mon portable.

Pendant ce temps, je continue à appeler les pompiers, la police. Tous les standards sont très pris et les lignes de plus en plus occupées. C'est la panique partout. J'arrive enfin à joindre quelqu'un de la cellule de crise qui est maintenant opérationnelle. On ne peut ou on ne veut pas me donner de renseignements, on me répond qu'il y a beaucoup trop de monde, qu'ils sont débordés. J'insiste leur disant que je voudrais simplement savoir si Delphine et Jonathan sont avec eux, ils répondent ne pas avoir le temps de renseigner toutes les personnes qui téléphonent. Je leur demande si je peux venir sur place, ils me disent que c'est impossible et je ne parviendrai pas à avoir l'adresse non plus.

La seule réponse que j'arrive à obtenir de la police et des pompiers est toujours la même : « Ne vous inquiétez pas, il n'y a aucune victime, vous aurez très vite des nouvelles. »

Tout ce que je sais, c'est que Delphine, où qu'elle puisse être, aurait répondu à mes appels. Nous ne restons jamais longtemps sans nous téléphoner quand elle n'est pas à la maison et elle me répond toujours très vite. Nous sommes très fusionnelles.

Elle n'est pas en mesure de téléphoner, c'est la seule raison de son silence, mais pourquoi ?

Je ne tiens plus en place et je ne peux pas attendre sans rien faire. Je retourne alors seule en ville. Je me gare très loin cette fois, tout le centre de la ville est bloqué.

Je tente toujours de téléphoner à Delphine mais aucune réponse, il en est de même sur le portable de Jonathan. Je cherche partout sans savoir où je dois aller. J'avais essayé de monter tout à l'heure dans une entrée pensant que c'est ici mais on m'avait repoussée et maintenant tout est barricadé. Les immeubles à côté s'enflamment aussi. Je ne sais plus que faire, il fait très froid. J'aimerais trouver la mère de Jonathan qui doit être sur place, mais je ne la connais pas et il y a tellement de monde que cela est impossible.

Tous les gens arrivent pour voir cet énorme incendie qui est sur le point de dévaster tout le centre pendant que je cherche désespérément ma fille et son ami. Les pompiers courent dans tous les sens et ont du mal à maîtriser la situation. Puis un peu plus tard, les toits s'effondrent, c'est l'horreur et je ne sais toujours pas où se trouvent Delphine et Jonathan.

Il fait -10°, je reste en ville. Je continue à téléphoner à la police, au numéro de la cellule et toujours rien. Les pompiers me redisent avoir visité les appartements et qu'il n'y a pas de victime. Je ne serai pas rassurée tant que Delphine ne m'aura pas téléphoné.

Je comprends bien plus tard que les pompiers ne savaient pas à leur arrivée d'où était parti le feu et n'étaient pas montés à l'appartement où se trouvaient les deux jeunes.

La police me demande d'appeler tous les copains et copines de Delphine au cas où ils seraient dans un bar ou en discothèque. Je le fais tout en leur expliquant qu'ils ne vont jamais dans les bars ou en boîtes de nuit. Je téléphone également au père de Delphine qui ne répond pas, sa femme nous dira le lendemain qu'ils ne décrochent jamais le téléphone la nuit

Après beaucoup d'insistance et d'énervement de ma part et de la part de la maman de Jonathan qui a indiqué l'étage où se trouve son appartement, les pompiers montent. Mais l'appartement s'est effondré, il ne reste rien.

Durant le reste de la nuit, on nous donne espoir de les retrouver, ce n'est que questions sur questions. Je n'ai plus la force de répondre. J'ai de plus en plus peur du pire, j'ai de moins en moins d'espoir et c'est le pire qui va arriver. J'ai un très mauvais pressentiment au fond de moi qu'il est difficile de décrire, il est très profond et je sais que Delphine ne me répondra plus.

Je rentre à la maison à 9 heures du matin épuisée et gelée. Je passe tout d'abord chez mes amis avec qui nous avons passé le réveillon la veille, ne trouvant pas la force d'aller annoncer la nouvelle à mes deux enfants. La première chose que je dis en arrivant à mon compagnon qui se trouve dans le couloir : « Delphine ne te gênera plus, elle est certainement morte dans l'incendie. » Puis je m'effondre au moment où arrivent mes deux enfants qui ont tout entendu. Il est impossible d'expliquer une telle chose au frère et à la sœur de Delphine qui comprennent très vite.

Mon fils court s'enfermer dans sa chambre et je l'ai entendu pleurer sans relâche. Il a certainement perdu sa petite sœur avec qui il s'entendait si bien. Sa copine est restée près de lui très longtemps afin de le soutenir, elle pleurait de toutes ses larmes très choquée elle aussi.

Nous attendons toute la journée à la maison, mes parents nous ont rejoints. Le téléphone ne fait que sonner, police, pompiers, ma famille, mes amis, les voisins, les amies de Delphine ; les heures sont sans fin. Le père de Delphine, qui vient de se réveiller, nous rejoint à la maison aussi. Ma fille âgée de 10 ans est accompagnée chez une voisine que je connais à peine. La mère de Jonathan, que je n'ai pas encore rencontrée, vient également un peu plus tard.

Les recherches commencent en fin de matinée. Des renforts sont appelés et arrivent de partout. On avait déjà annoncé cet important incendie sur toutes les chaînes télévisées précisant qu'il n'y avait heureusement aucune victime à déplorer.

L'attente est insupportable, un espoir de plus en plus petit et une peur de plus en plus grande m'envahissent au fil des minutes et des heures qui passent.

Je reçois un appel de la police aux environs de 15 heures. Le téléphone portable de Delphine vient d'être retrouvé. Elle l'avait reçu en cadeau de Noël quelques jours auparavant.

Soudain, une lueur d'espoir vient nous réchauffer un peu et nous redonner du courage.

En fin d'après-midi nous apprenons que deux corps viennent d'être retrouvés sous les décombres par une équipe de maîtres-chiens. Le coup en plein cœur tant redouté arrive comme un tsunami. Tout s'arrête, tout l'univers s'écroule, tout s'effondre et tout bascule dans l'horreur en quelques secondes. On se renferme dans une douleur qui est difficilement explicable. Seules les personnes qui ont connu un tel drame sont capables de comprendre.

Nous vivons un cauchemar indescriptible. Personne ne veut le croire. Ma famille, mes amis m'appellent à nouveau ainsi que toutes les personnes de mon entourage apprenant cela par les médias. Je n'ai plus la force de décrocher le téléphone, mon compagnon prend le relais.

La police me demande de les accompagner en ville pour voir le corps de ma fille. Nous y allons avec nos propres moyens. La traversée de la ville est interminable. Il faut se rendre à la mort, sur les lieux de ce drame, pour voir ma fille, je ne sais dans quel état. Arrivée sur les lieux, une foule de personnes est présente ainsi que toutes les personnalités arrivant de partout. Tout le monde est encore plongé dans l'esprit des fêtes qui ne sont pas terminées pour beaucoup.

Au bout d'un quart d'heure, on me dit qu'il vaut mieux que je retourne chez moi. M. Besson, maire de Chambéry, a apparemment retenu mon pauvre papa qui avait couru pour voir sa petite fille. Ce n'était pas beau à voir.

On va l'arranger me dit-on, et je pourrai la voir plus tard à la morgue, mais je n'ai jamais pu la revoir.

Je rentre chez moi, je ne sais comment, je n'ai plus de force et je ne sais pas comment faire face à cette tragédie, à cette douleur et à celle de mes deux enfants.

La police m'appelle un peu plus tard pour me dire que le procureur de la République désire rencontrer les parents des deux jeunes dès le demain matin. En effet, on vient d'apprendre que Delphine a appelé les pompiers pendant cinq minutes avant de mourir.

Je n'arrive pas à le croire. Ils ont donné l'alerte aux pompiers et n'ont pas été sauvés ?

Nous tentons de comprendre ce qui est arrivé, mais n'avons guère de renseignements.

Le lendemain, nous passons plus de quatre heures chez le procureur. Nous prenons connaissance de cet appel téléphonique qui a duré quatre minutes et cinquante-huit secondes. Delphine et Jonathan ont été en relation tout ce temps avec la standardiste des pompiers. Delphine lui a dit clairement où ils se trouvaient, le numéro de la montée. Elle leur dit qu'ils ont du mal à sortir à cause d'une fumée épaisse et chaude. Ils veulent savoir ce qu'ils doivent faire. Elle leur répond que les pompiers sont partis et qu'ils arrivent pour les sauver.

Le temps passe, la panique prend le dessus, la chaleur devient insupportable. Ne voyant personne arriver, ils veulent sauter par la fenêtre. On leur interdit de le faire, car ils risquent de se tuer. Ils étaient tous les deux sportifs et peut-être que c'était leur unique chance de s'en sortir.

Malheureusement, au vu des éléments rapportés, nous aurons plus tard la certitude que les pompiers ignoraient que deux jeunes gens étaient sur le point de mourir à l'étage, et ce malgré l'appel téléphonique de Delphine et Jonathan, appel qui n'a pas été répercuté aux pompiers se trouvant au bas de l'immeuble.

Ce qui explique pourquoi durant toute la nuit et encore le lendemain, on entendait partout qu'il n'y avait aucune victime à déplorer. Personne ne savait que les deux jeunes, qui en plus avaient donné l'alerte, étaient morts. Seules les deux mamans qui les cherchaient en étaient quasiment certaines. Ce n'est que bien plus tard que tout le monde a compris.

Nous avons aussi les explications quant au départ du feu. Quatre personnes adultes buvaient l'apéritif et continuaient la fête. L'une d'entre elles a allumé des feux de Bengale normalement interdits à l'intérieur et surtout sur un sapin sec. L'arbre touchait le plafond et était très sec. Le sapin s'est très vite enflammé. Ils ont essayé de l'éteindre, n'y sont pas parvenus et à partir de ce moment-là, ils ont fait tout ce qu'il ne fallait pas faire.

Ils ont déplacé le sapin et fait le tour des pièces, essayant de le sortir quelque part, et de ce fait, le sapin enflammait tout ce qu'il touchait, meubles, rideaux et pour finir ils ont ouvert une porte donnant dans le hall, ce qui a provoqué un courant d'air gigantesque dans la montée d'escaliers conduisant aux étages du dessus et donc à l'appartement où se trouvaient Delphine et Jonathan.

L'un des responsables de l'incendie serait allé frapper à l'appartement où se trouvaient les deux jeunes car ils les avaient vus monter peu de temps avant. Il aurait également averti les autres résidents de la montée mais personne n'aurait répondu. L'étude du dossier et de toutes les pièces nous permettra plus tard d'acquérir la certitude que tout cela était faux.

Les responsables de cet incendie, après avoir commis autant d'imprudences, ont téléphoné aux pompiers en se trompant d'étage, ce qui n'était pas pour arranger la situation, puis ils ont été pris en charge très rapidement afin de soigner leurs bobos.

Pendant ce temps, deux jeunes gens étaient sur le point de perdre la vie, sans comprendre pourquoi on ne venait pas les sauver alors qu'ils avaient téléphoné et sans comprendre d'où provenait cet incendie, il n'y avait pas de sapin dans l'appartement, contrairement à ce qui a été dit par les médias

Nous apprendrons bien plus tard que les deux portables ont été détruits, soi-disant par erreur. Il est difficile de ne pas se poser de questions.

Nous avons refait la scène des centaines de fois, minute par minute afin d'essayer de comprendre certaines autres choses.

Je ne vous décris pas toutes les journées et les nuits qui vont suivre durant des semaines et des mois. J'ai toujours l'angoisse de m'endormir ne serait-ce qu'un moment sachant que dès que je vais ouvrir les yeux, j'aurai à nouveau la réalité la plus horrible, la plus insupportable qui va me frapper à nouveau, alors que j'ai pu l'oublier un court instant.

Mes enfants vivent certainement la même chose. Il est impossible de partager nos souffrances respectives, tellement elles sont trop dures à décrire et à exprimer. Je ne trouve pas la force de les aider, mais juste à les regarder, je sais ce qu'ils subissent eux aussi.

Je n'ai que des nausées, l'envie de pleurer. Je fais des cauchemars dès que je dors un peu et je n'arrive pas à penser à autre chose qu'à cet incendie durant cette nuit d'enfer qui a emporté ma fille subitement.

Il est difficile d'imaginer l'horreur qu'ils ont pu vivre, la peur, la panique, leur angoisse de plus en plus grandissante sans parler de leur douleur, et pour finir se voir mourir dans les flammes sans aucune aide, sans aucun secours. Delphine était claustrophobe, elle ne pouvait rester dans un ascenseur. Ma pauvre fille a vécu le pire des scénarios avant de mourir.

L'appel téléphonique enregistré est insupportable à entendre pour une mère. La fin de la conversation est un appel au secours avec des cris, des pleurs, une panique indescriptible.

Tout peut être supposé sur les minutes qui ont suivi la coupure de cette conversation et sur la raison de la coupure.

Toute ma vie je penserai et je garderai en tête l'horreur vécue par Delphine et Jonathan durant les dernières minutes de leurs vies.

J'en veux énormément aux responsables de l'incendie qui auraient pu sauver Delphine et Jonathan, soit en montant les avertir, soit en indiquant aux pompiers qu'ils les avaient vus monter juste avant l'incendie et en leur indiquant l'appartement dans lequel ils se trouvaient.

De plus, ils ne nous ont jamais fait d'excuses, ni une lettre, pas un mot. Nous attendions avec la maman de Jonathan au moins des regrets, bien qu'il s'agisse d'un homicide involontaire, il y a un minimum d'humanité. L'indifférence est pire que tout dans pareille situation.

Je tente par tous les moyens de rencontrer la standardiste mais c'est impossible, la police m'interdisant de la voir. Je voudrais m'entretenir avec la dernière personne qui a parlé avec ma fille.

Je rencontre les pompiers qui auraient pu sauver Delphine et Jonathan. Personne ne savait que deux jeunes se trouvaient encore là-haut, sinon, et nous l'avons bien compris, ils seraient montés, quitte à risquer leurs vies. Cette entrevue est très difficile évidemment, aucun pompier n'est à l'aise par rapport à ce drame et ils reconnaissent qu'une erreur s'est produite dans la répercussion de l'appel téléphonique. Ils sont désolés et me proposent leur aide si j'en éprouve le besoin. Ils sont vraiment sincères et je les crois tout à fait.

J'ai de nombreux rendez-vous au bureau de police et des auditions à chaque fait nouveau.

Je dois organiser la sépulture de ma fille. Je ne sais pas si Delphine aurait voulu être incinérée ou enterrée. Ce n'est pas le genre de question que les parents posent à leurs enfants en général.

Je n'aurais jamais pensé devoir enterrer ma propre fille un jour.

Je décide sans conviction, sans être capable de réfléchir, d'acheter une concession. Je dois affronter seule ces démarches, n'ayant aucun soutien de ma propre famille. Je n'ai pas plus d'aide du père de Delphine qui ne se propose même pas de participer à l'achat du caveau, de la pierre tombale ou autre. Par contre il est passé la veille avec son épouse demander un certificat d'hérédité alors que Delphine n'a pas d'argent..

Heureusement, je connais des amies au bureau de la mairie qui me soutiennent, m'aident à accomplir certaines formalités et me conseillent sur les démarches et sur l'achat d'un caveau.

Je signe tous les papiers qu'on me donne sans rien regarder. Je m'en fiche, j'ai perdu ma fille et je ne parviens toujours pas à le croire. Je n'ai pas pu identifier le corps de ma fille et je ne peux imaginer que je ne la reverrai plus jamais.

Je vous passe les détails de ce que je vais vivre ensuite, choix du cercueil, autopsie des corps, sépulture, etc. Aucun parent ne peut imaginer l'horreur, la douleur et ce qu'une mère peut ressentir en pareille circonstance, sauf s'ils ont vécu eux aussi la même chose.

Je n'ai toujours aucune nouvelle du papa de Delphine. Je ne le reverrai que le jour de l'enterrement, accompagné de sa femme.

Mon père me propose de participer à l'achat du caveau. Ma mère me téléphone deux heures plus tard pour me dire que deux enfants ne sont pas d'accord. Mon père, très gentil et très humain, insiste pour le faire, je lui demande de laisser tomber, que je vais me débrouiller seule.

Au sein de ma famille, l'argent a toujours été le plus important. On se demande comment cela est possible alors que la vie ne tient qu'à un fil et que de toute façon lorsque nous mourons, nous n'emportons rien avec nous.

Je suis en plein cauchemar 24h/24. Il m'est impossible de dormir plus d'une ou deux heures, avec toujours la même angoisse et le coup de poignard à chaque réveil.

Je ne parle pas de mes deux enfants pour qui la violence de cette disparition n'a pas de mot non plus. Nous espérons une seule chose, nous réveiller et découvrir que cet horrible cauchemar est terminé et que nous revoyons Delphine.

J'ai failli le croire un mois plus tard lorsqu'une entreprise qui travaille au château m'appelle pour me dire qu'un ouvrier vient de retrouver le portefeuille de Delphine avec ses clefs de voiture, ses papiers d'identité et la barrette de sa radio qu'elle gardait toujours avec elle.

Une lueur d'espoir arrive soudain, mais elle ne dure pas longtemps. J'appelle aussitôt la police et plus particulièrement une personne chargée de l'affaire qui me dit que l'entreprise n'était pas au courant et qu'elle n'aurait pas dû me téléphoner. Delphine a probablement jeté son sac et son contenu en bas de l'immeuble afin d'alerter quelqu'un mais personne ne les a vus.

Recherche de la vérité

Parallèlement, je tape un tract intitulé « Les oubliés de l'incendie » destiné aux Chambériens qui ont assisté à cet incendie et qui pourraient témoigner ou apporter des éléments par rapport à toutes ces erreurs.

Je pars très tôt le matin et je distribue environ dix mille tracts dans les boîtes aux lettres et les commerces. Je commence évidemment par le centre de Chambéry et je m'éloigne au fur et à mesure passant par les quartiers de Montjay, Jacob, Le Biollay, la commune de Barberaz, de Bassens et Saint-Alban-Leysse.

Le journal *Le 73* me propose son aide en distribuant une partie de ces tracts gratuitement.

Tout le monde a compris que des erreurs ont été commises et qu'elles ont conduit à la mort de jeunes personnes. La ville est sous le choc. Je reçois suite à cette diffusion plus de cinq cents appels. Certains appels téléphoniques m'apportent beaucoup de précisions, et d'autres moins. Deux notaires, des personnalités de Chambéry, des médecins, des commerçants et d'autres personnes me proposent leur aide et leur soutien.

Je reçois des contacts très chaleureux, très humains et sincères. Ces personnes sont très choquées et souhaitent me venir en aide.

La solidarité qui s'est déployée au cœur de Chambéry me réchauffe un peu le cœur et me donne le courage de poursuivre. Je me sens alors moins seule. Depuis le début de l'affaire, on m'avait conseillé d'enregistrer les conversations téléphoniques ou verbales étant liées à ce drame, pensant que certaines me serviraient un jour.

J'enregistre donc au fur et à mesure les appels importants dont certains seront utiles à la police qui a, je pense, moins de témoignages que moi. La plupart des personnes remplissent des attestations sur l'honneur sans que je leur demande, certaines de ces attestations sont un peu dérangeantes.

Peu importe, je me bats afin de connaître la vérité. C'est mon seul et légitime but. Je dois le faire pour Delphine et personne ne peut m'arrêter dans mon élan. Je souffre trop, je suis tellement en colère que cela me donne la force de déplacer des montagnes et ceci pour défendre ma fille et ne pas rester sans rien faire. Je sais pourtant que rien ne pourra ramener Delphine.

Il y a des solutions à tous les problèmes, mais aucune devant la mort. L'homme est impuissant.

Funérailles

Je dois organiser seule la sépulture de ma fille. Durant la cérémonie à l'église, qui est bondée, je me sens obligée de prendre la parole afin de rectifier ce qui est dit dans la presse et à la télévision « les deux jeunes ne jouaient pas avec un sapin pour la bonne raison qu'il n'y a jamais eu de sapin chez la mère de Jonathan et qu'ils ne savaient même pas que l'incendie avait été provoqué par un sapin ». Il est important pour moi que soit dite la vérité et rien que la vérité, c'est déjà assez difficile.

J'ai trop de mal à vous parler de la cérémonie. Comment pourrais-je être préparée à ce départ aussi brusque et concevoir que je ne reverrais jamais Delphine. Tout est brisé, ma vie, mon corps, mon cœur et mon âme.

Vous pouvez sans doute imaginer ce qu'une mère peut ressentir quand le cercueil de sa fille s'enfonce sous terre pour toujours.

Une fois la cérémonie terminée, ma mère me demande si j'ai préparé quelque chose à manger pour la famille ainsi que le veut la tradition.

À son grand désespoir, je lui dis non, n'ayant pas eu le courage ni d'y penser ni de faire quoi que ce soit. Personnellement, je n'ai encore rien pu avaler depuis le décès de Delphine et le dernier de mes tracas est bien de nourrir cette famille qui ne m'a pas apporté grand-chose.

Et puis si ma mère tenait tant à cette réception ou collation, elle aurait pu demander de l'aide à ses autres enfants.

Elle me balance un fion dont je vais me rappeler longtemps et me dit avoir honte de moi et demande à mon pauvre père, qui ne va pas bien du tout, d'aller acheter des pizzas pour tout le monde. Je ne participerai pas à cette festivité et je resterai seule avec mes enfants.

Je ne reçois par la suite que peu d'aide de ma propre famille, si ce n'est d'une sœur trop éloignée qui m'appelle régulièrement et de mes parents qui viennent tous les jours chez moi, malgré le fait que j'aurais aimé être seule de temps en temps…

Le plus important pour ma mère est que les vitres soient propres pour ne pas faire honte aux personnes qui vont venir me rendre visite car c'est le défilé pendant des semaines. Elle veille également à ce que je ne porte pas un vêtement voyant, car cela ne se fait pas. Il faut porter le deuil et elle y tient comme à la prunelle de ses yeux. Dès que quelqu'un passe le seuil de la maison, elle crie, elle pleure, elle est démonstratrice à un point qu'on a l'impression qu'il n'y a qu'elle qui souffre. C'est insupportable pour moi et mes enfants qui essayons de garder un peu de dignité et un peu d'intimité.

Du côté de mon père, c'est plus profond, il cache sa douleur tout en partageant la mienne. Nous n'avons pas besoin de nous parler pour nous comprendre. Il est l'opposé de ma mère.

Ma mère reproche à mon père d'aller bien alors que ce n'est pas le cas du tout, sauf qu'il cache autant que possible sa douleur voyant déjà celle que je traverse avec mes enfants. Il essaie de nous épargner un peu. Il adorait Delphine et souffre d'une façon indescriptible et n'arrive pas à supporter ce que la vie nous fait subir.

Mon fils est présent dès qu'il en a la possibilité et me soutient comme il peut. Ma seconde fille, très jeune, a du mal à réaliser tout ce bouleversement qui est arrivé si vite Personne ne vient la chercher ne serait-ce qu'un moment, histoire de la sortir de cet enfer. Chaque fois que quelqu'un nous rend visite, ce n'est que la même histoire répétée, des pleurs. Elle aurait pu être épargnée de tout ceci un petit peu. Heureusement les vacances sont terminées et elle va pouvoir retourner à l'école.

Travail de reconstruction

Quelque temps après le décès de Delphine, je lis beaucoup de livres, ils peuvent m'apaiser quelques instants, le temps de la lecture.

J'ai besoin de rencontrer des personnes qui ont perdu un enfant. Je veux savoir comment et si on peut se remettre d'un tel drame et s'en sortir un jour.

On se retrouve tellement seul, dans une souffrance incommensurable, insupportable. J'aurais dû à ce moment-là, être aidée par la société, par une association, mais je n'ai rien connu de tout cela, raison pour laquelle je vais créer peu de temps après l'association Delphine.

Je ne pense qu'à une chose, passer du temps au cimetière, là où se trouve Delphine. J'y passe des heures et des heures de jour comme de nuit.

Comment regarder un lit vide, sachant qu'elle ne reviendra jamais, regarder ses rollers qu'elle ne remettra plus, voir son piano alors qu'elle ne pourra plus en jouer. Que faut-il faire de sa carte d'identité ou de son permis de conduire ? Et c'est comme cela pour tout du matin au soir.

Deux jours après son enterrement, je reçois par la poste un chéquier au nom de Delphine, elle m'en avait fait la demande quelques semaines avant de mourir. Elle avait hâte de le recevoir. Je le regarde en me disant qu'elle n'aura même pas pu s'en servir une seule fois.

Certaines personnes me conseillent d'enlever toutes les affaires, mais je ne peux pas le faire. Comment enlever les seuls souvenirs qui vous restent. Je reconnais que chacun fait comme il peut dans une telle situation.

L'absence est de plus en plus forte au fur et à mesure que le temps passe.

Pendant très longtemps encore, lorsque j'entendais une voiture, j'avais encore l'espoir que ce soit Delphine. Je n'ai pas pu identifier le corps de ma fille et sa disparition est encore plus difficile à admettre. Je reste très longtemps avec l'espoir d'une erreur.

Au travers de livres et de discussions, j'entends des personnes dire qu'il existe certainement quelque chose après la mort (la survie de l'âme et de l'esprit), c'est le seul petit espoir qu'il me reste. Il faut que j'en sache plus. Je ne me suis jamais intéressée à ce sujet pensant que la mort frappait toujours chez les autres.

Mes enfants étaient et seront toujours là et ce sont eux qui devraient m'enterrer, destin le plus logique.

Je suis comme Saint Thomas, je crois ce que je vois. Je pars donc corps et âme dans mes recherches. Je fréquente des voyants, des télépathes. Je suis dans mon malheur très lucide sauf une fois où je suis tombée sur un marabout et l'histoire a failli mal se terminer.

Je n'ai jamais vu ma fille dans son cercueil et j'ai toujours encore un doute sur le fait qu'elle soit bien morte.

Je lis environ deux cents livres la première année. Dès que j'en termine un, j'en commence un autre, et je dois toujours en avoir d'avance. C'est ma drogue, je refuse de prendre des médicaments qui m'auraient probablement aidée mais j'ai trop peur de devenir dépendante tout comme ma mère.

Je me rends à plusieurs reprises au Karma Ling de la Rochette – couvent de moines tibétains. Le lieu vous apaise le temps de votre passage. Je demande à être reçue, mais c'est difficile puis lorsque j'en donne la raison, on me fixe très rapidement un rendez-vous.

Je suis reçue par un moine, l'un des plus anciens qui me dit en résumé que j'ai un travail à faire sur moi et que moi seule trouverai la réponse un jour. Ce qui s'avérera tout à fait exact par la suite. Mais sur le coup, je suis évidemment déçue.

Je rencontre également un magnétiseur qui m'a été recommandé par ma sœur. Les séances me sont rapidement bénéfiques, je suis arrivée chez lui tellement mal. De toute façon, je n'ai rien à perdre. Je fais également une régression sous hypnose. Je vais toujours vers l'inconnu afin de trouver des réponses à mes questions.

Je vais dans des tipis, village indien où vous restez des heures dans un sauna, on se demande comment on fait pour résister à une telle chaleur. Vous sortez d'ici tellement bouleversée et zen que vous oubliez votre chagrin. Après tout, c'est toujours cela de pris, sachant que chaque minute qui passe, on se demande comment on tient le coup. Si on arrive pendant de courts instants à ne pas penser à notre souffrance, c'est toujours cela de gagné, rien n'est de trop sachant que peu de choses arrivent à nous apaiser.

J'explorais beaucoup de domaines, ce qui me permettait de gagner du temps sur ma douleur qui me rongeait inlassablement et ainsi me permettre d'avancer.

Ma vie n'avait plus d'importance. Il pouvait m'arriver n'importe quoi, je m'en moquais.

L'envie tout simplement de disparaître m'a traversé l'esprit plus d'une fois afin de ne plus souffrir. Mais que deviendraient mes deux enfants ?

Puis je rencontre Léo Rosenblum, un médium unique qui aide les parents qui ont perdu des enfants et ce gracieusement.

Il communique avec les âmes et vous donne des messages des personnes disparues. Certains contacts ne peuvent plus remettre en doute l'existence de l'âme de la personne disparue. Léo et son épouse Monique sont devenus très vite de véritables amis.

Tellement de choses n'ont pas d'explications mais au fil du temps, nous en trouvons, à nous de les voir. Je sais maintenant que Delphine est dans un monde meilleur.

L'espoir d'une justice

J'attendais et n'espérais qu'une chose, c'est que justice soit faite. On connaissait les auteurs de cet incendie, quatre adultes dont deux étant reconnus responsables. Quand ils se promenaient en ville, certains commerçants me téléphonaient me disant qu'ils pourraient rester chez eux.

La justice est malheureusement parfois décevante. Nous constatons dans certains procès que les assassins s'en sortent plutôt bien alors que les victimes parfois peu considérées ont leur vie brisée et ne repartent qu'avec leur douleur à gérer comme elles le pourront.

J'ai toujours attaché beaucoup d'importance à la vérité, à la justice à laquelle je tente de croire encore.

La presse est toujours présente et me contacte régulièrement, me donnant ainsi l'occasion de m'exprimer, bien que souvent lors des interviews, le message que je veux faire passer n'est pas le bon ou est retranscrit de façon différente. Depuis ce jour, je me méfie de certains articles qui ne reflètent pas toujours la réalité. Certains journalistes n'hésitent pas à déformer un peu la réalité afin que l'information soit plus croustillante, donnant ainsi une version erronée des faits.

Il était dit que Delphine et Jonathan avaient probablement joué avec un sapin et étaient responsables alors qu'il n'y avait même pas un sapin chez Jonathan.

Décembre 2002

Nous rencontrons pour la première fois la juge d'instruction chargée de l'affaire. Je ressens une froideur insoutenable et j'ai tout de suite l'impression d'être considérée comme une responsable et non comme une victime.

Je mets l'accent sur tout ce qui est dérangeant dans cette affaire mais qui se trouve malheureusement être la réalité.

Son point de vue est que personne n'est vraiment responsable. Concernant les responsables de l'incendie, elle me demande si je ne me suis jamais amusée avec des allumettes ou un sapin, je lui réponds « non ». En ce qui concerne les pompiers, on ne va pas les mettre en prison pour autant et cela ne servirait à rien de les inculper.

En clair, c'était la faute à personne bien que Delphine ait donné l'alerte aux pompiers, malgré toutes les erreurs constatées. Les deux jeunes s'étaient trouvés ici au mauvais moment.

Encore quelques minutes, Delphine et Jonathan allaient être responsables !!!

L'audition, qui a duré plus de trois heures, a été vraiment difficile. La dernière phrase qui m'a été dite en partant a été : « À partir du moment où l'on vient sur terre, on risque de mourir à chaque instant. » Phrase qui restera gravée dans mon esprit.

Création de l'Association Delphine

Je me suis trouvée tellement seule dans la rue ce 1er janvier. Une cellule psychologique s'était mise en place à la disposition des personnes. La seule chose que l'on m'avait proposée était une piqûre si j'en avais besoin pour m'aider à affronter la situation et un accompagnement au centre hospitalier. Autant vous dire que j'ai refusé et je suis partie malgré le froid glacial. Si bien que j'ai voulu créer par la suite une association inexistante jusqu'alors.

Le 25 mars 2002, l'association Delphine naît. Je propose à la maman de Jonathan d'appeler l'association Delphine et Jonathan, mais elle n'y tient pas pour l'instant.

Les trois buts principaux étant le devoir de vérité par rapport à ce drame, la dispense de formations incendie dans les écoles, et pour terminer la création d'une cellule de soutien destinée aux parents qui perdent un enfant.

L'été 2002, l'association compte déjà cent trente membres, M. Louis Besson, ancien ministre et maire de Chambéry que j'ai refusé de rencontrer pendant plusieurs mois devient par la suite membre d'honneur. C'est un homme exceptionnel et très humain avec qui j'ai eu de très longs et réguliers échanges. Dominique Dord, député-maire d'Aix-les-Bains, accepte aussi d'être membre d'honneur.

M. P.P.D.A. est le parrain de l'association et la marraine est une chanteuse.

Mon compagnon est vice-président, probablement pour se racheter une bonne conduite, mais je reconnais qu'il s'investit beaucoup. La première AG est très émouvante, il est très ému, n'arrive plus à parler et pleure, je dois prendre le relais.

L'association est très active. Pas une semaine ne passe sans un article dans la presse, forums, manifestations, suivi de la cellule de soutien, formations incendie dans les établissements scolaires, avancée de l'enquête et de la justice. Je suis régulièrement sollicitée par les médias.

L'enquête qui a été confiée dans un premier temps au procureur de la République est très vite portée en instruction. Je pars à Paris très rapidement afin de confier l'affaire à Me Lombard.

Je mène de front l'évolution de cette association et la grande bataille juridique qui débute. Je continue à assurer l'accueil des patients, le téléphone et le secrétariat tant bien que mal et je m'occupe de mes enfants qui ont besoin de moi dans ce contexte où tout a basculé et s'est écroulé et où plus grand-chose n'a de sens pour nous.

Nous organisons une marche silencieuse un an après le drame. Beaucoup de Chambériens sont présents en hommage à Delphine et Jonathan.

Comment vivre après ?

Il est impossible de vivre normalement après un tel drame. Dès que mes enfants ont un peu de retard ou ne répondent pas au téléphone, je panique et je pense tout de suite au pire.

Mon attitude est très négative, non seulement ils ne sont pas bien du tout et ne peuvent revivre normalement, mais de plus je leur communique cette angoisse permanente que j'ai du mal à maîtriser.

Nous mangeons sans avoir faim, nous allons nous coucher sans avoir sommeil. Tout a perdu goût, et saveur. Tout s'écroule autour de vous, la famille, les amis. On ne comprend plus rien à rien.

Je pensais trouver un peu de réconfort au sein de ma grande famille mais hélas, je ne reçois que quelques appels téléphoniques au début qui vont très vite s'estomper et se terminer par le silence et l'indifférence.

Certains ont probablement dû être affectés au moment du drame mais ils ont très vite repris leur petite vie et oublié ce malheureux épisode. Une personne très proche m'a demandé après quatre années de silence si tout allait bien maintenant et si j'avais besoin de quelque chose ; j'ai répondu que j'avais pu me passer d'elle tout ce temps et qu'il était un peu tard.

Les personnes sur qui on compte plus ou moins ne sont plus là. Heureusement, des nouvelles mains se tendent. Odile, une amie de longue date, passe me voir presque tous les jours après son travail ainsi que des voisins. Les personnes qui travaillent sont bizarrement celles qui ont le plus de temps.

Petit à petit, il faut tout reconstruire, même si cela nous semble impossible. C'est un travail de fourmi qui va être très long. Il faut laisser le temps au temps. Selon notre volonté de nous battre, notre philosophie de la vie, nous pouvons y parvenir plus ou moins vite, sachant que certaines personnes ne pourront jamais.

J'ai de plus en plus de mal à regarder le piano de Delphine, sachant qu'elle ne pourra plus jamais en jouer. Elle était en dernière année de piano, l'élève la plus ancienne et avait participé au concert de Noël à Saint-Alban-Leysse juste quelques jours avant de mourir.

En ce qui me concerne, cela est très difficile, chaque minute, chaque journée qui passe est une épreuve. Je ne peux pas partager cette douleur avec mon compagnon à qui je reproche de ne pas avoir aimé ma fille, ni avec le père de Delphine avec qui je n'ai pas de contact. J'ai appris à gérer ma douleur avec mes propres moyens. Le seul moyen de ne pas être déçu est de compter sur soi-même. J'ai conscience qu'aucune solution n'existe et que je dois apprendre à vivre avec.

J'ai devant moi deux options. La première qui ne demande pas trop d'effort est de baisser les bras et sombrer petit à petit dans l'alcool, la drogue ou les médicaments et ne jamais m'en sortir.

Je vais prendre la deuxième option, travailler et me battre pour mes enfants qui ont besoin de moi et qui n'ont personne d'autre sur qui ils peuvent s'appuyer. Je dois saisir toutes les chances qui vont s'offrir à moi et me permettre de m'en sortir, de nous en sortir.

Nous traversons des périodes très difficiles et tout particulièrement celles des fêtes de fin d'année et jour de l'an bien évidemment.

Le seul espoir est qu'au fil des années, la douleur s'estompera un peu, mais je ne me voile pas la face, elle ne disparaîtra jamais et restera gravée à vie.

La cellule de soutien mise en place au sein de l'association Delphine permet d'aider des parents désemparés ayant perdu un enfant. Je m'investis beaucoup même si cela est très difficile pour moi. Je suis présente à chaque réunion. Le nombre d'adhérents augmente très vite.

Je reçois beaucoup de messages et de témoignages sur le site de l'association.

Myriam, la psychologue de l'association, est toujours présente pour les personnes qui ont besoin de nous. Son deuxième prénom est « Delphine ». Elle deviendra très vite ma petite sœur de cœur, sachant que sa famille de cœur est souvent bien plus importante que sa famille de sang.

Puis, petit à petit, je me détache de la clientèle. Autant j'ai partagé plus de douze ans de ma vie à les écouter, à les aider, autant maintenant je ne les comprends plus et j'ai de moins en moins de patience. Beaucoup de patients se noient dans une goutte d'eau alors que je me bats seule dans un océan.

Je me suis rapprochée de certains d'entre eux qui ont eu connaissance du drame que je vivais et qui souhaitent partager avec moi leur expérience et leur souffrance suite à un deuil.

Ce qui me semblait important ne l'est plus du tout et ce qui ne l'était pas le devient. Le matériel n'a plus de place et n'apporte rien. Nous comprenons tout cela au moment d'un drame, d'une disparition. Je prends conscience que tout est éphémère et peut s'envoler en un instant ce qui me permet d'avoir un autre regard et une vision différente sur la vie qui est très précieuse et qui peut s'arrêter à tout moment.

Culpabilité

Le stade de la colère passe un peu, je ressens une culpabilité horrible et envahissante dont je n'arrive pas à me détacher.

Je sais que cela ne sert à rien de parler avec des « si ». C'est tellement facile d'analyser une situation, une fois un drame passé. On sait exactement ce qu'il fallait faire et ce qu'il ne fallait pas faire. Mais, les questions sans réponses sont toujours là.

Je rumine sans cesse que Delphine se trouvait dans un milieu familial où elle n'était pas heureuse et ne recevait pas l'amour qu'elle méritait et que j'aurais peut-être pu, ce n'est pas faute d'avoir essayé, changer cette situation avant et ce drame ne serait sans doute pas arrivé. Je me dis aussi que si Delphine avait été bien chez elle avec une chambre bien à elle, Jonathan serait peut-être resté ou elle ne serait pas partie ce soir-là. Si j'avais pu les retenir ne serait-ce qu'une demi-heure, je les aurais sauvés.

Si Delphine m'avait téléphoné ou si Delphine n'avait pas eu de téléphone portable, tout aurait été différent et on peut tout imaginer.

Je dois réussir à me convaincre que je ne suis pas responsable de leurs choix.

J'ai élevé Delphine pratiquement toute seule et je porte toute la culpabilité sur mes épaules.

Je ne me disputais jamais avec Delphine et j'ai toujours fait ce que je pouvais afin qu'elle soit la plus heureuse possible.

Mise en examen des responsables de l'incendie : mars 2003

Les personnes responsables du départ de l'incendie sont mises en examen pour homicide involontaire.

Baptême du Gymnase Delphine et Jonathan : 15 Mars 2003

L'association organise son premier repas. Un grand et très émouvant lâcher de ballons en hommage à Delphine et Jonathan précède une soirée très conviviale où plus de deux cents personnes sont présentes. Delphine et Jonathan devaient certainement nous voir ou être présents parmi nous.

Novembre 2003, le gymnase de la Cardinière situé à côté du lycée Monge est baptisé « Delphine et Jonathan » par la municipalité de Chambéry. Beaucoup de monde assiste à cette manifestation très éprouvante.

Avril 2003

Je poursuis des cours dans une école privée à Aix-les-Bains où je retrouve un jour une amie. Nous apprenons ensemble la numérologie, l'astrologie, l'écriture automatique. Je prends aussi des cours de magnétisme. Je commence à me retrouver un peu. J'ai peut-être des dons et ce drame m'aura permis de les découvrir ? L'avenir le dira.

Je participe à des réunions de bouddhisme enseignant une philosophie de la vie qui me parle bien et m'aide beaucoup.

Toutes ces activités me permettent d'avancer. Chaque fois que je ferme une porte c'est pour en ouvrir une autre encore plus intéressante que la précédente.

Après avoir essayé le *focusing* et le zen, je reprends le yoga qui me convient tout à fait. Si vous le pratiquez régulièrement, il vous procure un bienfait incontestable sur votre corps et votre esprit, une maîtrise de votre respiration et donc votre bien-être.

Nous devons apprendre à positiver et ne pas se laisser envahir de choses inutiles qui font partie de la vie de chacun. C'est facile à dire mais pas toujours simple à mettre en œuvre.

J'oublie très vite le matériel et je tâche d'aller vers l'essentiel. Il faut apprécier les petites choses simples de la vie. Nous avons tous la possibilité d'avancer ou de reculer, de s'en sortir ou de s'enfoncer, à nous de choisir notre destin et nous donner les moyens d'y parvenir.

Après le chemin que j'ai parcouru, après de nombreux signes et de nombreux témoignages, je pense qu'il y a quelque chose après et que tout ne s'arrête pas à la mort physique. Audrey a reçu beaucoup de signes elle aussi. Je crois à la guérison spirituelle, à la transmission d'énergie, tout n'est que vibrations. On comprend alors que la personne disparue est plus heureuse que dans ce monde de douleur et d'épreuves ce qui permet de soulager un peu sa peine. Chacun fait face à un drame de façon différente et personne n'est apte à juger.

Nous devons vivre avec ceux qui ne sont plus là, mais ne pas les retenir, c'est permettre de nous aider. Nous idéalisons souvent trop la personne disparue alors que nous devons être encore plus attentifs aux personnes qui restent, qui souffrent et qui ont besoin de nous. Delphine est présente en moi et ne veut qu'une chose, nous voir heureux.

Bien plus tard, durant une discussion avec le magnétiseur qui m'a aidée, j'ai pris conscience de mon parcours et de mon bond en avant. Deux ans auparavant, j'étais dans un état désespéré et allais rencontrer cette personne pour lui demander de l'aide et maintenant je revois cet homme en pouvant parler de nos objectifs professionnels. J'étais d'un côté de la barrière et je me retrouve de l'autre côté aujourd'hui. J'étais aidée et je suis sur le point d'aider à mon tour. Nous sommes tous liés les uns aux autres c'est certain et tous reliés à une énergie cosmique. Je prends également des cours de coaching par correspondance.

Je sais qu'à moyen terme, je ne resterai pas avec mon compagnon et je dois m'orienter dès que possible vers une nouvelle voie professionnelle, peut-être l'harmonie énergétique de la personne. J'étudie toutes les possibilités tout en m'informant des différents parcours à suivre et des démarches à entreprendre.

Nous avons tous un parcours plus ou moins dur à parcourir. Nous devons trouver l'énergie pour nous battre afin de traverser certaines épreuves difficiles qui nous permettront de nous construire, d'apprendre et d'évoluer. Ces épreuves pourront nous anéantir ou nous rendre plus forts et nous feront faire un bond en avant même si nous n'en prenons conscience que plus tard.

L'envie de vengeance

Concernant les personnes responsables de cet incendie, j'avais au départ un esprit de vengeance.

Puis je comptais sur la justice qui au fil du temps devenait lente et décevante, bien que l'affaire ne soit pas encore jugée. Le mot « vengeance » est très malsain, mais comment une mère peut accepter que par négligence et maladresse on ait pu enlever la vie à son enfant ? Ma fille ne demandait qu'une chose, vivre, poursuivre ses études. Elle rêvait d'avoir des enfants, elle ne pourra jamais. Ces deux jeunes n'ont rien demandé, on leur a tout enlevé et ôté la vie brusquement.

Je sais que faire du mal à ceux qui ont pris mon enfant ne servirait à rien, autre que me conduire en prison et détruire la vie de mes deux enfants.

Nous attendions la maman de Jonathan et moi-même un élan de remords, des excuses, une lettre de regrets, un geste qui aurait pu apaiser un peu notre douleur. Mais nous n'avons jamais rien eu du tout. Nous pensions que ces personnes n'avaient pas idée de notre souffrance.

Chaque fois que je passais devant le magasin où ils travaillaient, j'avais la gorge serrée. J'avais un élan pour aller vers eux, mais j'appréhendais leur réaction.

Je continuais mon chemin tout en pensant qu'ils ont laissé mourir les deux jeunes enfants sans même essayer de les sauver. Ils auraient pu sonner, mais non, ils avaient eu peur d'après eux de réveiller un bébé, c'est tellement énorme.

J'arrive à rencontrer la standardiste un été. Je voulais depuis longtemps m'entretenir avec la dernière personne qui a parlé avec ma fille. Nous savons que l'identification de l'appel n'a pas été faite correctement, celui-ci aurait permis de faire le rapprochement à un moment ou à un autre et peut-être de les sauver et surtout ne pas aboutir à cette confusion.

Notre conversation de plusieurs heures a été longue et très difficile mais je pense indispensable pour toutes les deux. Lors de l'incendie, tout le monde a été pris de panique et personne n'a maîtrisé assez rapidement cet incendie ne sachant pas vraiment d'où il était parti. Personne n'a fait le lien entre les personnes qui ont donné l'alerte, malgré l'appel de Delphine et Jonathan expliquant très clairement où ils se trouvaient et mettant tout en œuvre pour être sauvés. Nous savions déjà tout ceci au vu des éléments du dossier, mais j'avais besoin de la rencontrer pour comprendre d'autres choses. Tout était clair pour moi maintenant.

Mon intime conviction et selon les témoignages de beaucoup de personnes, c'était un jour de fête qui a été la cause de toute une série d'erreurs, d'oublis, de confusions, de malchance et dont les conséquences ont été dramatiques. Il suffit de changer une pièce du puzzle et le drame ne se serait pas produit.

Je fais un dur travail sur moi afin de chasser cette haine qui me dévore et Delphine m'aide beaucoup.

Noël 2003, Séparation et recherche d'un job

Je propose à mon compagnon de nous séparer, c'est mieux ainsi, même si ce n'est pas la bonne période. Contrairement à un enfant qu'on a porté, qu'on a élevé, c'est un étranger avec qui j'ai partagé plusieurs années de ma vie, de plus il n'est pas mort. Nous vivons trop de choses difficiles et nos chemins doivent maintenant se séparer.

Cette étape est loin d'être simple pour notre fille qui a perdu sa sœur tout récemment. Son père quitte la région et part à plus de cent kilomètres, ce qui implique qu'elle ne le verra pas souvent.

Je dois retrouver un job très rapidement sachant que je ne peux prétendre à rien en ce qui concerne les treize années que j'ai passé à le seconder.

De plus, je ne fais pas partie des femmes qui, sous prétexte de ne plus avoir de travail ou d'avoir un enfant avec un homme, le plument jusqu'à l'os. Donc je ne lui demande rien.

Mars 2004, un peu plus de deux ans après la disparition de ma fille

Je supporte une douleur indescriptible, et ce au quotidien. Quoi qu'il se passe ou qu'il se passera dans ma vie, professionnelle, familiale ou sentimentale; rien ne pourra effacer cette horreur, ce drame que je n'aurais jamais dû connaître, rien ne pourra me faire oublier et penser au calvaire à l'horreur, à la douleur supportés par Delphine et Jonathan dans cet incendie. Les conséquences du départ de Delphine sont irréversibles sur nos vies.

Depuis le décès de Delphine, mon père ne va pas bien du tout même s'il fait tout afin de ne pas le montrer, contrairement à ma mère qui ne fait que pleurer chaque fois qu'elle croise une personne.

Mon père a de moins en moins d'énergie et plus goût à la vie. Il ne mange plus beaucoup. Ma mère ne l'épargne pas du tout. Il doit parcourir des kilomètres à pieds afin de déposer les courriers dans les boîtes à lettres directement afin d'économiser des timbres ou ramener un produit qu'il a acheté, ma mère le considérant trop cher..

Souvent, pendant que mon père va faire les courses, ma mère discute avec les voisines, son passe-temps favori. Depuis le décès de Delphine elle ressent encore plus le besoin de parler et d'être écoutée. À son retour, elle n'oublie pas de contrôler la note que mon père doit ramener.

Mes frères et mes sœurs ne sont pas assez proches de nos parents et ignorent beaucoup de choses alors que je ne reste jamais deux jours sans les voir, sauf exceptions lorsqu'ils partent un peu.

En ce qui concerne la disparition de Delphine, leur absence et leur silence ne peuvent que me donner l'impression qu'ils n'ont pas été très longtemps affectés par ce drame. Autre qu'une sœur trop éloignée pour nous aider.

Quelques mois plus tard, j'apprendrai par mon fils que son père, donc le père de Delphine, ne va pas bien non plus. Il doit quitter définitivement son travail.

Je rencontre un jour un homme lors d'une réunion et je retrouve un peu de réconfort et une joie de vivre à nouveau, que je n'avais plus depuis longtemps. Tout cela me paraissait, il n'y a que quelques mois en arrière, impossible. Je me promets cette fois de ne pas reprendre une vie de couple.

Je me lance très vite dans une nouvelle aventure professionnelle. Après une période d'essai très concluante, je suis embauchée en tant que commerciale dans l'immobilier. J'avais souvent été attirée par ce métier. Il n'y a pas de hasard dans la vie.

Je recherche des biens à la vente, j'organise les visites et tiens des permanences tous les jours à l'agence. Je rencontre beaucoup de monde, j'ai une bonne approche des personnes, qualité indispensable dans ce métier. Je m'entends parfaitement avec le directeur de l'agence que j'avais rencontré bien des années avant. Il n'y a pas de hasard. Ce travail me convient tout à fait, me permettant d'être dans un contexte différent et de me faire oublier un peu mon chagrin durant la journée. Je travaille avec acharnement et sans relâche. Je réussis et le travail me sauve.

L'association me prend aussi beaucoup de temps, réunions de soutien les mardis, les formations incendie, les manifestations à organiser. Notre repas annuel a lieu cette année fin mai et commence comme habituellement par un lâcher de ballons en souvenir de Delphine et Jonathan.

Mon père est très fatigué durant cette soirée et tient à rester jusqu'à la fin, mais nous devons le ramener très vite. Nous préparons également un concert pour l'année prochaine.

Je m'occupe de plus en plus de mes parents qui ont besoin de moi. J'habite près de chez eux heureusement. Mon père souffre tellement qu'il ne se remettra probablement jamais de ce drame. Il est tellement difficile pour des grands-parents de voir partir leur petite fille aussi jeune.

Je dois veiller sur ma fille, son père n'étant plus là. Je termine très tard devant faire la fermeture de l'agence pratiquement chaque soir et je n'arrive au domicile qu'aux environs de 19 heures 30.

Audrey est toujours seule à la sortie de l'école et pendant les vacances, elle n'a que 12 ans. Elle a souvent peur, je tente de la rassurer par téléphone, quand je peux le faire, ce qui n'est pas toujours le cas. Je ne peux malheureusement compter sur personne. Mon fils a terminé ses études et a quitté le domicile, il a trouvé un travail qui lui prend tout son temps aussi.

Delphine est toujours là, dans mon cœur, à tout jamais et me donne des forces quand je n'en ai plus. Elle me guide et m'aide à accomplir tout ce que je dois faire. À deux reprises, j'ai évité un accident à la dernière seconde et je pense que Delphine m'a sauvée.

Je suis en relation constante et régulière avec elle, même si je ne peux pas vous l'expliquer.

Certaines personnes ont la chance de vivre en harmonie avec un être disparu. Tout est en vibration dans l'univers. Nous sommes énergie ainsi que tout ce qui nous entoure.

Même dans les cas les plus désespérés et les plus horribles, je pense que sur ce point, j'ai été gâtée, il faut se convaincre que la situation pourrait être encore pire, cela nous aide.

Nous ne devons pas baisser les bras et nous devons nous battre même si nous ne voyons pas d'issue. Il y en aura toujours une un jour. Nous devons nous donner du temps et les moyens d'y parvenir. Comptez sur vous-mêmes et vous ne serez jamais déçu. Entre s'en sortir ou plonger, il n'y a pas grand-chose. Si nous nous refermons sur nous, c'est terminé, nous nous enfoncerons petit à petit dans un gouffre et personne ne pourra nous en sortir.

ÉTÉ 2004 : DISPARITION DE MON CHER PAPA

Mon père ne va pas bien du tout. Il est hospitalisé et subit examens sur examens.

Il n'a plus de force, il est épuisé physiquement et moralement. Il me dit parfois, il se confie beaucoup à moi, qu'il préférerait rejoindre Delphine.

Chaque fois que je le peux, je monte le voir et je l'aide à prendre ses repas car il n'en a plus la force et le personnel n'a pas trop le temps, c'est la période de vacances d'où un manque d'effectifs et de places. Les malades sont parfois dans les couloirs.

Je suis allée voir deux jours de suite mon père qui était resté aux urgences, aucune chambre n'étant disponible.

Au bout de plusieurs semaines, alors qu'il va un peu mieux, mon père me demande de le faire sortir au plus vite de l'hôpital, il sait que je suis la seule à pouvoir le faire.

Il veut mourir chez lui et non comme son père qui est mort à l'hôpital et comme sa mère qu'il a été obligé, malgré lui, de placer dans un hospice où elle décédera très rapidement.

Je savais trop ce qu'il ressentait et ce dont il avait le plus peur. Nous en parlions souvent.

Huit jours après notre entretien avec les médecins, nous avons l'accord pour sa sortie. Mon père est très heureux.

Je me heurte à un mur encore une fois. Ma mère refuse qu'il rentre, elle est catégorique « je ne veux pas qu'il meure chez moi ». Je suis choquée et lui propose alors de le prendre chez moi et bien qu'étant très prise, je m'organiserai en sorte avec mon fils. Ma mère demande à ses enfants et deux s'y opposent fortement.

J'ai donc interdiction de faire quoi que ce soit. Mon père n'est pas décideur de sa vie et doit rester à l'hôpital. Il est très déçu et pleure quand je lui annonce que ce n'est pas possible.

J'envoie un message de colère à ma mère et à ceux qui empêchent mon père de sortir de l'hôpital, leur disant que leur décision allait lui être fatale. On se fiche de moi.

J'aime mon père de tout mon cœur mais malheureusement je ne peux rien faire pour lui.

Sur ce, ma mère demande à l'hôpital de lui faire encore plus d'examens alors qu'il en avait déjà tous les jours et qu'il n'en pouvait plus. Elle veut absolument qu'on lui trouve autre chose alors que tout le monde connaît son problème. Elle dit aux médecins qu'elle refuse que mon père rentre à moins d'être complètement guéri, ce qui n'arrivera certainement jamais.

Je garde en mémoire le nombre de fois où ma mère disait devant tout le monde, mon père étant présent aussi, avoir peur de ne pas pouvoir vivre correctement avec sa petite demi-retraite le jour où elle se retrouverait seule.

J'étais choquée de ses propos que je ne pouvais plus entendre. Je devais rassurer mon père qui se sentait rabaissé et mal à l'aise chaque fois, sur le fait que le montant de sa retraite était très correct, que notre mère ne pouvait rien lui reprocher et qu'elle pouvait mourir avant lui.

Plusieurs fois à l'hôpital, elle disait à mon père que de toute façon même s'il rentrait à la maison, ce ne serait pas pour longtemps, car une opération était déjà prévue, une opération inutile d'ailleurs mais rassurante pour elle. Il avait plus besoin d'être rassuré que d'entendre que de toute façon une fois rentré, il devrait déjà penser à repartir.

À cette même période se produit l'incendie du centre équestre de Lescheraines où périssent huit jeunes enfants. Drame similaire à celui que j'ai vécu. J'imaginais les parents devant supporter les mêmes épreuves et souffrances que je venais de subir. Notre association sera présente.

Mon père est très peiné de ce drame, faisant le rapprochement avec l'incendie de Chambéry et m'en parle pendant plusieurs jours et semaines.

Mon fils va également tous les jours, en sortant du travail, le faire marcher et le promener un peu dehors histoire de lui faire prendre un peu l'air; histoire qu'il ne devienne pas fou dans cette chambre où il se trouve maintenant à côté d'un malade de Bassens qui met sa télévision à fond. On se disait tous les deux qu'une fois qu'il allait retourner chez lui, espérant que cela arrive, on allait le bichonner, car il en avait bien besoin.

Le 11 août 2004, mon téléphone sonne à 3 heures du matin. L'hôpital vient d'informer ma mère que mon père vient de mourir. Nous devons monter à l'hôpital tout de suite pour l'habiller, car la chambre doit être libérée d'ici deux heures.

Je passe chercher ma mère qui prend le plus beau costume de mon père et nous montons tous les trois, mon compagnon était chez moi cette nuit en question. Il est très proche de mes parents étant donné qu'ils sont souvent à la maison.

Mon père a subi la veille un scanner cérébral avec une injection importante d'iode qu'il n'a pas pu supporter, étant allergique à ce produit. En effet, quand je suis passée en fin d'après-midi, il était tout bizarre et avait du mal à me parler.

Il m'a simplement dit, « on m'a fait encore un examen, je n'en peux plus ».

Un autre calvaire débute. Ma mère est dans un état, je ne sais pas comment elle va supporter cette nouvelle épreuve.

Mon père meurt beaucoup trop jeune et la disparition de Delphine en est la raison.

Lorsque nous arrivons à l'hôpital, je lui ferme les yeux et je dis alors à mon cher papa : « Tes souffrances sont maintenant terminées, plus personne ne te fera de mal. Tu vas rejoindre Delphine et où tu vas, tu seras enfin libre et heureux. »

Nous nous recueillons auprès de lui pendant un bon moment, puis nous devons libérer la chambre. Nous ramenons ma mère, mon compagnon doit partir au travail.

Je laisse un message au directeur de l'agence qui connaît bien mon père afin de le prévenir que je ne pourrai pas travailler ce matin.

J'informe mes frères et mes sœurs du décès de leur père, ma mère ne l'ayant pas fait. Ils viendront dès qu'ils pourront et sont tous bien occupés avec leurs enfants, bien que certains ne travaillent pas. Je suis surprise d'entendre de la bouche d'une personne que je saurai faire face à la situation ayant enterré ma fille tout récemment.

J'accompagne ma fille à l'école comme chaque matin lui expliquant avec beaucoup de mal la mort de son grand-père. Elle était restée seule à la maison.

Je dois à nouveau organiser une sépulture, cette fois celle de mon père. Il y a deux ans, je devais choisir le cercueil de Delphine et aujourd'hui celui de mon père. J'accomplis seule toutes les formalités et m'occupe de tout de A à Z alors que j'espérais un peu d'aide cette fois.

Je ne peux compter sur ma mère qui n'a pas la force de m'aider. Je dois la ramener chez elle afin qu'elle se repose et qu'elle essaie de dormir un peu.

Je dois repasser à la morgue assez vite et je retournerai voir ma mère un peu plus tard.

Après entretien avec les médecins, étant donné l'erreur, mon grand frère veut porter plainte. Je pense que nous n'arriverons à rien, l'hôpital se couvrirait à ce moment d'une façon ou d'une autre. Je vois déjà ce qu'il en est avec les responsables de l'incendie, il n'est même pas la peine d'y penser, cela ne servirait à rien. Je donne mon point de vue qui est entendu et nous décidons de ne rien faire du tout.

Je comprends que si j'étais parvenue à sortir mon père de l'hôpital comme il m'avait suppliée de le faire, il serait probablement en vie aujourd'hui et que ses dernières volontés n'ont même pas été réalisées, alors qu'il ne demandait jamais rien à personne.

Je comprends aussi que mon père ne sera pas là au procès de ma fille alors que c'était son vœu d'être encore en vie pour y assister et que les responsables soient jugés alors.

Je dois me rendre à la chambre mortuaire pour la mise en bière. J'ai peur qu'il n'y ait personne. À mon arrivée, heureusement, il y a déjà mon frère aîné avec qui je n'ai plus de contact.

Mes frères et sœurs se chargeront d'acheter une plaque commémorative à laquelle je participais bien évidemment.

Le jour des funérailles, je n'ai plus de larmes pour pleurer, tellement j'ai pleuré ma fille. J'accompagne mon papa à sa dernière demeure. Il est parti avec un secret que nous partagions tous les deux.

Je n'ai pas de remerciements bien évidemment pour ce que j'ai fait. On me reproche par contre d'être allée à l'hôpital la nuit du décès de mon père accompagnée d'un étranger qui n'est pas de la famille, sachant que cet étranger était très proche de ma mère, car on se trouvait ensemble au moins tous les dimanches, alors que la personne qui me le reproche n'avait pas vu mes parents depuis longtemps. Certains ne manquent pas de culot.

Je dois m'occuper de ma mère

Suite au décès de mon papa, je ne sais pas encore ce qui m'attend. Je dois m'occuper de ma mère qui se retrouve seule pour la première fois et qui est désemparée.

Je passe la voir tous les jours avant le travail, le midi quand je n'ai pas de rendez-vous et le soir en rentrant. Ma mère n'a jamais été seule et n'a pas l'habitude de faire certaines choses, même simples : exemple ouvrir une boîte de conserves. Elle ne conduit pas, je dois remplacer mon père et l'amener partout où elle a l'habitude d'aller, voir des amis un peu éloignés, les enterrements qu'elle ne rate jamais, de nombreux rendez-vous chez les médecins, radiologues et la liste est longue. Elle est très demandeuse à mon égard et je réponds toujours présente à ses appels et à ses demandes.

Je m'étais pourtant juré de ne jamais m'occuper d'elle si un jour elle se retrouvait seule, tant elle avait été dure avec mon père et avec moi. Il ne faut jamais dire « jamais » la preuve.

Certains de ses autres enfants m'écrivent me disant que je suis bien bête de faire ce que je fais et qu'elle ne le mérite pas. Je suis sur ce point bien d'accord avec eux, mais j'écoute mon cœur.

Puis arrivent très vite les problèmes de succession. Notre mère refuse de donner quoi que ce soit à ses enfants. La majorité d'entre eux souhaiteraient récupérer la part leur revenant. Je trouve cela ridicule car mes parents ne sont pas fortunés d'une part et ma mère aura peut-être besoin de cet argent à l'avenir.

Ils font des pronostics mais personne ne sait ce qu'il se passera. Je leur dis qu'ils pourraient mourir avant elle. Je sais que la vie ne tient qu'à un fil.

Je prends alors la défense de ma mère étant presque seule et je refuse qu'elle nous donne notre part.

Avec du recul, ma position n'a pas été la bonne, sachant que ma mère allait entendre parler d'argent pendant des mois au lieu d'être réconfortée et que la guerre était déclarée au sein de la famille et j'en étais la principale responsable.

FIN 2004 : LA HANTISE DES FÊTES DE FIN D'ANNÉE

L'automne pointe déjà son nez, je ne vous ai pas oublié, je reviens vers vous.

Je tente de reprendre tant bien que mal, une vie à peu près normale, mais c'est quasiment impossible. J'ai perdu définitivement le sommeil et les nuits sont très longues. Pas une heure ne passe sans que je ne pense à Delphine. Un immense vide est toujours là et en plus l'absence de mon père qui me manque beaucoup aussi.

Le dimanche, mon seul jour de repos, je ressens une douleur encore plus forte, si bien que j'ai presque hâte de retourner au travail afin de ne pas avoir le temps de penser.

Mais je m'occupe de ma mère et de ma fille qui a bien besoin de moi. C'est le seul jour où nous avons vraiment du temps. Nous n'avons aucune joie de vivre et goût à rien. C'est dramatique.

Je comprends alors pourquoi certaines personnes ne peuvent pas s'en sortir, c'est tellement difficile, plus que ce vous pouvez imaginer.

Plus les années passent, plus la période tant redoutée des fêtes de fin d'année est difficile.

Chaque fois, je revis la scène, jour par jour, heure par heure, minute par minute ; pendant que tous les gens sont à fond dans les préparatifs des fêtes de famille qu'ils attendent avec impatience, achat des cadeaux, sapin et guirlandes qui sont la cause de la mort de Delphine.

Depuis mon mariage, mes parents sont toujours venus, sans exception, faire le réveillon de Noël chez moi. Delphine n'est plus là et mon père n'est plus là non plus. Je n'ai plus ni l'envie ni la force de faire un repas ou d'organiser quoi que ce soit et ce pour longtemps je pense.

Le jour de Noël, comme l'an passé, je m'arrange afin que ma fille soit avec son père et je reste au cimetière avec Delphine, c'est plus fort que moi. Il ne règne qu'un grand calme et je suis bien.

L'association continue ses actions de façon très intensive. Nous avons de nombreux échanges avec d'autres associations notamment P.P.D.A., Apprivoiser l'absence, et l'association de Laurette Fugain et gagnons beaucoup de réconfort lors de ces contacts.

Nous préparons le concert Zouk Machine qui aura lieu le 15 janvier prochain. J'y consacre beaucoup de mon temps afin d'oublier cette période de fin d'année. Nous devons prévoir les contrats avec les chanteuses, toute la publicité, articles de presse, les tracts, les affiches, pubs dans les bus, préparation de la salle, la sécurité, sono, ravitaillement. C'est toute une organisation et nous ne devons rien négliger ou oublier.

Côté justice, l'instruction suit son cours, mais cela traîne toujours et encore. Avec les années, les témoignages s'effacent petit à petit. Je me demande si je peux encore faire confiance à la justice qui ne parle plus que de la reconstruction des bâtiments et de la bataille entre les nombreux assureurs.

Toutefois, le dernier juge d'instruction, très humain et compréhensif, nous donne un peu plus d'espoir. Nous pensons qu'il aura un œil enfin objectif sur cette affaire.

Rencontre avec les responsables de l'incendie

Le lendemain de notre assemblée générale, j'ai plusieurs interviews avec des journalistes, dont un avec *Le Dauphiné Libéré*. Nous devons nous rencontrer dès le lendemain matin. La journaliste en question me propose un salon de thé situé à côté du commerce où travaille l'une des personnes responsables de l'incendie. Au début, je lui explique que cela m'embête de venir ici, et puis comme elle habite le quartier, j'accepte.

L'entretien avec la journaliste se passe très bien. Cette personne a été marquée elle aussi par la mort d'un proche.

J'en profite pour déposer quelques flyers de notre concert à un dépositaire des billets puis je repars en direction de la maison des associations où j'ai rendez-vous avec une maman qui a perdu sa fille.

Je passe alors devant le commerce où travaille l'autre couple responsable de l'incendie. À ma surprise, car je ne peux m'empêcher de regarder, une affiche de notre concert au nom de l'association Delphine est collée sur leur vitrine. Je continue mon chemin tout en pensant que ce ne sont probablement plus les mêmes gérants, ce n'est pas possible. Je fais alors demi-tour, je veux en avoir le cœur net. J'entre sans réfléchir, je demande au gérant du magasin : « Êtes-vous Monsieur X ? » Il me répond « oui ». Mon cœur se met à battre très fort.

Je me trouve alors face à l'une des personnes responsables de l'incendie et donc de la mort de ma fille. J'éprouve pour toutes ces personnes de la colère et de la haine.

Ce n'est pas le moment de craquer, je me présente « je suis la maman de Delphine ».

C'est un choc pour lui, il ne s'y attendait pas.

Quelques minutes passent, il me regarde sans pouvoir parler. Il m'invite à passer dans l'arrière-boutique où se trouvent également les autres responsables. Je suis avec trois personnes sur quatre responsables de l'incendie. Ces personnes parlaient de moi apparemment avant que j'arrive. La personne manquante est celle qui a allumé le sapin et qui est le véritable responsable de cet incendie.

Nous arrivons à parler tout de même. Je leur pose des questions. Ils sont très mal à l'aise et pas fiers du tout de ce qu'il s'est passé.

Je ne peux pas vous raconter les détails d'une part et ce serait trop long et trop difficile. J'obtiens beaucoup de réponses qui me confortent dans ce que nous pensions.

Je suis soulagée d'avoir pu rencontrer ces personnes. Je suis touchée qu'ils aient collé l'affiche du concert de l'association Delphine sur leur vitrine, ce qui montre qu'ils ne sont pas si insensibles que cela. Je suis entrée dans la boutique voyant cette affiche sinon je ne l'aurais jamais fait. Je ne pense pas que c'était un hasard.

J'ai pu leur parler de vive voix, les voir, les entendre s'exprimer et avoir leur version des faits.

Au fil du temps qui passe, je ne pouvais plus supporter cette indifférence de leur part et ce silence. J'attendais toujours que quelque chose se passe, des remords, une lettre, des excuses, me montrant qu'ils n'étaient pas indifférents. J'avais ordre de ne pas m'approcher d'eux et sûrement eux aussi, je ne leur ai pas posé la question. Cette situation me pesait trop depuis trois ans. Ils me disent au moment de mon départ que je peux revenir les voir si je le souhaite.

Je ne vais pas dire que je leur pardonne, loin de là, ils seront toujours les responsables de la mort de ma fille ; mais je n'éprouve plus de la haine et je pourrai désormais passer dans la rue sans ce sentiment horrible et ce mal qui me rongeait de plus en plus au fil des années a maintenant disparu.

Début 2005 : mise en examen des pompiers

Mon avocat de Paris a obtenu la mise examen des pompiers de Chambéry.

C'est une satisfaction, après tout cet investissement personnel moral et financier. Nous pouvons penser tout de même que si tout s'était passé normalement et si les pompiers étaient montés à l'appartement, ils auraient pu sauver Delphine et Jonathan, sachant que Delphine était restée en communication avec eux durant cinq minutes.

C'est la première fois en France qu'un centre de secours est mis en examen.

Je suis sollicitée par toutes les chaînes de télévision qui viennent à mon domicile, toutes les radios, les journaux.

15 janvier : Concert et CD Delphine

Ce n'est pas un grand succès, ce n'est pas un echec non plus. Un peu plus de deux cent cinquante personnes tout de même, difficile de réunir plus de monde après cette période de fêtes. Le CD de Delphine est vendu lors du concert.

Durant l'été, notre association se rapproche des parents qui ont perdu leur enfant durant l'incendie du centre équestre de l'été dernier (huit décès). Les familles sont effondrées et encore sous le choc de cette catastrophe. Nous nous rencontrons régulièrement lors de nos réunions de soutien et je monte souvent à Lescheraines. Lors d'une réunion à Saint-François-de-Sales, je les rencontre à nouveau avec la FENVAC qui défend les familles victimes d'accidents collectifs, fédération vraiment super qui intervient également pour la catastrophe du Mont-Blanc et bien d'autres.

Non lieu pour les responsables de l'incendie : Novembre 2005

La justice prend alors une décision finale tellement déroutante que personne ne veut le croire. Un non-lieu est prononcé pour les personnes responsables de l'incendie.

Comment les personnes responsables d'un incendie ayant causé la mort de deux jeunes gens peuvent être innocentées au point de ne plus être jugées et ne plus être présents le jour du procès ?

La personne morale du SDIS est envoyée en correctionnel ainsi que les fabricants des cierges magiques, les dirigeants et les grossistes. Deux personnes non-responsables mises en examen demanderont à me rencontrer personnellement et rapidement.

Au début de l'instruction, seuls les responsables de l'incendie étaient poursuivis pour homicides involontaires. Presque deux ans plus tard, les pompiers sont mis en examen.

Puis tout est ciblé sur les pompiers alors que les vrais responsables de l'incendie ne sont plus poursuivis. Ce ne sont pourtant pas les pompiers qui ont mis le feu !

Tellement de bouleversements surviennent dans cette affaire que plus personne ne comprend rien sans parler des changements réguliers et incessants de magistrats.

J'essaie de garder un peu le moral tout de même. Mon avocat me conseille de faire appel à cette décision de justice évidemment. Toute la famille de Jonathan est d'accord pour entreprendre la même démarche. De mon côté, inutile de demander à qui que ce soit, vu que personne n'a l'intention de participer sachant que cela leur coûterait de l'argent. En ce qui concerne la famille de Jonathan, tout le monde a participé sans même qu'on leur demande et tout le monde a payé sans aucune histoire disant que cela était bien normal. Nous en parlons souvent toutes les deux et avons chacune une famille complètement opposée.

Août 2006

Je démissionne pour aller travailler dans une autre agence qui me propose un salaire plus important, ce ne sera pas de trop, car je dois assumer seule les frais d'avocat et je ne sais pas combien de temps va durer encore cette procédure. Mon fils travaille depuis peu et ma fille est encore à ma charge.

J'adore mon travail pour lequel je m'investis énormément. Je demande régulièrement de l'aide à mon fils qui n'a pas de mal, avec un diplôme d'ingénieur, à me conseiller et à m'apporter ses lumières. Il s'intéresse de plus en plus à cette profession ; si bien qu'il nous rejoindra un an et demi plus tard après avoir démissionné de son poste.

Les pompiers, suite à leur envoi en correctionnel, font appel. L'appel sera rejeté. Ils feront un pourvoi en cassation.

Mon avocat pense qu'une suite sera donnée à la rentrée de septembre. La responsabilité des pompiers semble cette fois engagée, ce n'est déjà pas si mal. Il faut prévoir encore notre défense, avec avocats et audiences en perspective. J'ai de moins en moins envie de me battre. Je m'épuise financièrement et moralement. À quoi bon poursuivre ce combat et pour quelle finalité ? Je repense à la phrase du juge : « On ne va pas mettre les pompiers en prison. »

Je sais que plus rien ne pourra changer le passé et que personne ne me ramènera ma fille.

Je reçois à ce moment-là encore d'autres contacts de pompiers qui ne s'étaient pas manifestés jusqu'alors. Un responsable d'un SDIS d'un autre département me contacte et m'apporte beaucoup d'éléments. On me rapporte les problèmes dans les casernes de la région – un responsable est d'ailleurs muté. La plupart ont du mal à retravailler normalement depuis ce drame et le vivent très mal, certains reportent la faute sur d'autres. Mais malgré les informations qui me sont rapportées, je lâche l'affaire, je n'en peux plus, même si certains éléments pourraient tout remettre en cause et bouleverser l'affaire.

Nous devons organiser cette fin d'année notre repas annuel de l'association avec l'association de Lescheraines. Nous apprenons malheureusement que les personnes très solidaires et réunies au départ se dispersent et prennent alors des chemins différents. Ce drame, ces bouleversements dans leur vie, sans parler du procès, tout cela est difficile à supporter et gérer. Notre association va faire le maximum afin de les aider un peu.

Notre association a pu éviter un drame. Une maman désespérée était sur le point de mettre fin à sa vie. Cette personne a pu s'en sortir et va beaucoup mieux maintenant. Rien que d'avoir sauvé quelqu'un, c'est une victoire.

Nous ne pouvons pas dire à ces mamans que la douleur passera, je suis persuadée que non, mais elle va s'estomper au fil des années et il faudra apprendre à vivre avec et à vivre différemment. Plus rien ne sera comme avant c'est certain.

Je suis persuadée maintenant que l'enfer est sur terre. Avec toutes les épreuves que je traverse depuis la disparition de Delphine, je me dis qu'au moins elle est tranquille et elle n'aura pas à supporter toutes les horreurs de la vie et que plus personne ne pourra lui faire de mal.

Demande en cassation rejetée : Mars 2007

La demande en cassation faite par les pompiers est rejetée. Une petite lueur de justice enfin pour la première fois depuis pas mal de temps. Ils seront présents au procès.

Avril 2007

Décès du jeune Grégory Lemarchall, qui avait le même âge que Delphine. Ils s'étaient rencontrés au lycée du Granier à La Ravoire. La tombe de Grégory est garnie d'anges tout comme celle de Delphine. J'avais eu plusieurs contacts avec le père de Grégory, au moment de notre concert, mais l'état de santé Gregory s'aggravait déjà.

Je suis en contact régulier avec plusieurs associations qui ont été fondées suite au décès d'un enfant ; l'association de Mme P.P.D.A. Apprivoiser l'absence, de Mme Fuguain, de Dijon, plus près de Lescheraines. Tout comme moi, nous essayons au travers de nos associations d'aider des personnes et de faire évoluer les choses, de se battre contre des maladies ou autres et faire en sorte que ces jeunes ne soient pas morts pour rien et nous transformons ces disparitions en une action positive.

Ma fille Audrey continue ses études, son père est toujours aux abonnés absents. Je dois mettre les bouchées doubles. Elle traverse des moments très difficiles et tellement de bouleversements sont survenus ces dernières années, certains insoutenables pour une jeune fille qui ne peut compter sur aucun soutien de tantes, d'oncles, parrain, marraine ni aucun membre de cette famille malheureusement. Pourquoi cette indifférence ?

Je dois supporter ma douleur insupportable mais aussi celle de mes deux enfants qui subissent le même calvaire.

Juillet 2007 : le procès

Le procès attendu depuis des années dure une semaine mais celui-ci est très décevant.

En effet, le procureur de la République n'a pas changé une virgule à son réquisitoire. La plaidoirie des avocats et l'intervention des familles n'ont servi à rien ; comme si le procès était déjà fait et imprimé avant même qu'il ne commence. Il est demandé la relaxe des pompiers.

Tout au long du procès tout le monde, même les membres du tribunal, reconnaît que les vrais responsables sont là, et sont les auteurs de l'incendie. Il n'est apparemment pas de leur envie et de leur capacité de remettre leur sort en question. En effet, il est difficile pour le tribunal à ce stade de la procédure de les poursuivre, bien qu'il ait été prouvé que par toutes leurs erreurs et leurs contradictions, ils sont les responsables. En ce qui concerne les pompiers, la justice reconnaît tout de même leurs erreurs ; sans quoi ils ne seraient pas à la barre, mais au vu de certains textes et lois, ces fautes ne sont pas reconnues graves.

Notre intime conviction est que personne ne peut affirmer que si les pompiers étaient montés à l'appartement ils les auraient sauvés ou pas, étant donné qu'ils ne sont pas montés.

Personne ne pourra jamais le dire.

Nous attendons tout de même le verdict final qui sera rendu le 21 septembre 2007 par la cour de Chambéry. Il ne reste vraiment qu'une petite lueur d'espoir ; nous osons encore croire à la justice les quelques jours restants. Elle peut nous surprendre ? La maman de Jonathan me dit la veille ne pas vouloir venir, elle a trop peur du verdict final.

Le 21 septembre, le verdict final est rendu. Il est prononcé une relaxe pour tout le monde malgré toutes les erreurs reconnues, les imprudences, les négligences, les oublis, les confusions des uns et des autres. Le procès et le verdict final sont lamentables et inacceptables pour les victimes.

Une fois que j'entends prononcer la relaxe pour tout le monde, je suis sur le point de m'effondrer. Je suis tellement déçue, anéantie et meurtrie au fond de moi. Quinze ans de bataille, de dépenses et d'énergie pour arriver à cette finalité inadmissible.

Je m'exprime avec colère devant les caméras à la sortie du tribunal où tous les journalistes sont présents pour le verdict final tant attendu. Je dis du fond du cœur que la justice défend les assassins et non les victimes. Je lance un appel à Nicolas Sarkozy et à la ministre de la Justice en leur demandant d'ouvrir à nouveau le dossier.

Quelques jours après cette intervention, je suis reçue avec mon avocat chez M. le procureur général de la République.

Nous avons des échanges sans élever la voix, en toute simplicité ; il conçoit réellement que le dossier puisse être à nouveau ouvert et peut-être qu'un nouveau procès pourrait avoir lieu.

Cependant, il me le déconseille, me demandant si je suis prête à tout recommencer. Mon avocat présent m'encourage à tout reprendre à zéro. On me conseille de remettre l'affaire entre les mains de mon avocat de Paris, mais les conseilleurs ne sont pas les payeurs.

La justice arrive souvent à ses fins avec des victimes qui sont lasses de se battre moralement et financièrement. J'avoue que c'est mon cas aujourd'hui. Je m'interroge longuement sur le fait de me replonger pendant des années dans tout ce système juridique impossible à cerner sans jamais pouvoir en estimer la finalité.

De plus, professionnellement parlant, ce n'est pas le top. L'immobilier connaît une crise et nous nous posons beaucoup de questions quant à notre devenir.

Vu la médiatisation de toute cette affaire, j'ai soudain beaucoup de mains qui se tendent vers moi et beaucoup d'amis me proposent un coup de main afin de continuer sans parler des contacts sur le site de l'association qui m'encouragent à ne pas baisser les bras et à poursuivre. Plusieurs pompiers dont deux d'un autre département avec qui j'ai des contacts réguliers m'encouragent à continuer.

Mais il faut savoir lâcher prise à un moment ou un autre, je prends alors cette décision qui n'est pas facile pour moi. Tout m'encourage à recommencer, j'ai beaucoup d'éléments que je n'avais pas au départ, mais une petite voix, probablement celle de Delphine, me dit d'arrêter.

Je dois tourner la page bien qu'il soit difficile de rester sur un échec de cette ampleur.

Je sais que plus rien ne pourra changer le passé et que personne ne pourra me ramener Delphine.

Une fois la colère et l'envie de vengeance passées, il ne reste que la douleur jusqu'à la fin de notre vie.

C'est le moment de notre AG et notre repas annuel de l'association arrive à grands pas à la salle des fêtes de Saint-Alban-Leysse, avec le groupe hip-hop, les Dasnik, succès encore une fois.

Puis j'apprends que je vais être mamie dès le printemps prochain. Enfin une nouvelle réjouissante qui va remettre un peu de chaleur dans notre famille, enfin ce qu'il en reste.

31 DÉCEMBRE 2007

Déjà six ans que Delphine et Jonathan sont partis. Nous avons rendez-vous avec le maire et son adjoint ce matin, comme chaque année pour un dépôt d'une gerbe au gymnase Delphine et Jonathan.

Une année que je n'ai pas pu reprendre mon récit, tant cette année a été difficile. Je me disais toujours que le pire est derrière moi et je me trompais encore une fois.

Septembre 2008

Je n'ai pas eu le temps de vous écrire et je vous passe les détails de l'année qui n'a pas été simple et cela à tout niveau.

C'est déjà le moment de notre repas annuel de l'association Delphine. Cette année nous accueillons le Mambo Rock qui nous amène beaucoup de monde. Nous refusons un certain nombre de gens, faute de places. Cette soirée inoubliable est une vraie réussite.

Fin novembre 2008 : licenciement

Le directeur de l'agence nous informe le jour de la sainte Delphine qu'il dépose le bilan. C'est un moment très redouté qui arrive encore une fois à l'approche des fêtes de fin d'année.

Les chiffres de l'année sont plus bas que l'année précédente mais restent encore très bons selon nous. L'ambiance, qui était très bonne avant, devient invivable avec la menace de licenciement pour tous. Nous restons un mois et demi sans salaire, sans connaître notre devenir. Nos téléphones professionnels sont coupés, nous empêchant de travailler.

Je ne vous décris pas les fêtes de fin d'année que nous passons cette fois encore.

Je préfère penser comme chaque année aux personnes malades, seules ou hospitalisées et à ceux ou à celles qui ont perdu un être cher et aux horreurs de l'humanité et j'aurai une pensée toute particulière pour elles.

Heureusement, comme si j'avais eu un pressentiment, j'ai durant plus d'une année préparé un BTS qui pouvait m'ouvrir beaucoup de portes et surtout me permettre, avec mon expérience, de m'installer à mon propre compte. J'apprendrai un peu plus tard que je l'ai réussi avec succès.

En effet, il n'est pas évident de se replonger dans des cours à 50 ans. Je crois vraiment que rien ne se passe par hasard et ce qui doit arriver arrive, la preuve.

L'année se termine par la remise de fleurs par la mairie de Chambéry comme chaque année. Notre nouveau maire, enfin notre mairesse est présente elle aussi.

Et encore un changement d'année, nous sommes en 2009. Le début d'année est difficile, car suite aux licenciements économiques enfin prononcés pour tous les commerciaux, il faut se livrer encore dans des batailles avec le mandataire judiciaire, l'administrateur judiciaire, les prud'hommes afin d'obtenir nos salaires.

Mai 2009, création d'entreprise

Nous nous installons à notre compte. Ces licenciements ont été un mal pour un bien en fin de compte. Le contexte est difficile, l'immobilier étant en crise, mais avec beaucoup d'acharnement et de persévérance, nous réussirons à tenir.

L'homme que je fréquente, avec qui je n'ai jamais eu une seule dispute, pas un mot plus haut que l'autre, me demande tout simplement de choisir entre mon travail et lui, ne supportant plus le temps trop important que je consacre à mon job. Nous n'avons alors pas d'autre choix que nous séparer à notre grand regret.

Je rencontrerai plus tard un homme avec qui j'aurai une relation qui n'a rien à voir avec les précédentes. Il respectera ma vie et mon travail, comprenant que celui-ci est indispensable pour moi. Il est très pris par sa maman qui occupe une place très importante dans sa vie.

Décembre 2010

Je ne vous ai pas oublié, j'étais trop occupée depuis plus d'un an. Je n'ai pas eu une minute à moi pour continuer ce récit et Dieu sait qu'il s'est passé beaucoup de choses. Très prise par mon travail, de plus en plus prise par ma mère, je dois également être présente pour ma fille qui ne va pas bien et qui a besoin de moi.

Je ressens à nouveau à cette période de fin d'année le besoin d'écrire et j'ai un peu plus de temps pour moi, l'activité étant plus calme.

Après beaucoup d'acharnement et de persévérance, nous n'avons rien sans rien, l'agence est maintenant sur les rails, ce qui n'était pas évident étant donné la conjoncture immobilière depuis deux ans.

Mes deux enfants tiennent le coup tant bien que mal avec plus de bas que de hauts, tout comme moi mais nous avançons doucement mais sûrement.

Pas de répit - Ma vie encore entre parenthèse

Delphine me manque toujours énormément, et encore plus au moment des fêtes. Je vis au quotidien avec cette douleur au fond de moi. Plus rien ne sera jamais comme avant. J'avance pour mes enfants car la vie est courte et nous n'avons pas le droit de la gâcher avec tout ce que nous avons déjà traversé.

Au fil des années, l'état de ma mère se dégrade. La mort de Delphine et de mon père nous a rapprochées et nous partageons la même douleur. Je ne vais pas dire que nous sommes complices, le passé est là et restera toujours là ; mais nous arrivons à passer beaucoup de temps ensemble. Nous allons la chercher tous les dimanches et jours de congé afin qu'elle ne soit pas seule. Elle ne compte que sur moi et ne se cache pas pour le dire à tout le monde.

Depuis la disparition de mon père, qui était respecté par tous ses enfants, la situation familiale ne s'arrange pas. Je dois faire face maintenant à un harcèlement moral me reprochant toujours de m'occuper de ma mère alors que la seule peur de certains est que ma mère puisse me remercier en me donnant de l'argent. Ce n'est pourtant pas le cas, elle ne m'a jamais rien donné. J'essaie de mettre tout cela de côté et ne pas me laisser envahir par ces paroles et ces écrits, mais j'avoue que c'est parfois difficile.

Désormais, ma fille et moi devons prendre ma mère complètement en charge. Nous devons faire tout son ménage, ses courses et nous occuper de tous ses papiers et factures. Nous lui préparons tous ses repas midi et soir. Je travaille souvent entre midi et deux heures, mais dès que j'ai un moment disponible, je passe la voir et vérifier qu'elle ne se trompe pas dans la prise de ses médicaments. J'ai rarement le temps de manger quelque chose.

Je continue à l'amener à tous ses rendez-vous de plus en plus nombreux chez divers médecins et spécialistes sans parler de tout le reste. Quelqu'un qui ne conduit pas dépend complètement des personnes qui la prennent en charge, en l'occurrence c'est moi et moi seule.

Heureusement, ma fille est souvent présente et passe beaucoup de temps avec elle, dès ses cours terminés. Elles sont très proches toutes les deux.

Une année passe tant bien que mal jusqu'au jour où ma mère commence à faire des chutes et ce de plus en plus rapprochées.

Je ne vous parle pas de tous les voyages à l'hôpital, médecins, radios etc.

Je lui installe une alarme à son poignet. L'alarme sonne souvent de jour comme de nuit, parfois pour rien car elle appuie souvent par erreur.

Elle subit plusieurs opérations, pose de prothèses de hanche, je fais en sorte qu'elle soit admise dans l'un des meilleurs centres de rééducation juste à côté de chez moi où elle est choyée par le personnel et certaines personnes que je connais bien. Ces quelques semaines nous permettent de nous reposer un peu, sachant qu'elle est prise en charge complètement. Nous devons juste aller la voir tous les jours.

De retour chez elle, tout recommence rapidement. Je ne peux plus travailler une journée sans qu'elle actionne l'alarme. Il faut alors envisager son placement dans une maison de retraite, j'en avertis mes frères et sœurs bien évidemment qui pour une fois sont d'accord avec moi, reconnaissant que je ne peux plus continuer ainsi.

Nous l'accompagnons ma fille et moi visiter plusieurs maisons afin de la préparer un peu et lui montrer qu'elle peut être bien, de plus elle adore parler donc elle verra beaucoup de monde. Elle ne sera jamais seule. Nous l'inscrivons dans plusieurs établissements de son choix. Une année plus tard, une place lui est proposée.

Nous sommes enfin soulagées. Nous ne la laisserons pas tomber et irons la voir tous les jours. Ma fille, qui est en dernière année de BTS, travaille avec nous maintenant. Nous nous organisons afin que l'une d'entre nous puisse aller voir ma mère chaque fois.

Nous allons la chercher chaque dimanche, elle vient manger à la maison. Nous l'amenons en balades, voir ses amies, ses anciennes voisines, certains membres de la famille un peu plus éloignés. Durant toutes ces années, elle leur raconte toujours la même histoire, qu'elle n'a pas eu le temps de récupérer tous ses papiers et affaires personnelles dans son appartement et qu'elle ne peut plus y retourner. Elle se sent abandonnée et toutes ces histoires lui font beaucoup de mal. Elle a deux AVC avec toutes les conséquences qui vont en suivre.

Une personne qui a toujours critiqué ma mère en écrivant et disant des choses odieuses sur elle s'en prend à moi et me harcèle depuis plusieurs années car je protège ma mère et elle ne peut pas le supporter, personne ne comprend vraiment pourquoi. Je reçois régulièrement des lettres, des mails, des messages téléphoniques. La situation est très pénible.

Les seuls contacts que je peux avoir avec ma famille ne sont jamais pour parler de l'état de santé de ma mère mais uniquement d'argent. Toujours la peur pour certaines personnes qu'elle ne me donne quelque chose alors que personnellement, je n'ai jamais rien reçu de ma mère et je n'aurai jamais rien d'autre que des critiques. Je ne pensais pas que l'argent pouvait rendre aussi méchant. J'ai demandé à deux d'entre eux s'ils pouvaient prendre le relais, mais la place ne les intéressait pas, ils préféraient rester tranquilles dans leur petite vie.

J'ai toujours incité ma mère à diminuer ses médicaments dont elle est dépendante depuis très longtemps. Un jour, suite à une nouvelle chute à l'hôpital, elle se retrouve dans un fauteuil roulant avec l'interdiction de marcher et ce pour longtemps.

Je l'aide à marcher tous les jours, en plus de séances de rééducation. Je demande au médecin de réduire un peu les doses des médicaments qu'elle prend depuis des années pour la maladie de Parkinson, leur expliquant que la maladie n'a jamais été vraiment prouvée mais qu'elle réconfortait ma mère qui était contente qu'une maladie soit identifiée. Ils s'y opposent et ne veulent pas prendre de risques.

À chaque rendez-vous où je l'accompagnais toutes ces années chez les médecins, généralistes, neurologues, psys, cardiologues, chirurgiens, la liste est longue, c'est la première chose qu'elle disait : « je souffre de la maladie de Parkinson qui empire de jour en jour » et personne ne remettait en doute cet acquis. En ce qui me concerne, j'en ai toujours douté.

À force d'insister tous les jours lorsque j'arrive à l'hôpital, et voyant son état empirer, les médecins font un essai en diminuant le dosage jusqu'à l'arrêt complet du traitement constatant que l'état de ma mère s'améliore de jour en jour et personne n'en revient. Je suis la seule à ne pas être étonnée.

Peu de temps après et avant sa sortie de l'hôpital, des examens sont réalisés et ceux-ci prouveront que ma mère n'a en fait jamais eu la maladie de Parkinson.

Je peux dire sans prétention qu'elle va très bien aujourd'hui grâce à mon acharnement et elle peut m'en être reconnaissante.

On m'a dénigré longtemps car je me suis toujours occupée d'elle, ne comprenant pas pourquoi je faisais tout cela. Je me posais souvent cette question. Mais je ne pouvais la laisser seule, bien qu'elle n'ait jamais rien fait pour me défendre quand j'étais jeune.

Bilan 2016 : quinze ans après le départ de Delphine

Je dois supporter au quotidien cette injustice, cette indifférence et cette méchanceté. J'ai, durant toutes ces années, déployé une énergie que j'ai du mal à décrire, tant au point de vue juridique, professionnel et familial.

La profession immobilière devient de plus en plus difficile et je travaille beaucoup trop.

Concernant le côté juridique, depuis le procès j'ai reçu toutes ces années des courriers du tribunal ou d'huissiers de justice – assignations, jugements, notifications, expertises sur expertises, audiences, reports d'audience. La plupart du temps, il n'est question que de la reconstruction des bâtiments, des sommes allouées aux personnes victimes de dommages matériels et une bagarre impressionnante entre assureurs. Delphine et Jonathan ont été quelque peu oubliés ainsi que les parents des victimes qui n'ont jamais été indemnisés jusqu'alors. C'est tellement frustrant que chaque fois qu'un huissier apporte de nouveaux documents, je ne parviens plus à les lire.

La situation se débloque enfin cette année 2016. Tout aurait pu être presque simple, si certains n'avaient pas mis leurs grains de sel lorsqu'ils apprennent par ma mère qu'une somme va bientôt lui être allouée.

Personne n'a jamais participé aux frais d'avocat, ni donné un centime mais on ose se mêler de cette affaire qui est sur le point d'aboutir. On demande à ma mère quelle somme elle va toucher, qui d'autre va recevoir quelque chose et combien, c'est une vraie pagaille, ma mère ne fait que m'appeler chaque fois que quelqu'un lui en reparle. Elle me dit qu'elle aurait mieux fait de se taire.

Cet épisode me touche énormément et me fera plus de mal que je ne pouvais le penser. En effet, on parle d'argent, ce qui a toujours été le cas, mais cette fois sur le dos de ma fille qui est décédée, c'est honteux. Ils ont fait le choix d'ignorer nos vies, nos souffrances durant tout ce temps et certains se manifestent maintenant.

Je travaille beaucoup afin d'oublier cet épisode qui va me rendre malade. Il s'agit de Delphine pour qui je me suis battue seule pendant toutes ces années et je n'arrive pas à comprendre comment ils peuvent s'en mêler. Je n'arrive pas à me concentrer dans mon travail.

Lors d'une visite d'une maison, je tombe d'épuisement. Je suis dans une spirale négative provoquée par des histoires familiales incessantes qui m'empêchent de travailler. Je suis surmenée, épuisée moralement et physiquement. Je dois être hospitalisée d'urgence pour un burn out professionnel et familial.

J'informe ma mère qui ne peut pas se passer de moi une journée, que je ne pourrai pas aller la voir car je suis hospitalisée d'urgence.

Ma mère réside à la maison de retraite juste en face du centre hospitalier. Je la vois passer le lendemain matin, elle part en ville faire des courses ou boire son petit café ainsi qu'elle a l'habitude de le faire.

Plus tard, elle me dira au téléphone qu'elle ne viendra pas me voir, que je n'ai besoin de rien dans un hôpital et que je suis sûrement bien soignée. Oh la vache ! Quand je pense à tout ce que j'ai fait pour elle durant toutes ces années, quel remerciement ! Elle me dira plus tard qu'une personne l'a empêchée de venir me voir.

Quelques jours plus tard, je l'appelle et elle me dit qu'elle ne va pas bien du tout car je la laisse tomber et me supplie de venir. Je lui dis que je suis toujours à l'hôpital mais elle a du mal à me croire, on lui aurait dit que j'ai inventé toute cette histoire afin de ne plus m'occuper d'elle. Je suis surprise encore une fois.

À ma sortie de l'hôpital, j'écoute mon répondeur et j'ai un très long message provenant d'une personne qui s'ennuie probablement disant que je fais semblant d'être malade et le pire que je pouvais entendre : je suis responsable de la mort de Delphine. J'étais heureuse d'être de retour chez moi et en quelques secondes, je suis à nouveau démolie. Il faut être vraiment inhumain pour dire une telle chose. Un jour probablement elle se rendra compte de la portée de ses actes. Je lui conseille de travailler un peu ou de trouver une autre occupation.

Au même moment, ma mère me téléphone afin d'avoir de mes nouvelles, je ne lui raconte pas ce que je viens d'entendre, il est préférable de la laisser tranquille.

J'ai pris l'habitude depuis ce jour de ne plus écouter les messages et lire les lettres provenant de cette personne mal intentionnée et je les mets hors de ma portée afin de ne plus me faire du mal.

J'étais responsable pendant des années de m'occuper de ma mère et maintenant je suis responsable de la laisser tomber.

Je vais expliquer à ma mère quelques jours plus tard pourquoi je ne peux plus continuer à venir la voir et à m'occuper d'elle comme je l'ai toujours fait, qu'il est question cette fois de ma santé et que je dois commencer à penser un peu à moi. Elle ne comprend rien, pleure et me supplie de ne pas la laisser, qu'elle a besoin de moi.

Je demande à la direction qui a très bien cerné le problème s'il est possible de mettre en place une protection de justice afin de me décharger de toutes les affaires que je devais gérer et être ainsi rassurée de savoir que quelqu'un prendra soin d'elle. Apparemment seule ma mère ou quelqu'un de la famille peut en faire la demande. Nous le proposons à ma mère très calmement mais elle s'y oppose catégoriquement. Il est hors question pour moi de faire cette demande, sachant que cela me retomberait dessus un jour.

Depuis cet épisode, ses enfants l'appellent régulièrement et viennent la voir, ce qui était peu fréquent auparavant. C'est toujours cela de pris. Ma mère me dit qu'on vérifie surtout ses comptes et qu'elle n'est jamais tranquille. Au moins certains auront pu vérifier que je n'ai jamais reçu d'argent de ma mère, vu que cela les préoccupe beaucoup.

Ma mère occupe maintenant un vrai standard téléphonique, chose qui lui va très bien. Elle adore être au centre des discussions, sachant que toutes les informations, les problèmes et les nouvelles passent par elle. Elle manipule volontairement ou pas certains mots, les conversations des uns et des autres arrivant parfois à des situations inversées et pénibles. Je vous laisse imaginer la zizanie au sein de cette famille. Certaines histoires vous feraient rire et d'autres pleurer.

Je reçois le dernier coup de poignard cet été. Je suis toujours dans l'incapacité de reprendre mon travail. Mes enfants, ma mère et moi recevons enfin les documents nous permettant de toucher une modique somme au titre de notre indemnisation.

C'est une petite avance dans l'attente de la décision de la cour d'appel qui est actuellement saisie du dossier. Je signe le document me concernant et je demande à ma mère de signer le sien afin de recevoir la somme qui lui est allouée, s'étant portée partie civile avec mon père dès le début. Elle attend cet argent depuis longtemps et me dit souvent avoir peur de mourir, tout comme mon père avant d'avoir eu le temps de le toucher.

Avec grand plaisir, elle s'empresse de signer la lettre que je dépose chez mon avocat.

Quelques jours après, mon frère et ma sœur débarquent chez mon avocat avec ma mère. Ils ne le connaissent pas du tout pour la bonne raison qu'ils sont depuis le départ détachés de l'affaire ne voulant pas payer quoi que ce soit, cela avait au moins le mérite d'être clair.

Ils racontent à mon avocat que j'aurais obligé ma mère à signer ce document, document je vous rappelle qui lui permet de toucher de l'argent. Sur ces faits à l'étonnement de mon avocat, ma mère ne comprenant rien doit renoncer à une somme qui lui revient dans tous les cas.

Comment peuvent-ils faire une telle chose et se mêler de tout cela, ils veulent eux aussi de l'argent ou simplement foutre la zizanie. La pastille est difficile à avaler. On ose parler d'argent et salir la mémoire de ma pauvre Delphine, alors que mes enfants et moi n'avons jamais osé aborder une fois ce sujet. Cela me fait énormément mal.

Nous avons du mal à le croire.

J'espère qu'ils comprendront un jour le mal qu'ils ont pu nous faire, les dommages collatéraux et les conséquences irréversibles de certaines actions. Si un jour ils sont touchés par un drame aussi douloureux, je peux vous assurer qu'ils comprendront alors très vite ce que nous vivons depuis la disparition de Delphine.

Je pense sincèrement avec du recul que tant que l'on ne vit pas un drame, on ne peut se mettre à la place des personnes touchées et on a aucune idée de la douleur et des épreuves que subissent les victimes. Si ces personnes en avaient un peu conscience, elles n'oseraient pas faire certaines choses.

Pour en finir avec cet épisode lamentable, par leur action, ma mère n'a pas pu encaisser la somme qui lui revenait. De plus, nous sommes contraints mes enfants et moi de mettre un point final à la procédure en cours, mon avocat nous conseillant d'abandonner l'affaire et d'en rester là. Vu que toutes les parties civiles ne sont plus d'accord, il va être difficile de poursuivre.

Nous ne pourrons pas mes enfants et moi être représentés à cet appel qui aura lieu au tribunal dans quelques temps.

Juste après avoir été informée de cet épisode qui m'a glacée, je vais voir ma mère qui m'affirme ne pas avoir eu le choix et qu'elle a été contrainte d'aller chez l'avocat et qu'elle ne voulait pas faire d'histoires de peur de se retrouver seule.

Je fais une dernière tentative auprès de ma sœur afin de comprendre les raisons de ces agissements et pourquoi elle s'est rendue chez mon avocat.

Nous ne nous sommes pas revues depuis plusieurs années. Je n'ai aucune explication sur le sujet. Notre conversation ne tourne que sur des histoires d'argent, de matériel et d'un vêtement de bébé que j'aurais oublié de lui rendre il y a plus de vingt ans.

J'essaie de lui parler des années de souffrance que nous vivons mes enfants et moi depuis la mort de Delphine et je ressens avec stupeur que cet épisode est bien lointain pour elle et pour beaucoup de ma famille et qu'ils n'en ont rien à faire de mes problèmes. Il est alors inutile que je perde mon temps à parler plus longuement avec elle. Je suis confortée dans mon idée que seul le matériel a une place importante dans cette famille.

Je retourne voir ma mère qui est déjà au courant de mon entrevue avec ma sœur et qui me fait un résumé complètement faux de notre entrevue. Puis j'assiste à deux appels téléphoniques qu'elle coupe sèchement et je comprends alors qu'elle est manipulée et dressée contre moi. Elle est depuis peu de temps très vulnérable.

Je suis la vilaine fille qui ose l'abandonner. Elle essaie de changer de conversation tout en bafouillant n'étant pas à l'aise et me dit ne pas faire ce qu'elle veut, qu'elle n'a pas le choix si elle ne veut pas rester toute seule. On l'a empêchée d'acheter des fleurs à Delphine pour le 1er novembre. Que si je venais la voir comme avant, tout cela n'arriverait pas.

Elle se mélange sur beaucoup de choses et tout commence à être confus. Il faudrait que tout le monde arrête un peu de passer par elle ou se servir d'elle afin de régler leurs différends et leurs problèmes, ce serait plus simple. Dès que quelqu'un lui téléphone pour se plaindre d'untel ou d'unetelle, elle appelle les autres afin de leur raconter. C'est de la folie. Je sors de sa chambre, arrivée sur le parking je m'aperçois que j'ai oublié mes clefs de voiture, je retrousse chemin, j'entre à nouveau dans la chambre de ma mère qui est déjà au téléphone.

Je quitte la maison de retraite me promettant de sortir de cet enfer, de ces histoires, de ces mensonges. Cela dure depuis des années et je n'en peux plus et je n'en veux plus.

J'ai donné beaucoup trop pour ma famille, mais elle n'a pas fait grand-chose pour moi et pour mes enfants. Aucun ne prend le téléphone afin de prendre de nos nouvelles.

Je ne trouve plus de place dans cette famille. Je pense même que si je venais à disparaître, beaucoup s'en ficheraient…

Je suis simple et généreuse, trop gentille parfois. J'ai toujours travaillé et rien demandé à personne. Je me suis construite et reconstruite seule, au fur et à mesure des épreuves ne profitant jamais de personne. J'ai toujours fait passer les autres avant moi.

Ce que j'ai aujourd'hui je l'ai gagné et mérité, rien ne m'est tombé tout cuit comme certains en ont la chance et je n'ai rien reçu de ma chère mère à qui j'ai consacré plus de douze ans de ma vie.

Je ne suis pas matérialiste, bien au contraire, et me contente de peu, jamais de vacances, de voyages, peu de loisirs. Je pense que le matériel est la destruction de l'humanité et de la planète.

Il faut de quoi vivre et ne pas envier les autres qui ont plus. Ils ne sont pas plus heureux, bien au contraire, la preuve. Ils mourront un jour et n'emporteront rien avec eux, c'est une garantie.

Si beaucoup comprenaient cela, le monde ne serait que meilleur et il y aurait moins de méchanceté probablement. Je déteste l'injustice et je n'ai pas été gâtée à ce niveau.

J'ai toujours aidé les autres y compris certains membres de ma famille, amies, voisins et ce durant toute ma vie. J'ai toujours tendu la main à ceux qui en avaient besoin. Il est temps pour moi de faire un grand tri et un grand ménage.

J'ai mis beaucoup trop d'années de ma vie entre parenthèses.

Je dois commencer enfin à penser un peu plus à moi. Mon médecin généraliste, tous mes amis et amies, des voisins, des clients devenus amis, mes enfants m'entourent maintenant et m'ont beaucoup encouragée dans mes dernières épreuves et sont parvenus à me faire comprendre il y a quelque temps que j'avais subi assez de stress, d'horreur et que je devais mettre fin à tout cela.

Certains ont écouté les messages téléphoniques et menaces à mon égard et ne pouvaient pas croire ce qu'ils entendaient. Un ami policier me conseille depuis longtemps de déposer plainte pour harcèlement moral et atteinte à ma famille et à ma santé.

Certains faits et gestes ne seront pas évoqués ayant soumis mon récit avant sa publication à un avocat et à un conseil afin de me protéger.

Je ne regrette pas d'avoir aidé ma mère pendant toutes ces années, car personne ne l'aurait fait, mais avec du recul, j'ai mangé une partie de ma vie et de ma santé alors que j'ai un chagrin énorme à gérer, un travail à accomplir et que personne ne m'a aidée ou n'a aidé mes enfants au moment où nous en avions vraiment besoin.

Je n'ai pas fait le bon choix en prenant la défense de ma mère chez le notaire. Tout aurait pu être beaucoup plus simple, mais j'ai écouté mon cœur alors que j'aurais dû regarder mon porte-monnaie comme tout le monde.

On ne se refait pas, j'ai toujours eu tendance à défendre les plus faibles. Je suis désolée pour une sœur qui n'y est pour pas grand-chose, mais prise dans toutes ces histoires. Elle n'a pas assez d'éléments pour comprendre la situation et préfère écouter les propos d'une personne manipulatrice qui est arrivée à faire éclater encore un peu plus notre famille.

J'ai fait depuis peu de temps le deuil de ma famille sauf exception de certaines personnes éloignées mais très proches de moi, mais je n'ai pas fait le deuil de Delphine. Je vais néanmoins tenter de pardonner à toutes les personnes impliquées qui m'ont fait souffrir et tenter de tourner la page.

J'étais coincée dans une spirale négative familiale depuis la mort de mon père et il est temps pour moi d'en sortir et de m'entourer enfin d'ondes positives et créatrices. Je suis aujourd'hui entourée de belles relations solides et sincères.

À nouveau la fin d'année arrive et malgré tous mes efforts de ces quinze années passées, cette période est la période qui m'a enlevé ma fille à tout jamais. Au moment où j'écris ces dernières lignes, la plupart des personnes sont dans les préparatifs des fêtes, des cadeaux et des festins de famille où le bonheur emplit souvent les maisons.

J'en veux à une personne qui m'a fait du mal et qui n'a jamais osé m'affronter depuis plus de 40 ans, sachant que je peux anéantir son honneur et sa fierté.

J'en veux aux personnes responsables de la mort de ma fille et à toutes les personnes qui auraient pu sauver Delphine et Jonathan.

J'en veux à la justice qui a prononcé un non-lieu pour toutes les personnes impliquées.

J'aurai apprécié un peu de soutien de ma famille à certains moments où nous en avions vraiment besoin.

J'en veux particulièrement à une personne qui me pourrit la vie depuis des années par ses actions manipulatrices et machiavéliques remarquables dressant mes frères et sœurs contre moi et qui profite depuis peu de la vulnérabilité de ma mère pour la dresser contre moi et même contre mes enfants. Je pense qu'elle n'a aucune idée de la portée de ses paroles et certains actes.

Je souffre depuis trop longtemps du départ de ma fille, de toute cette injustice, de toute cette indifférence et de cette méchanceté.

La disparition de Delphine est déjà assez lourde à porter. Toutes les cruautés qui ont suivi ont beaucoup trop impacté ma famille, notre santé, ma vie, nos vies, notre travail. Il est temps et indispensable pour moi et pour mes enfants de ne plus subir certaines personnes pour qui seul l'argent est important, l'argent pouvant rendre méchant.

Je vais tenter d'oublier toutes les horreurs que j'ai vécues et pardonner à toutes les personnes responsables qui ont fait de ma vie un enfer.

Après vous avoir livré les grandes lignes de ma vie, je laisse le soin à ce manuscrit de porter mon fardeau. J'espère pouvoir enfin me reposer un peu et avoir une vie plus calme indispensable à ma santé que je dois préserver sachant que je dois encore travailler plusieurs années avant de me reposer définitivement.

Je remercie tous mes amis et amies, voisins, clients, collègues qui m'ont aidée à traverser ses dernières épreuves et qui m'ont ouvert les yeux ainsi que mes deux enfants qui ont subi également toutes ces épreuves et Denis qui répond toujours présent et qui occupe une place importante dans ma vie.

L'histoire que je viens d'écrire est authentique. Rien de ce qui est écrit n'a été changé ou transformé.

Je n'ai aucun talent d'écrivain. J'ai écrit les choses telles que je les ai vécues avec mes ressentis et mes mots, les belles phrases n'ayant pas leur place.

Table des matières

Pour contacter l'auteur, vous pouvez lui écrire à l'adresse suivante :
annie73230@hotmail.fr

Création de couverture et mise en page : Quentin Lathière
Photo de fond de la couverture : © Vagengeym

Dépôt légal : avril 2017

Achevé d'imprimer sur les presses de l'imprimerie ICN